Kohlhammer

Geschichte studieren

Band 1
Geschichte für den Bachelor
Studieren – Qualifizieren – Anwenden

Band 2
Berufe für Historiker
Anforderungen – Qualifikationen – Tätigkeiten

Mareike Menne

Berufe für Historiker

Anforderungen – Qualifikationen – Tätigkeiten

Verlag W. Kohlhammer

Die mit @ gekennzeichneten Stellen verweisen auf Zusatzmaterial auf unserer Hompage
www.kohlhammer.de
Hier finden Sie auch aktualisierte Übungsbeispiele, Literatur und weitergehende
Informationen zum Buch.

1. Auflage 2010

Gesamtherstellung:
W. Kohlhammer Druckerei GmbH + Co. KG, Stuttgart
Printed in Germany

ISBN 978-3-17-021300-5

Inhaltsverzeichnis

Dank

Dieses Buch entstand in einem Zwischenraum: zwischen zwei wissenschaftlichen Qualifikationsarbeiten, zwischen Wissen- und Mutterschaft, zwischen Gesprächen und Recherchen, oft im Zug zwischen Paderborn und Stuttgart, manchmal zwischen Wissen und Spüren.

Für viele Informationen, die Sie hier finden, hat ein Zwerg Riesen belauscht. Im Rahmen von Vorträgen, die den Studierenden Information, Orientierung und Gelegenheit zum Kontakt mit Profis gaben, erlaubte Prof. Dr. Robert Kretschmar, Präsident des Landesarchivs Baden-Württemberg, einen Einblick in die Arbeit als Archivar. Dr. Christian Pust, stellvertretender Leiter der Bibliothek für Zeitgeschichte an der Württembergischen Staatsbibliothek Stuttgart, kombinierte die Informationen zum Berufsbild des wissenschaftlichen Bibliothekars mit studienpraktischen Hinweisen. Mit Abstand am besten besucht war die Veranstaltung von Dipl.-Päd. Beate Hentschel-Schroeder, Agentur für Arbeit Stuttgart. Offensichtlich brauchen unsere Studierenden neben der Sachinformation eine zuversichtliche, ermutigende Stimmung, die sie zur Gestaltung und nicht zum letzten Anker treibt. Die weiteste Anreise hatte Ronald Feisel, Leiter der Redaktion „Stichtag/ZeitZeichen" beim WDR, der in seinem Vortrag das journalistische Handwerk ebenso demonstrierte, wie er Professionalität, Begeisterungsfähigkeit und Frusttoleranz vorlebte. Ihnen allen sei herzlichst gedankt!

Zur Realisation der Vorträge und zur Kommunikation mit der Studierendenschaft trugen Thomas Seitz B.A. und Maurice Kiesler ebenso pragmatisch wie gut organisiert und mit Herzblut bei. Hedwig Liese begleitete dieses Projekt vom Anfang bis zum Ende und machte es auch zu ihrem eigenen. Ihnen gebührt besonderer Dank. Eva Hoffmann M. A. gab den Anstoß, die Unterrichtsmaterialen zu überarbeiten und zu veröffentlichen und stellte den Kontakt zum Kohlhammer Verlag her. Dipl.-Päd. Jeannette von Wolff danke ich für die Gespräche, die mir Einblick in, Wissen über und Gespür für viele Facetten der Studienberatung gaben. Simon Weißenfels übernahm aufgrund seiner Expertise die Koautorschaft des Kapitels zum Berufsfeld Politik. Für die kritische Prüfung meiner Ausführungen im Zusammenhang mit der Agentur für Arbeit danke ich Ulrike Classen.

Der Mühe, das Manuskript sorgfältig zu lesen und inhaltlich zu überprüfen unterzogen sich Jürgen Berners M.A. und Dr. des. Marc-André Grebe. Dr. Daniel Kirn begleitete das Projekt gleich in zwei Funktionen: Zunächst als kollegialer Gesprächspartner am Historischen Institut, dann als verständnisvoller und engagierter Lektor im Kohlhammer Verlag. Ihm danke ich für seine Initiative, das Buch in das Verlagsprogramm aufzunehmen.

Eine Doppelrolle übernahm auch Dr. Karen Lambrecht, ohne deren Sorge um mein intellektuelles und leibliches Wohl die Zeit in Stuttgart vermutlich keine Früchte getragen hätte. Ich stehe tief in ihrer Schuld. Meine Mutter, Heike Menne, lebte gleichfalls mehrere Rollen aus: Sie gab wertvolle Hinweise für die Kapitel „Wirtschaft" und „Lehre", ebenso wie sie für ein fürsorgliches Umfeld während der Manuskripterstellung sorgte und die Betreuung ihrer Enkelin übernahm. Tim Wehle trotzte meinen Zweifeln, dachte sich immer wieder in die Materie ein und bezog entgegen aller von außen herangetragenen Widernisse entschieden und aufrichtig Stellung. Danke.

Vlotho, im Februar 2010
Mareike Menne

Einleitung

Liebe Leserin, lieber Leser,

wie Sie sicherlich wissen, ist neben der Förderung Ihrer Mobilität und Ihrer internationalen Wettbewerbsfähigkeit Ihre Beschäftigungsfähigkeit – Ihre Employability – ein Hauptziel der Bolognabeschlüsse. Drei Seiten arbeiten daran: die Universität, der Arbeitsmarkt und Sie selbst.[1] Nun traten allerdings, wie in eigentlich allen Bereichen des Bolognaprozesses, Irritationen und Missverständnisse auf: Der B.A. wurde „erster berufsbefähigender Abschluss" genannt – doch fragen Geisteswissenschaftler zu Recht: für *welche* Berufe?, und kritisieren – vor diesem Hintergrund auch zu Recht –, dass er nicht *befähige*, weil keine berufsspezifischen Fertigkeiten vermittelt würden. Abgesehen davon, dass dies auch nicht die Aufgabe eines wissenschaftlichen Studiums sein sollte, drehen wir uns im Kreis: Wenn es keine definierten Berufe für Geisteswissenschaftler gibt, können auch keine spezifischen Kompetenzen für diese vermittelt werden. Zudem ist die jeweilige Zuständigkeit der Prozessbeteiligten unklar: Manche Universität wirbt, dass mit dem B.A. die Universität verlassen werden könne; doch verrät Ihnen der Arbeitsmarkt nicht, wohin, und Arbeitgeber zeigen nur vereinzelt und für Studierende wenig sichtbar Interesse an Absolventen geisteswissenschaftlicher Fächer.[2]

Es wäre allerdings die falsche Strategie, beharrte man auf seinen Standpunkten: Die Universität bietet weiterhin Bildung statt Ausbildung, die Arbeitgeber halten Geisteswissenschaftler für zu theorielastig, die Studierenden warten auf Angebote, und gemeinsam lehnt man, mit wahrlich nachvollziehbaren Gründen, die Umsetzung des Bolognaprozesses grundsätzlich ab. Dass es auch anders geht, zeigen inzwischen viele Beispiele. In allen B.A.-Studiengängen Geschichte werden berufsfeldorientierte Lehrveranstaltungen angeboten, die Kooperationen der Institute mit außeruniversitären Einrichtungen und Unternehmen auch zu Lehrzwecken nehmen zu. Praktiker werden in die Lehre einbezogen und umgekehrt die Studierenden zu Praktika verpflichtet. Es gibt Verbleibstudien, die helfen, den inhaltlichen Lehrbedarf einzuschätzen. Das Lehrangebot zu Schlüsselqualifikationen wird zunehmend professionalisiert.[3] Projekte werden durchgeführt, die helfen, die Employability von Historikern zu definieren und Orientierung zu bieten – etwa die preisgekrönte Internetseite www.berufe-fuer-historiker.de.

Geschichte ist ein Neigungsfach. Bei der Motivation für dieses Studium spielten klare Berufsvorstellungen meist eine untergeordnete Rolle. Wir sollten uns daher gerade im Studienreformprozess darüber im Klaren sein, dass *wir* das Studienfach „Geschichte" gestalten und dass uns dabei unsere inhaltliche Motivation eint. Ein Studium ist keine Ausbildung – was meint aber dann „Beschäftigungsfähigkeit"? Sie meint Ihre Fähigkeit zur Teilnahme am Arbeits- und Berufsleben, die sich zusammensetzt aus Ihren persönlichen Eigenschaften (wie Fleiß oder Aktivität), sozialen Kompetenzen (wie Teamfähigkeit oder Kommunikationsvermögen), inhaltlichen (hier zum Gegenstandsbereich Geschichte) und methodischen (hier z. B. Quellenkritik, Fragemethoden) Fähigkeiten. Unabhängig von gezielten Förderangeboten Ihrer Universität, die wichtig sind und die Sie auch wahrnehmen sollten, bietet Ihnen das Studium Zeit und Gelegenheit, sich in all diesen Bereichen zu bilden und sich so persönlich zu entwickeln und zu reifen. Explizit können Sie im Fachstudium Inhalte und Methoden lernen, implizit, mittels Referaten, Texten, Gruppenarbeit, Diskussionen, schulen Sie auch Ihre sozialen und die Schlüsselkompetenzen. Es liegt an Ihnen, Ihre Potentiale zu entdecken,

Bologna und Employability

Persönlichkeit
Soziale Kompetenz

Inhaltliche und methodische Fähigkeiten

zu entfalten und einen angemessenen Beschäftigungsrahmen für sie zu finden; die Universität sollte Ihnen mit Lehr- und Gesprächsangeboten, Feedback und auch als Vermittlungsinstanz dabei zur Seite stehen, zudem gibt sie mit Prüfungsordnungen auch „Qualitätsstandards" vor. Beschäftigungsfähig sind Sie, wenn Sie Transferleistungen erbringen können: zwischen Allgemeinem und Besonderem, Theorie und Praxis, Wissen und Handeln – dann werden Sie auch Bereiche identifizieren können, in denen Sie dies zu einem Beruf machen.

Ziele   Auch das vorliegende Buch, aus dem universitären Alltag heraus geschrieben, möchte Ihnen Orientierung geben, vielleicht neue Pfade aufzeigen und Sie dazu anregen, sich für Ihren weiteren Werdegang zu engagieren. Es enthält keine Wahrheiten und basiert, im Unterschied zu manchen anderen Werken gleicher Motivation, nicht auf Erfahrungsberichten, sondern auf Recherche. Alle beschriebenen Berufsfelder unterliegen derzeit einem Wandel, bedingt durch soziale und mediale Veränderungen, aber auch durch die veränderten Studienstrukturen. Nach der Lektüre sind Sie daher nicht mit für die nächsten fünf Jahre gültigen Informationen versorgt, aber Sie wissen hoffentlich, wo Sie suchen, worauf Sie achten, wie Sie grundsätzlich vorgehen können – und wo Sie weitere Informationen und Ansprechpartner finden.

Arbeitsmarkt, Statistik und Berufseinstieg

Schwieriger Einstieg   Ungefähr 3.000 Menschen schließen jährlich in Deutschland ein Geschichtsstudium ab – mit steigender Tendenz –[4], deren Berufseinstieg sich meist schwierig gestaltet: Nur 28 % der geisteswissenschaftlichen Absolventen gaben in einer HIS-Studie von September 2008 an, in den ersten Berufsjahren adäquat beschäftigt gewesen zu sein. Geisteswissenschaftler konnten demnach seltener als Absolventen anderer Fächer eine reguläre Erwerbstätigkeit aufnehmen, sie sind länger in Übergangsjobs und auch, wenn die Arbeitslosigkeit unter Hochschulabsolventen insgesamt gering ist, sind Geisteswissenschaftler überdurchschnittlich häufig davon betroffen.[5] Unmittelbar nach dem Studium, gleichgültig, ob Sie im B.A.- oder M.A.-Studium sind, stehen Ihre Chancen darauf, eine gut ausgestattete, unbefristete Stelle, die Ihren Neigungen und Fähigkeiten entspricht, *angeboten* zu bekommen, also recht schlecht. Ortswechsel und befristete Arbeitsverträge, Praktika oder unfreiwillige Freiberuflichkeit werden für die meisten zum integralen Bestandteil der Zeit nach dem Examen und auch strategisches Element der Stellensuche: Fast drei Viertel der Arbeitgeber vergeben freie Stellen über persönliche Kontakte, dann folgen Stellenanzeigen; eigene Stellengesuche und die Vermittlung durch die Agentur für Arbeit rangieren am Schluss.[6]

Neue Möglichkeiten   Nach einem angemessenen Moment der Melancholie sei jedoch auf die positiven Entwicklungen hingewiesen: Verbleibstudien für Politikwissenschaftler z. B. zeigen, dass es Absolventen trotz unklarer Berufsperspektiven immer wieder gelungen ist, sich Beschäftigungsmöglichkeiten in unterschiedlichsten Berufsfeldern zu erschließen.[7] Genauso wie bei Absolventen anderer Fächer verbessert sich bei Geisteswissenschaftlern die berufliche Situation innerhalb der ersten zehn Jahre nach Studienabschluss.[8] Aufgrund der gesellschaftlichen und medialen Dynamik verändern sich traditionelle Berufsbilder und Ausbildungswege und bieten Ihnen eine Reihe neuer Chancen. Spezialisierte, berufs-, nicht forschungsorientierte Masterstudiengänge wurden eingerichtet. Im Zuge der Globalisierung hält eine bisweilen liberalere Unternehmenskultur, die Quereinsteiger gezielt anspricht, Einzug. Neben den klassischen Berufsfeldern im öffentlichen Dienst (z. B. Archiv, Bibliothek, Schule) und in der Forschung entstanden Aufgabenfelder in der Privatwirtschaft (z. B. Beratung, Öffentlichkeitsarbeit,

Werbung), bei internationalen Organisationen und in der Kulturwirtschaft bis hin zu „neuen Berufen" wie Fundraiser, Wissens- oder Eventmanager.[9]

Jedes der folgenden Kapitel enthält einen Absatz zu „Chancen". Ich habe versucht, nach bestem Wissen die Arbeitsmarktsituation zu schildern, doch folgt daraus weder eine Handlungsanleitung noch eine Prognose – dazu fehlen nicht nur mir die Mittel. Dies hat verschiedene Gründe: Es ist schwer bis unmöglich, Historiker auf dem Arbeitsmarkt überhaupt zu identifizieren. Wenn sie als Archivare oder Bibliothekare tätig werden, dann teilen Sie dies auch mit Nicht-Historikern – und darüber hinaus fasst die Statistik der Agentur für Arbeit jene gemeinsam mit Dokumentaren und anderen Berufen zu Berufsgruppen zusammen, für die die Zahlen aufbereitet werden. Weiterhin hängt die Entwicklung des Arbeitsmarktes natürlich von der gesamten Wirtschaftslage ab – und die ist, wie Sie den Medien unschwer entnehmen können, derzeit unberechenbar.

„Chancen"

Auch wenn es dem Eindruck vieler Studentinnen widerspricht und für viele erst nach dem Studium und insbesondere mit der Familiengründung spürbar wird: Frauen haben nicht die gleichen Chancen auf dem Arbeitsmarkt wie Männer. Eine HIS-Studie belegt den von mir und Kolleginnen geteilten Eindruck, dass Frauen ihre Erwerbspotentiale weniger nutzen, häufiger als Männer Werk- und Honorarverträge übernehmen, seltener in Vollzeit beschäftigt sind, ihr Einkommen (daher?) deutlich unter dem Durchschnitt liegt und sie neben der Erwerbsarbeit einen größeren Anteil an der Kindererziehung übernehmen als Männer – damit haben sie kürzere Erholungsphasen.[10] Dies ist sowohl persönlich belastend als auch bildungspolitisch unbefriedigend. Nutzen Sie daher Ihre Potentiale und die Förderangebote, die speziell auf Frauen zugeschnitten sind, bilden und nutzen Sie Frauennetzwerke.

Von Frau zu Frau

Die Bolognaabschlüsse haben Sie als Studierende mit in die Verantwortung genommen, undemokratisch zwar, aber nun liegt es eben auch an Ihnen, neue Wege zu erschließen, zu gehen, Initiative zu zeigen und den Arbeitsmarkt zu verändern. Von den Universitäten können Sie einfordern, dass sie Sie darin unterstützen und Ihnen die Gelegenheit geben, die erforderlichen Fähigkeiten hierfür auszubilden, gemeinsam sollten Sie Arbeitgeber in den Dialog einbeziehen und an einer geisteswissenschaftenfreundlichen Gestaltung des Arbeitsmarktes arbeiten

Und nun?

Kompetenzen

Nach einem Geschichtsstudium sind Sie Historikerin – dies ist Teil Ihrer beruflichen Identität. Unabhängig von Schlüsselqualifikationen oder Ihrer Persönlichkeit werden daher von Ihnen historische Sachverständigkeit und Methodenkompetenz erwartet; eine Expertenbefragung nennt umfangreiches Fachwissen als wichtigste Qualifikation von Geistes- und Kulturwissenschaftlern.[11] Da Sie mit anderen Geisteswissenschaftlern um Stellen konkurrieren, sollten Sie zudem überlegen, was Sie gegenüber Germanisten und Philosophen auszeichnet, etwa die Arbeit mit Primärquellen (gerade im Archiv) oder das Erkennen von historischen Bedingtheiten. Andere spezifisch geisteswissenschaftliche Kompetenzen teilen Sie: z. B. die zuverlässige und schnelle Recherche zu einem Thema, die Fähigkeit, Fragen stellen und Probleme erkennen zu können, die Verarbeitung großer Textmengen in kurzer Zeit, das Freilegen (und den Einsatz) von Argumentationsstrategien sowie die anschauliche, zielgruppenorientierte Vermittlung von Forschungsergebnissen in verschiedenen Medien.[12]

Fachkompetenz

Ein geisteswissenschaftliches Studium deckt viele Bereiche der Allgemeinbildung ab – längst jedoch nicht mehr alle: Betriebswirtschaftliches Wissen gehört ebenso wie Englisch und eine

Allgemeinbildung

sichere Anwendung der Informationstechnologie dazu. Gerade letztere hat die Wissenschaft enorm verändert, auch wenn Sie dies im Studium noch nicht durchweg spüren. Suchmaschinen und „Mitmach-Seiten" (Wikis, YouTube etc.) sind vornehmlich nicht wegen ihrer Inhalte revolutionär, sondern aufgrund ihrer Konzepte, die mit ihren Recherche- und Publikationsmöglichkeiten unersetzliche, bereichernde Angebote bereit halten, ohne die jegliches analytische und konzeptionelle Arbeiten kaum noch denkbar ist.

Herkunftsfach und Zielbranche

Auf fremdem Terrain konkurrieren Geisteswissenschaftler mit Fachkräften, die branchenspezifische Kenntnisse, etwa kaufmännisches oder technisches Wissen sowie Berufserfahrung vorweisen können. Historiker werden zwar in der Öffentlichkeitsarbeit, im Journalismus, im Projektmanagement, Personalwesen, Marketing, in der betrieblichen Weiterbildung eingesetzt, doch nicht wegen ihres Studienfachs. Attraktiv werden Sie dank einer Kombination von Kompetenzen aus Ihrem „Herkunftsfach", Ihrer „Zielbranche" und Ihren Schlüsselqualifikationen. Wenn Sie also in eine bestimmte Branche wollen, in der Geisteswissenschaftler nicht die Regel im Personalgefüge darstellen, sollten Sie sich genau erkundigen, welche Kompetenzen gefragt sind. Wenn Sie in Ihrem Profil Lücken feststellen, müssen Sie bereit sein, sie zu schließen; wenn Sie über Fähigkeiten verfügen, müssen Sie in der Lage sein, sie sichtbar machen. Nach dem Studium, insbesondere nach dem B.A., ist Ihr Lernen noch nicht zu Ende – im Gegenteil, gerade unsere Branche profitiert vom „lebenslangen Lernen".

Indikatoren

„Kompetenzen" und „Schlüsselqualifikationen" brauchen Sie, das hören Sie immer wieder, doch: Was bedeutet dies und wie können Sie feststellen, ob Sie sie haben? Es gibt gerade für die letzte Frage natürlich keine abschließende Antwort, doch seien einige Orientierungen genannt: Bereits Ihr Modulhandbuch wird festlegen, welche Lernziele ein Modul hat und welche Kompetenzen Sie dort ausbilden sollen; Sie können es in der Regel online konsultieren. Für den Bereich Schlüsselkompetenzen hat Vera Nünning ein hilfreiches Kompendium herausgegeben, in dem Sie die Kompetenzen beschrieben finden, Ihnen Literatur genannt wird und Sie viele hilfreiche, praxisnahe Tipps bekommen.[13] Natürlich geben Ihnen auch Ihre Dozenten Feedback, in der Regel nicht nur zum Inhalt Ihrer Arbeiten, sondern z. B. auch zu Stil und Sprache. Gleichfalls können Sie Ihre Kommilitonen um Rückmeldung bitten und darauf hinweisen, dass bereits die sachdienliche, angemessene Formulierung von Kritik zu den Schlüsselkompetenzen zählt. Am Ende dieses Buches finden Sie zudem einige Reflexionsangebote zur Identifikation überfachlicher Fähigkeiten.

@

Und nun?

Sie hören vielleicht oft, dass Ihre Chancen begrenzt seien und Geisteswissenschaftler nicht wegen, sondern trotz Ihrer Studienfächer eingestellt würden. Sie lesen vielleicht wiederholt, welches die Schlüsselqualifikationen von Geisteswissenschaftlern seien, doch vermissen Sie in Ihrem Studienangebot die Gelegenheit, diese tatsächlich ausbilden zu können. Fordern Sie dies ein – qualifiziertes Feedback, Projektarbeit, Gelegenheit zum Ausprobieren, ohne sofort „bepunktet" zu werden! Fordern Sie Zuspruch, Motivation, Strategien ein, um das Beste aus sich machen zu können. Begnügen Sie sich nicht mit der Bestätigung dessen, was sie ohnehin können, sondern verstehen Sie Ihr Studium als eine Zeit des Werdens und der Entwicklung.

Tipps

„Wir glauben, dass große Leistungen aufgrund großer Taten zustande kommen. Aber das stimmt nicht. Große Taten bestehen aus kleinen, stetigen Aktionen, und Sie müssen lernen, diese zu achten, zu schätzen und aufrechtzuerhalten."[14]

Einige erschreckende Entwicklungen schienen mit der Einführung des gestuften Studiensystems einherzugehen oder traten vielleicht auch nur ans Licht: Der psychische Druck steigt, so dass Universitäten Therapeuten einstellen, die Begeisterung für das selbst gewählte Fach sinkt, Inhalte treten hinter Leistungspunkten zurück.[15] Dies teilen Sie übrigens mit vielen Ihrer Dozenten, auch wenn Sie darum kaum wissen – aufgrund der zunehmenden Verschulung und auch aufgrund der Massenveranstaltungen hat sich die Kommunikationskultur in den Geisteswissenschaften massiv verändert. Daher seien einige altkluge Hinweise vor die eigentliche Lektüre gestellt:

Leistungspunkte sollten Sie eher als notwendiges Mittel zum Examen denn als Maßstab für Ihre Studiengestaltung verstehen. Sie begrenzen sich sonst, und, schlimmer noch, versperren sich die Möglichkeit, das Studium als Zeit der persönlichen Reifung und als privilegierte Phase, in der Sie eigene Interessen entdecken und ihnen nachgehen können, zu erleben. **Leistungspunkte**

Verbannen Sie „Ja, aber..." aus Ihren Gedanken. Das Gefühl, überfordert, frustriert und wütend zu sein, ist ein vollkommen normales, wenn auch unangenehmes Studienphänomen und hat seine Berechtigung. Es darf Sie aber nicht von einer Analyse abhalten, die anerkennt, dass Dinge manchmal anspruchsvoll und nicht so einfach sind und sich daran macht, herauszufinden: Warum? Es darf Sie auch nicht vom Handeln abhalten, wenn es Sie als diffuses Gefühl des „Nichtkönnens" oder „Nichtwollens" lähmt. Erst wenn Sie sich selbst wieder handlungsfähig machen, können Sie Lösungen entwickeln.[16] **„Ja, aber..."**

Als Praktikant oder Absolvent können Sie nicht alle erforderlichen Kompetenzen abdecken – machen Sie sich hier keinen unnötigen Druck, es wird nicht von Ihnen erwartet. Stellenausschreibungen sind auch nur „Wunschlisten", die den idealen Kandidaten beschreiben. Was allerdings von Ihnen erwartet wird, ist Lernbereitschaft. **Lernbereitschaft**

Übernehmen Sie die Verantwortung für Ihr Lernen. Formulieren Sie konkrete, messbare Ziele und entwickeln Sie wirkliche Wünsche. Dazu gehört auch, die Initiative zu ergreifen, Dozenten, Fachleute, potentielle Arbeitgeber gezielt anzusprechen – Seminare und Vorträge sind Kommunikationssituationen, die von Kontaktfreude leben. Besuchen Sie Fortbildungen und wissenschaftliche Tagungen, nicht nur um der Inhalte, sondern auch um der sozialen Performanz willen. Warten Sie nicht auf *die* Lehrveranstaltung, *die* Stellenanzeige, die Ihr Schicksal sein soll; zeigen Sie Eigeninitiative, z. B. indem Sie zu Seminarthemen anregen oder gezielt, vielleicht auch nur phasenweise den Standort wechseln. **Verantwortung**

Tocotronic singen es Ihnen vor[17]: Machen Sie nicht alles selbst, vor allem nicht allein. Bilden Sie Teams, z. B. für die Textkorrektur, suchen Sie überfachliche Studentenorganisationen auf, um auf Kommilitonen zu stoßen, die über Fertigkeiten verfügen, die Ihnen fehlen (z. B. webdesign, IT-Kompetenz, Steuerberatung, Bewerbung ...) und an den Ihren Interesse haben (z. B. Texte schreiben und lesen, Recherche, historische Bedingtheit von Erkenntnissen, Strukturen etc.). Netzwerke sind sehr wichtig zum Austausch von Erfahrungen, als Börse für Aufträge, für gemeinsame Projekte, zur gegenseitigen Unterstützung. Der Aufbau von Netzwerken dauerte Jahre. Er muss notwendig im Studium beginnen. **Netzwerke**

Barbara Sher nennt fünf Wege zum Ziel. Sie können sich denjenigen aussuchen, der am besten zu Ihnen passt oder alle erproben. Erstens: Springen Sie ins kalte Wasser, wagen Sie etwas, fangen Sie einfach an. Zweitens: Übernehmen Sie ein Ehrenamt, so kommen Sie an Erfahrung, Kontakte und Referenzen. Drittens: Suchen Sie sich einen Meister, dessen Lehrling Sie sein können. Es gibt formelle Programme, z. B. Mentoring, oder sie sprechen gezielt jemanden an, mit dem Sie diskutieren und von dem Sie lernen möchten. Das mag so manchen irritieren – lassen Sie sich nicht abschrecken. Ich habe von vielen Lehrenden gehört, **Fünf Wege zum Ziel** dass sie sich mehr Diskussion und Gespräche mit Studierenden wünschen. Viertens können Sie Nischen finden und besetzen, geisteswissenschaftlicher Pionier sein, der in einigen Arbeitsbereichen von Null anfängt und etwas aufbaut. Letztens können Sie auch Vermittler sein, als Lehrer, als Projektleiter, als studentischer Vertreter, als Zentrum Ihres Netzwerkes.[18]

Zu diesem Buch

Zielgruppe und Aufbau

Dieses Buch ist für Studierende geschrieben. Die gesammelten und aufbereiteten Informationen bieten Ihnen Orientierung und einen Punkt, von dem aus Sie selbst weiter tätig werden können. Manches, was Sie hier lesen, ist notwendig verkürzt oder in der Komplexität reduziert worden; unter www.kohlhammer.de erhalten Sie aktuelle Links, Beispiele, Literaturhinweise und typische Stellenanzeigen. Wo ich Aussagen belegen wollte, ohne dass Sie dies notwendigerweise wiederholen müssen, z. B. bei Zahlen und Statistiken, finden Sie Anmerkungen mit einer vollen Fundstellenangabe. Wenn Sie allerdings in die Lage versetzt werden sollten, in Ihrem eigenen Interesse Daten und Informationen zu sammeln, finden Sie im Text bzw. im begleitenden Online-Dokument jeweils den Pfad angegeben.

Die Kapitel sind identisch aufgebaut, was Ihnen Orientierung geben und die Vergleichbarkeit erleichtern soll. Mithilfe der Marginalien können Sie strategisch lesen und Absätze, die Sie gegenwärtig für irrelevant halten, überspringen. Nein, ich nehme das nicht persönlich, schließlich handelt es sich um ein Gebrauchsbuch, das nicht von vorn bis hinten gelesen werden muss.

Historiker/innen

Ich habe lange darüber nachgedacht, wie ich es mit den Geschlechtern halte: Stets beide Formen zu verwenden, macht den Text schwergängig, durchgehend die weibliche Form zu wählen, führt zu Ungetümen wie „Mitarbeiterinnenzeitung", ausschließlich die männliche Form zu verwenden sorgt zwar für die wenigsten Irritationen, ist jedoch ebenso falsch wie es bekanntlich unsere Vorstellung der Welt bestimmt. So finden Sie nun mal die weibliche, mal die männliche Bezeichnung, mal den Ausweg über das substantivierte Verb, die jeweils alle Geschlechter meinen.

Ich würde mich freuen, wenn dieses Buch Ihnen Orientierung geben und weiterhelfen kann. Für Ihr Feedback wäre ich sehr dankbar. Für die Zukunft wünsche ich Ihnen alles Gute, ein abwechslungsreiches, fruchtbares Studium und einen Beruf, der Ihren Wünschen und Fähigkeiten entspricht.

Lektüre @

Beer, Bettina/Klocke-Daffa, Sabine/Lütkes, Christiana (Hg.): Berufsorientierung für Kulturwissenschaftler. Erfahrungsberichte und Zukunftsperspektiven, Berlin 2009

Budde, Gunilla/Freist, Dagmar/Günther-Arndt, Hille (Hg.): Geschichte. Studium – Wissenschaft – Beruf, Berlin 2008

Janson, Simone: Der optimale Berufseinstieg. Perspektiven für Geisteswissenschaftler, Darmstadt 2007

Allgemeine Hinweise

Im Themenbereich der Berufstätigkeit von Geisteswissenschaftlern gibt es Topoi, die sich wiederholen. Daher sei an dieser Stelle kurz in sie eingeführt.

Für Beschäftigte bei Einrichtungen der öffentlichen Verwaltung gelten Tarifverträge, z. B. für die wissenschaftlichen Angestellten an Hochschulen der Tarifvertrag der Länder, kurz TV-L (da die Hochschulen vom jeweiligen Bundesland getragen werden). Die Tarifverträge regeln neben der Entlohnung u. a. die Eingruppierung in die jeweilige Entgeltgruppe, Jahressonderzahlungen wie z. B. das Weihnachtsgeld und die Arbeitszeit. Hinsichtlich der Entgeltgruppen ist für Absolventen des gestuften Studiensystems eine wichtige Regelung getroffen: Bachelor-Absolventen sollen in die Gruppen 9 bis 12, Master-Absolventen in die Gruppen 13 bis 15 eingestuft werden. Innerhalb dieser Gruppen gibt es ein Grundentgelt für den Berufseinstieg und anschließend Entwicklungsstufen, nach denen das Entgelt steigt. Ein Berufsanfänger mit Masterabschluss in Gruppe 13 erhält als Grundgehalt im TV-L (West) 3064,54 Euro brutto, nach insgesamt drei Jahren dann in Stufe 3 3585,72 Euro brutto. Zu diesem Grundgehalt können noch familienbezogene Zuschläge, Kindergeld, Vermögenswirksame Leistungen und Jahressonderzahlungen hinzukommen. Die Entgelttabellen und weitere Informationen finden Sie unter http://oeffentlicher-dienst.info sowie unter http://tarifoed.verdi.de. Auch jenseits des öffentlichen Dienstes orientieren sich Arbeitgeber an der dort üblichen Entlohnung.

Für Ihre konkreten Tätigkeiten mag es unerheblich sein, ob Sie Beamter oder Angestellter sind. Rechtlich und auch begrifflich gibt es jedoch wesentliche Unterschiede. Beamte werden nicht eingestellt, sondern ernannt. Sie stehen damit in einem Dienst- und Treueverhältnis zu ihrem Dienstherrn, einer juristischen Person. Voraussetzung für die Ernennung ist die deutsche oder eine EU-Staatsangehörigkeit, das Bekenntnis zur freiheitlich-demokratischen Grundordnung und die fachliche Eignung für die jeweilige Laufbahn. Falls Sie aufgrund einer Straftat rechtskräftig verurteilt worden sind, können Sie als für das Beamtenverhältnis unwürdig angesehen werden und entsprechend nicht ernannt werden bzw. Ihr Amt verlieren. Die Bestimmungen zu Besoldung, Arbeitszeit etc. werden nicht in Tarifverträgen, sondern in Gesetzen, v. a. dem Bundesbeamtengesetz geregelt. Beamte leisten keine Beiträge zur gesetzlichen Kranken-, Pflege-, Renten- und Arbeitslosenversicherung und müssen sich daher privat oder freiwillig krankenversichern sowie eine Pflegeversicherung abschließen. Die Besoldungstabellen finden Sie unter www.beamtenbesoldung.org.

Wiederholt werden Sie auf die Möglichkeit verwiesen, sich zur Fachwirtin weiterzubilden. Hier handelt es sich um eine kaufmännische Qualifikation, die nach einem Weiterbildungsabschnitt, der z. B. von den Industrie- und Handelskammern angeboten wird, erworben werden kann. In der Regel ist diese Zusatzqualifikation für Kandidaten vorgesehen, die bereits eine kaufmännische Ausbildung vorweisen können. Die Zulassungsvoraussetzungen haben jedoch einen „Gummiparagraphen", der auch denjenigen einen Zugang ermöglicht, die nachweisen können, dass sie Fähigkeiten, Fertigkeiten und Kompetenzen erworben haben, die eine Zulassung rechtfertigen. Dies leistet sicherlich nicht oder nur in geringem Umfang Ihr Fachstudium, aber studienbegleitende Praxiserfahrungen könnten sich hier als Vorteil erweisen. Verbindliche Auskünfte für Ihre individuelle Situation können Ihnen die jeweiligen Bildungsträger geben.

TV-öD

@

Verbeamtung

@

Fachwirtin

@

Wissenschaft

Tätigkeit
und System

So Sie als Student diese Zeilen lesen, finden Sie hier Informationen über ein Berufsfeld, in dem Sie sich ohnehin gerade bewegen: der Wissenschaft. Für alle folgenden Kapitel stellt die Wissenschaft bzw. Ihr wissenschaftliches Studium der Geschichte die Basis dar. „Wissenschaft" hat indes unterschiedliche Bedeutungen: Zum einen ist sie eine Tätigkeit, die methodisch abgesichert und nachprüfbar mittels Forschung neues Wissen generiert, dieses in der Lehre weitergibt und damit wissenschaftlichen Fortschritt sichert. Zum anderen bezeichnet sie das soziale System, in dem dies und darüber hinaus die Qualifikation des wissenschaftlichen Nachwuchses geschieht.[19] Wissenschaftler, die über B.A., M.A. und Promotion hinaus im sozialen System Wissenschaft tätig bleiben, also eine akademische Karriere und Position anstreben, finden ihre Einsatzgebiete an Universitäten ebenso wie an außeruniversitären Forschungseinrichtungen wie Forschungsinstituten (etwa Max-Planck-Instituten) oder Akademien (wie die Berlin-Brandenburgische Akademie der Wissenschaften), gleichfalls in Gremien des Bundes, der Länder und der EU sowie bei Stiftungen.

Studium,
keine Ausbildung

Gleichgültig, welchen fachaffinen Beruf Sie im Anschluss an das Studium ergreifen, und nachrangig auch die Definition von Geisteswissenschaftlern als Inhabern von „Schlüsselqualifikationen" – in erster Linie und in Abgrenzung von Absolventen anderer Fächer sind Sie ein Historiker, der ein Fachstudium – keine Ausbildung! – absolviert hat. So ist Wissenschaft im Sinne eines sozialen Systems für Sie wahrscheinlich nicht von lebenslanger Perspektive, sondern Sie nehmen nur für die Zeit Ihres Studiums daran teil. Die *Tätigkeit* Wissenschaft hingegen, die erlernten Methoden und das angeeignete oder selbst erzeugte Wissen sollten, falls Sie in der Nähe zum gewählten Studienfach tätig werden wollen, Ihre Art zu denken und zu arbeiten prägen.

Auch das Promotionsstudium führt nicht zwangsläufig in eine akademische Karriere; es kann gezielt gewählt werden, um eine notwendige Qualifikation für andere Berufsfelder, etwa das Archiv oder Museum, zu erwerben, es kann zum „Parken" dienen – also Arbeits- oder Orientierungslosigkeit kaschieren bzw. sinnvoll ausfüllen –, es kann aus tiefem wissenschaftlichen Antrieb erfolgen und insofern „zweckfrei" sein. Nicht immer sind die Motive der Promotionsstudierenden trennscharf. Aufgrund des hohen biographischen Risikos der akademischen Laufbahn ist dies auch nicht zu empfehlen.

Bezeichnungen

Da die Anstellung als Wissenschaftler in der Regel im öffentlichen Dienst erfolgt – als Angestellter oder Beamter – sind die nachfolgenden Bezeichnungen Dienstbezeichnungen. Von Beruf sind die wissenschaftlichen oder akademischen Mitarbeiter, Hochschul- und Juniorprofessorinnen und akademischen Räte Historiker. Im Ausland finden Sie zudem auch die Dienstbezeichnungen Lecturer (bezeichnet ohne weitere Differenzierung Hochschullehrende), Assistant Professor (entspricht hier dem wissenschaftlichen Lehrstuhlassistenten) sowie gleichfalls den „Professor", auch wenn die Qualifikation hierzu im Ausland etwas vom deutschen Weg abweicht.[20]

Persönlichkeit – Wie sollten Sie sein?

Neben der Tätigkeit bzw. dem sozialen System ist Wissenschaft auch eine Haltung, die man zur Betrachtung der Welt einnimmt: ein (hinter)fragender Blick, der Dinge nicht selbstverständlich erscheinen lässt, der Wunsch nach Nachvollziehbarkeit von Fakten und Argumenten, Neugierde. Sie sollten diese Haltung zu einem Teil Ihrer Persönlichkeit machen können, sie funktioniert nicht als eine „Kompetenz", die im richtigen Moment abrufbar ist. Sie brauchen Interesse und Gespür für wissenschaftliche Fragestellungen. Diese Eigenschaften werden auch zu der Motivation beitragen, aus der Ihr überdurchschnittliches Engagement im Studium resultiert, das Sie durchhalten lässt, auch wenn Dinge nicht auf das erste Lesen hin unmittelbar verständlich sind. Es dauert bei jedem Thema von Neuem, bis es „Ihr" Thema ist und Sie einen Zugang dazu gefunden haben – Sie brauchen Vertrauen in sich und die Gegenstände sowie neben Geduld die Bereitschaft zur Suche nach dem „Haken" eines Themas, an dem Sie „anbeißen". Bei all diesen hehren Gedanken müssen Sie zudem im universitären Betrieb mit einer gewissen Frustrationstoleranz ausgestattet sei – bei manchen Verwaltungsakten, die in der Universität anfallen, mögen Sie sich fragen, worum es eigentlich geht. Seien Sie verbindlich und zuverlässig gegenüber Kommilitonen, Dozenten und vor allem sich selbst, indem Sie Zusagen und Zeitpläne einhalten. Nutzen Sie die Zeit an der Universität, um auch wissenschaftlich zu einer Persönlichkeit zu reifen und zu lernen, und dies manchmal den bürokratischen und menschlichen Hürden zum Trotz.

Haltung zur Welt

Kompetenzen – Was sollten Sie können?

Sie müssen Ihr fachwissenschaftliches Handwerk beherrschen. Bei den unterschiedlichen Epochen und Ausrichtungen der Geschichtswissenschaft kann dies methodisch und inhaltlich variieren, eines bleibt Historikern aber gemein: die Arbeit mit Quellen. Der „Droysensche Dreischritt"[21], nämlich das Finden von Quellen und Fragen, deren Kritik und schließlich Interpretation, bleibt die stets gleiche Grundlage unserer Arbeit, unabhängig davon, ob Sie zur Antike oder zur Zeitgeschichte, zur Wirtschafts- oder Kulturgeschichte arbeiten. Sie müssen also lernen, Fragen zu stellen, sowohl als Hypothese oder Problem, das Ihre Hausarbeit leitet, als auch z. B. im Anschluss an Vorträge oder im Seminar. Sie müssen viel lesen können und sollten zu diesem Zweck Lesestrategien und -techniken erlernen – Schnelllesen ist übrigens nicht immer der richtige Weg für große Textmengen.[22] Sie brauchen ausgeprägte Recherchekompetenz in unterschiedlichen Medienformen (und hier bietet das Internet bereits unterschiedliche Formen an, vom digitalisierten Buch bis zu Datenbanken). Sie müssen schnell Dinge, die für ein Problem relevant sind, von anderen scheiden können. Selbstverständlich ist der professionelle Umgang mit einem Textverarbeitungsprogramm. Je nach gewähltem oder zugewiesenem Spezialgebiet können besondere Kenntnisse erforderlich sein, etwa Sprachen, Methoden (z. B. Statistik), Paläographie, spezieller EDV-Einsatz, Methoden aus Nachbardisziplinen (z. B. aus der Kunstgeschichte oder Literaturwissenschaft) etc. Da der Erkenntnisgewinn nicht Ihnen allein vorbehalten sein darf, müssen Sie ihn sach- und zielgruppengerecht aufbereiten und präsentieren können: in Büchern, Artikeln, Vorträgen und in der Lehre. Insbesondere müssen Sie ein guter „Netzwerker" sein. Über die Vergabe von Stellen entscheidet auch in der Wissenschaft neben den Qualifikationen Ihre Einbindung in die „Scientific Community". Auch für wissenschaftliches Arbeiten gilt im Übrigen nicht mehr der heilige Hieronymus im Gehäuse, sondern der Teamplayer als Leitfigur.

Handwerk und Netzwerke

Welche Qualifikationen sollten Sie vorweisen können?

Für den Beginn einer akademischen Karriere benötigen Sie ein überdurchschnittlich abgeschlossenes Hochschulstudium (Magister Artium, Master of Arts oder Erstes Staatsexamen). Für die Vergabe von Stipendien oder die Aufnahme in Graduiertenkollegs bzw. Forschungsgruppen sind meist weitere Qualifikationen oder Erfahrungen erforderlich, die in der Ausschreibung genannt werden und aus der politischen oder weltanschaulichen Ausrichtung der Stiftung (z. B. ist die Konrad-Adenauer-Stiftung christdemokratisch orientiert) oder dem Stiftungszweck (z. B. Frauenförderung) leicht abgeleitet werden können. Ehrenamtliches Engagement im sozialen oder kulturellen Bereich zahlt sich hier oft aus und kann durchaus Bedingung für eine Förderung sein – es geht bei der Vergabe von Stipendien und der Förderung des wissenschaftlichen Nachwuchses nämlich nicht allein um fachspezifische Leistungen, sondern um Persönlichkeiten, die gesellschaftliche Verantwortung zu übernehmen bereit sind. Eine Übersicht über mögliche Stipendien gibt Ihnen meist die Homepage des Forschungsdezernats oder der Studienberatung Ihrer Hochschule; für das Ausland lohnt es sich, die Stipendiendatenbank des DAAD zu konsultieren (www.daad.de).

Tätigkeitsprofile

Forschung, Lehre, Selbstverwaltung

Die Tätigkeit von Historikern an der Hochschule setzt sich aus Forschung, Lehre und akademischer Selbstverwaltung zusammen. Zur Forschung gehören die Durchführung eigener Projekte mit Archiv- und Schreibtischarbeit, der Austausch mit Fachkollegen, z. B. bei der Veranstaltung bzw. dem Besuch von Fachtagungen oder in Arbeitsgruppen und die Veröffentlichung von Forschungsergebnissen in Vorträgen und Texten, manchmal auch in anderen Medien. Die akademische Selbstverwaltung beginnt bei der Organisation der Abteilung mit eigenem Sekretariat, der Mittelverwaltung, der Auswahl und Führung von Mitarbeitern, führt über Instituts- und Fakultätsangelegenheiten in die Gremienarbeit, z. B. im Studienausschuss mit der Erarbeitung von Studien- und Prüfungsordnungen bis hin zur universitätsweiten Arbeit, z. B. im Senat oder in fakultätsübergreifenden Arbeitsgruppen wie zur Bologna-Reform. Die beschriebenen Tätigkeiten werden grundsätzlich von allen beschäftigen Mitarbeitern ausgeübt, jedoch in unterschiedlichen Anteilen und mit unterschiedlichen Rechten. Als Studierende, die nicht als Hilfskräfte angestellt oder in einem Gremium vertreten sind, lernen Sie die Wissenschaftler häufig nur als Lehrende kennen, die unterrichten, beraten und prüfen.

Wissenschaftliche Mitarbeiter

Wissenschaftliche Mitarbeiter und Lehrstuhlassistenten befinden sich in der Regel in einer Qualifikationsphase, weshalb sich ihre Lehre meist auf zwei bis vier Semesterwochenstunden und auf das Grund- bzw. B.A.-Studium beschränkt – ebenso wie die Prüfungen, die sie abnehmen. Zwar arbeiten sie in der Selbstverwaltung mit, doch konzentrieren sie sich meist auf den Lehrstuhl, dem sie zugeordnet sind und auf ein weiteres Gremium, in das sie gewählt wurden, z. B. in den Fakultätsrat. Weiterhin übernehmen sie allgemeine Lehrstuhlaufgaben, wie die Zuarbeit für den Professor, die Organisation von Veranstaltungen oder die Realisation von Projekten. Daneben sollen sie sich um ihre eigene Forschung kümmern und ihre Promotions- oder Habilitationsschrift anfertigen.

Projektmitarbeiter werden im Rahmen größerer Forschungsvorhaben angestellt und arbeiten gemeinsam mit Kollegen anhand von Teilprojekten an übergreifenden Fragestellungen und Themen. Sie haben oft keine Lehr- und Verwaltungsverpflichtung, es steht ihnen aber frei, sich dennoch zu engagieren. Lehrkräfte für besondere Aufgaben hingegen werden inzwischen dank der Studiengebühren vornehmlich für die Lehre eingestellt und bieten bis zu zwölf Veranstaltungen an. Auch in die Verwaltung bringen sie sich ein; der Anteil der Forschung ist bei ihrer Stelle sehr gering.

Professoren forschen, lehren und verwalten dagegen eigenverantwortlich. Im Anschluss an **Professoren** die Promotion erfolgte als nächste „Prüfung" die Habilitation, bestehend aus schriftlicher Arbeit, Vortrag mit Anschlussdiskussion und Lehrprobe. Die Kandidatin musste hier nachweisen, dass sie ein Lehrgebiet, z. B. mittelalterliche Geschichte, in der gesamten inhaltlichen Breite und analytischen Tiefe selbstständig vertreten kann. Ist all dies erfolgreich absolviert, bekommt sie ihre Lehrbefugnis für ein Fachgebiet verliehen, die *venia legendi*, und führt nun den Titel „Dr. phil. habil." bzw. „Privatdozent" (PD). Um letzteren zu behalten, muss sie lehren; um nun eine Professur zu erhalten, muss sie über ihre Forschungsleistung hinaus ihre Befähigung zur universitären Lehre nachweisen und in anerkannten wissenschaftlichen Zeitschriften Artikel veröffentlichen, Vorträge an unterschiedlichen Universitäten halten, Auslandserfahrung sammeln und Forschungsgelder einwerben. Meist bekleidet ein Professor einen Lehrstuhl, der mit Personal- und Sachmitteln ausgestattet ist. Die Besoldung erfolgt über das Bundesbeamtengesetz (W-Besoldung). Wir unterscheiden in Deutschland in der Regel zwischen:

- dem ordentlichen Professor, wie im vorangegangenen Absatz beschrieben,
- dem außerplanmäßigen bzw. Honorarprofessor, der durch hervorragende Forschung und Lehre nach den Bedingungen der jeweiligen Universität diesen Titel verliehen bekommt und die Einstellungsvoraussetzungen für eine ordentliche Professur erfüllt. Honorarprofessoren lehren übrigens nicht gegen Honorar, sondern weil ihnen die Ehre erwiesen wird, sie lehren zu lassen,
- dem emeritierten Professor, der „pensioniert", also entpflichtet ist und sich im Ruhestand befindet, und dem
- Juniorprofessor.

Die Juniorprofessur wurde in einigen Bundesländern eingerichtet, um Nachwuchswissenschaftlern frühzeitig die Gelegenheit zum eigenständigen Forschen und zur Profilierung im Fachbereich ohne Habilitation, aber mit wissenschaftlicher Erfahrung und anderen Qualifikationen (Publikationen, Aufbau von Netzwerken, Lehrerfahrung) zu geben. Die Stellen sind auf drei bis sechs Jahre begrenzt, in dieser Zeit ist der Juniorprofessor Beamter auf Zeit. Auf dieser Grundlage können sich die Stelleninhaber auf „echte" Professuren bewerben; viele nutzen die Zeit jedoch, um sich neben der Lehr-, Prüfungs- und Forschungstätigkeit zusätzlich zu habilitieren – und damit den klassischen Weg zu gehen. Insofern birgt dieser Weg Chancen, doch ist er auch umstritten. Nur wenige Universitäten vollziehen nach den sechs Jahren tatsächlich den „Tenure Track", also die Beförderung des Juniorprofessors auf eine ordentliche Professur. In den Berufungsverfahren auf freie Professuren ist in aller Regel die Habilitation unabhängig von einer Juniorprofessur Voraussetzung. Für die Betroffenen kann diese Praxis also bedeuten, zusätzlich zum anspruchsvollen „zweiten Buch" das volle Arbeitspensum eines Professors absolvieren zu müssen, sich Evaluationen zu stellen und anschließend doch nicht übernommen zu werden. Auch aufgrund dieses Risikos ist die Juniorprofessur z. B. für exzellente Forscher im Ausland kein Grund, nach Deutschland zurückzukommen.

In den Instituten der Universität noch neu, in der Universitätsverwaltung und im Stif- **Wissenschafts-** tungswesen jedoch schon lange bekannt ist der Wissenschaftsmanager. Da im Rahmen des **manager** sogenannten Bolognaprozesses Evaluierungen von Forschung und Lehre zunehmen und

Akkreditierungsagenturen eingerichtet wurden, finden Wissenschaftlerinnen hier jenseits der Forschungstätigkeit Beschäftigung. Auch in Regierungsabteilungen, z. B. in den Bildungs- und Kultusministerien, werden Wissenschaftsmanager eingesetzt. Sie widmen sich der Systematisierung von Lehre und Forschung. Konkret leisten sie die Begutachtung und Koordination von Forschungsprojekten sowie die Umsetzung und Evaluation von Fördermaßnahmen. Sie begleiten und evaluieren Forschung und Lehre, koordinieren Forschungs-, Lehr- und Serviceprogramme, entwickeln und managen Studiengänge und bauen standardisierte Abläufe in der akademischen Selbstverwaltung auf. Damit dies gelingt, müssen sie die Abstimmung zwischen den jeweiligen Prozessbeteiligten gewährleisten – sie verbringen also viel Zeit in Konferenzen und Besprechungen. Des Weiteren beraten sie Wissenschaftler und Studierende und steuern Kommunikationsprozesse zwischen Studierenden, Lehrenden, Hochschulverwaltung und außeruniversitären Einrichtungen (z. B. Akkreditierungsagenturen). Die Ergebnisse vermitteln sie anschließend über die Öffentlichkeitsarbeit, für die sie Material konzeptionieren und erstellen.

Eigenschaften und Qualifikation　　In der Regel wird für derartige Stellen eine Promotion verlangt, die nicht zwingend wegen der fachlichen Qualifikation erforderlich ist, aber zum einen die wissenschaftliche Erfahrung belegt und zum anderen die Sicherheit und Autorität verleiht, mit anderen Wissenschaftlern auf Augenhöhe arbeiten zu können. Verwaltungserfahrung und Kenntnis des Hochschulwesens, seiner internen Abläufe und der Forschungslandschaft sowie Fachwissen zu dem Gebiet, für das sie eingestellt werden, sind weitere Anforderungen. Da das Wissenschaftsmanagement oft eine Tätigkeit zwischen den Stühlen ist und unterschiedliche Interessen, Rollen und Bildungsideale aufeinanderprallen müssen Wissenschaftsmanagerinnen ebenso konfliktfähige und durchsetzungsstarke wie auch diplomatische Personen sein. Sie brauchen die Fähigkeit zu Team- und Projektarbeit, für die sie z. B. Meilensteine festlegen und Erfolg messbar machen, müssen Konzepte und deren Umsetzung initiieren ebenso wie bewerten können und benötigen zudem Gesprächsführungskompetenz.

Mögliche Schwierigkeiten　　Für viele Wissenschaftler sind sowohl der Bolognaprozess als auch die konkreten Folgen – wie Evaluationen, Modulhandbücher und die Idee der Wissenschaft als Dienstleistung – ein rotes Tuch. Daher stoßen Wissenschaftsmanager womöglich innerhalb eines Teams schnell an Grenzen, da mit ihnen nun das System Hochschulreform ein Gesicht und damit die emotionale Verantwortung bekommt. Falls sie eine wissenschaftliche Laufbahn anstreben, gilt für sie das Wissenschaftszeitvertragsgesetz (s. u.): Die Jahre im Wissenschaftsmanagement zählen unter Umständen für die Qualifikationsphase mit, so dass sie Zeit für die eigene Weiterqualifikation verlieren und der Weg zurück zum Forschen schwer zu finden ist – dies sind im Zweifel Tantalusqualen, denn sie arbeiten forschungsnah und sind doch so fern. Weiterhin haben sie enge Vorgaben hinsichtlich Budget, Zeit und Gestaltung. Allerdings können sie auf einer solchen Stelle viel über die Funktionsweise des sozialen Systems Wissenschaft lernen, wichtige Kontakte knüpfen und Kompetenzen im Projektmanagement pflegen wie ausbauen.

Die Entwicklungen und Chancen für diesen Bereich lassen sich nur schwer abschätzen; das Wissenschaftsmanagement ist in weiten Teilen ein Beruf im Werden. So finden sich sowohl Dauerstellen an Instituten oder in Stiftungen als auch Zeitverträge für Wissenschaftler, die solange „geparkt" werden, bis eine „richtige" Stelle frei wird. Die Entlohnung erfolgt in der Regel nach TV-L E13.

Was können Sie bereits während des Studiums tun?

Sie sollten sich stark im Studium engagieren. Sehr hilfreich kann eine Stelle als studentische Hilfskraft an einem Lehrstuhl sein: Hier bekommen Sie einen ersten Einblick in das Leben „hinter der Lehrkulisse", können erste Beziehungen und Netzwerke knüpfen, lernen z. B. Recherche, Korrekturlektüre und Konzeptarbeit als Forschungspraxis kennen und gewinnen, so Sie Ihre Aufgaben gut erfüllen, möglicherweise schon einen Betreuer oder Fürsprecher für die anstehenden Qualifikationsarbeiten. Diese Stellen werden ausgeschrieben, häufig sprechen Professoren allerdings auch Studierende, die in Lehrveranstaltungen oder Prüfungen einen sehr guten Eindruck hinterlassen haben, unmittelbar an. Neben dem Studium und etwaigen anderen Tätigkeiten sollten Sie über den Tellerrand schauen, z. B., indem Sie Veranstaltungen anderer Disziplinen besuchen – dies kann Ihnen helfen, einen weiten Horizont zu entwickeln, Methoden sinnvoll für ein Thema zu kreuzen oder auch an interdisziplinären Studiengruppen teilzunehmen. Bereits jetzt sollten Sie sich auch über Fördermöglichkeiten informieren; einige Stiftungen fördern durchaus schon während des B.A.-Studiums (z. B. die Studienstiftung des Deutschen Volkes, www.studienstiftung.de) und bieten neben dem finanziellen Zuschuss universitätsübergreifende Sonderveranstaltungen oder auch Mentoring-Programme. Erkundigen Sie sich über die Homepages Ihres Instituts und Ihrer Universität sowie bei Ihrem Fachstudienberater.

Engagement

Fragen

Veranstaltungen anderer Disziplinen

Was können Sie im Anschluss an das Studium tun?

Da sich die Prüfungsphasen in fast allen Studiengängen etwas hinziehen, ist dies die Zeit, in der neben der Prüfungsvorbereitung auch Ideen und Konzepte für weitere Arbeiten entwickelt werden. Während Sie also auf den Termin für die mündliche Abschlussprüfung warten, können Sie erste Skizzen für ein Dissertationsprojekt entwickeln, sollten Sie sich über die Bewerbungsfristen für Studiengänge und Förderprogramme informieren und potentielle Betreuer ansprechen. Wenn Fragestellung, Quellenlage und Methode für das geplante Forschungsvorhaben mit den Beteuern abgestimmt sind, ist es Zeit, ein Exposé anzufertigen. Für manche Promotionsstudiengänge und für so gut wie alle Förderprogramme ist ein Exposé obligatorisch.

Sie sollten nun auch versuchen, Lehrerfahrung zu sammeln, etwa als Tutor, vielleicht aber auch schon als Lehrbeauftragter, wenn Sie in einem bestimmten Bereich über hohes Fachwissen verfügen und Ihnen ein erfahrener Lehrender zur Seite steht.

Phasen des Stillstands nutzen

Weitere Schritte und Möglichkeiten

Im Anschluss an ein erfolgreich absolviertes Masterstudium müssen Sie, wenn Sie eine akademische Karriere planen, ein Promotionsstudium aufnehmen. Über die Zugangsvoraussetzungen können Sie sich in den Studien- und Prüfungsordnungen des gewählten Instituts informieren. Manche Promotionsstudiengänge sind bereits modularisiert; hier ist Ihr Arbeitsprogramm und auch das Ihrer Beteuer stärker reglementiert und in der Regel auf sechs Semester angelegt. Wenn Sie dann im Studiengang Promotion eingeschrieben sind, ist Ihre Hauptaufgabe das Verfassen der Doktorarbeit – eine eigenständige wissenschaftliche

Promotion

Arbeit, die in einem Spezialgebiet einen Erkenntnisfortschritt erzielen soll. Eine historische Promotionsschrift (auch: Dissertation) verlangt die präzise Verwendung von geschichtswissenschaftlichen Theorien, Konzepten und Begriffen sowie die Fähigkeit, ein Buch zu schreiben. In der Regel beruht die Dissertation auf ungedruckten Quellen, was lange Archivzeiten notwendig macht (jedoch auch zum angesprochenen wissenschaftlichen Fortschritt beiträgt). Nachdem Ihre schriftliche Arbeit von zwei Hochschullehrern begutachtet worden ist, müssen Sie sich einer mündlichen Präsentation und Diskussion stellen. Diese „Disputation" ist meist fakultätsöffentlich. Der Promovend verteidigt hier seine Ergebnisse gegen kritische Einwände einer Kommission, die aus Professorinnen und wissenschaftlichen Mitarbeitern besteht. Diese Vorstellung mag unangenehm sein, doch trainiert sie für eine übliche Form der Mitteilung von Forschungsergebnissen, nämlich den Vortrag vor einer wissenschaftlichen Öffentlichkeit. Anstelle der Disputation gibt es an einigen Universitäten wirkliche mündliche Prüfungen, in denen die Kandidaten auch zu Themengebieten jenseits der eigenen Qualifikationsschrift befragt werden, das so genannte Rigorosum. Welche Anforderungen jeweils gestellt werden und ob an Ihrer Universität Disputation oder Rigorosum verbindlich sind, erfahren Sie aus der Promotionsordnung Ihres Instituts oder Ihrer Fakultät.

Finanzierung   Je nach Finanzierung kommen zur Abfassung der Doktorarbeit weitere Aufgaben hinzu: Wenn sie eine (halbe) akademische Stelle bekleiden, werden Sie in Lehrstuhlaufgaben eingebunden und haben oft auch eine geringe Lehrverpflichtung. Falls Sie sich über eine außerakademische Stelle finanzieren liegt ein wesentlicher Teil Ihrer Schaffenskraft auf diesem „Geldverdienjob". Als Stipendiat – meist zwei Jahre lang mit ca. 1.000 Euro im Monat gefördert – haben Sie unterschiedliche Pflichten, die gleichfalls Lehre umfassen können, jedoch oft auch die Teilnahme an Qualifikationsmaßnahmen oder Workshops beinhalten. Ihre Ansprechpartner in dieser Zeit sind die Doktoreltern, aber auch Vertrauenspersonen der Fördereinrichtungen oder Personen aus Ihrem Netzwerk, das nun langsam um andere Doktoranden und Wissenschaftler anwachsen sollte.

Drucklegung   Wenn Sie Ihre Doktorarbeit vollendet haben, beginnt eine neue organisatorische Phase: Sie müssen das Manuskript einreichen, die mündliche Prüfung ablegen und die Drucklegung Ihrer Schrift besorgen. Insgesamt kann dies durchaus ein Jahr oder länger dauern, und in der Regel werden Sie nun nicht mehr über ein Stipendium finanziert (falls Sie eine Stelle innehaben, haben Sie es etwas besser). Sie müssen sich also frühzeitig, bereits während der abschließenden Schreibphase, Gedanken über die Anschlussfinanzierung ihrer Existenz, aber auch über die Finanzierung der Drucklegung Ihrer Schrift machen und eventuell über Alternativen zur wissenschaftlichen Laufbahn nachdenken. Erneut sind die Doktoreltern Ihre ersten Ansprechpartner. Wenn endlich die Dissertation veröffentlicht und in der Universitätsbibliothek abgegeben worden ist, dürfen Sie den Titel „Dr. phil." führen.

Postdoc   Nun beginnt die Zeit als Postdoc, die oft drei bis sechs Jahre dauert. Spätestens jetzt sollten Sie sich auf eine wissenschaftliche Kavalierstour begeben, andere Universitäten, auch in anderen Ländern, und Forschungseinrichtungen kennenlernen, Artikel verfassen, lehren, kurz: Ihr wissenschaftliches Profil aufbauen. Quasi nebenher muss das „zweite Buch", faktisch die Habilitationsschrift, entstehen. Finanzieren können Sie sich über wissenschaftliche Mitarbeiterstellen oder Stipendien (die nun jedoch meist kürzer laufen und rar sind). Auch eine Finanzierung als Freiberufler – freiwillig oder phasenweise zwangsläufig – ist nicht ausgeschlossen; wichtig ist aber, dass Sie die Anbindung an eine Universität nicht verlieren, denn sonst wird es schwierig, Förderungen zu beantragen. Ihre Netzwerkarbeit kann sich nun auszahlen, sollte jedoch weiter verfolgt werden und Kollegen, Vorgesetzte oder Wissenschaftler anderer

Einrichtungen mit ähnlichen Interessensgebieten einschließen. Letztens können (und müssen) Sie sich in dieser Zeit bewerben: auf Projekt- und Mitarbeiterstellen, Stipendien, Juniorprofessuren, um Erfahrung zu sammeln, Kontakte zu knüpfen und auch, um Ihren „Marktwert" zu testen.

Mögliche Schwierigkeiten

Die akademische Karriere birgt ein hohes biographisches Risiko. Die Qualifikation dauert sehr lang, viele Wissenschaftler kommen erst mit Ende 30 oder noch später auf eine Dauerstelle. Während dieser Zeit erleben sie meist schwankende finanzielle Einkünfte, unklare Perspektiven, Zweifel, ob dies der richtige Weg war, eventuell Umzüge und damit auch Schwierigkeiten in der Beziehungs- und Familienorganisation. Auf einen freien Lehrstuhl bewerben sich je nach Spezialgebiet bis zu 100 Kandidaten, so dass während der Qualifikationszeit notwendig auch eine berufliche Alternative entwickelt werden muss. Hier stellt sich allerdings die Frage, ob es sich erfolgreich arbeiten lässt, wenn Kopf und Herz sowohl die Wissenschaft als auch „Plan B" verfolgen müssen.

> **Biographisches Risiko**

Bei dem erforderlichen Multitasking, bestehend aus Promotion bzw. Habilitation, Lehre, dem Knüpfen wissenschaftlicher Netzwerke, evtl. Geld verdienen und Familie gründen, müssen Sie darauf achten, dass bei der emotionalen und Arbeitsbelastung Ihre Gesundheit und Persönlichkeit unbeschadet bleiben. Sie müssen mit Schreibblockaden und Phasen von Frust und Freude rechnen und einen Umgang damit finden. Da der betreuende Hochschullehrer mit einigem Sinn Doktormutter oder -vater genannt wird, also eine enge Beziehung und auch Abhängigkeit beschrieben ist, müssen zum einen zunächst ein Betreuer und ein geeignetes Thema gefunden werden (ohne zu viel Zeit zu verlieren), zum anderen muss das Verhältnis zum Doktorelternteil gepflegt werden. Er oder sie kann Sie fördern, vernetzen, muss Sie letztendlich auch prüfen, er oder sie kann aber all dies auch lassen, sei es, weil das Verhältnis problematisch wird, sei es, weil der Betreuer z. B. den Ruf einer anderen Universität annimmt. Umgekehrt sind Sie als Schüler auch eine Art Visitenkarte Ihres Betreuers, so dass beiden Seiten in der Regel an einem freundlich-verbindlich-fördernden Austausch gelegen sein sollte.

> **Arbeit und Leben**

Weitere Schwierigkeiten können im Zusammenhang mit dem Wissenschaftszeitvertragsgesetz[23] entstehen, das eine Anstellung an wissenschaftlichen Einrichtungen während Promotions- und Habilitationsphase auf insgesamt zwölf Jahre begrenzt (Zeiten der Kindererziehung werden allerdings mit zwei Jahren je Kind berücksichtigt). Bei der Verabschiedung dieses Gesetzes sprachen kritische Stimmen recht treffend von einem Gesetz, das ein Berufsverbot enthalte, denn nach Ablauf der zwölf Jahre ohne Habilitation (oder Juniorprofessur) ist die Weiterbeschäftigung als wissenschaftlicher Mitarbeiter nicht mehr möglich und „Plan B" nicht mehr Alternative, sondern einziger Ausweg.

> **Wissenschaftszeitvertragsgesetz**

Eine oft kaum als Defizit wahrgenommene Schwierigkeit besteht darin, dass Kritik ausbleibt oder indifferent formuliert wird. Stete, unsachliche Aufmunterung ohne Auseinandersetzung mit der eigenen Arbeit kann ebenso schädlich und frustrierend sein wie stete und unsachliche Bemängelung.

> **Fehlende Kritik**

Als letzte Schwierigkeit sei der Supergau genannt: Sie finden Ihre Ergebnisse schon an anderer Stelle veröffentlicht. Allerdings ist dies in der Regel das Resultat schlechter Recherche und fahrlässiger Beratung; sowohl Sie als Verfasser einer Arbeit sollten dank moderner EDV, aber auch dank der Benutzereinträge in Archivakten die Namen und Arbeiten kennen, die

> **Hase und Igel**

für den Kontext Ihres eigenen Werkes bedeutsam sind. Auch Ihr Betreuer müsste, dank seiner Vernetzung, über ähnliche Forschungsvorhaben informiert sein. Anders als z. B. in den experimentellen Wissenschaften ist in der Geschichtswissenschaft aufgrund der Quellenabhängigkeit und einer weitgehenden Ausschließung des Zufalls ein identisches Projekt an anderer Stelle recht unwahrscheinlich. Falls es doch dazu kommt, kann es sich lohnen, den Kontakt zur Konkurrenz aufzunehmen, ein Team zu bilden und der eigenen Arbeit mittels anderer Methoden, Quellenergänzungen oder neuer Ergebnisse eine veränderte Ausrichtung zu geben.

Die schönen Seiten

Eigenständig

Bildung

Bei allen Schwierigkeiten, Schreibblockaden und allzumenschlichen Eitelkeiten in der Wissenschaft und auch trotz ihrer zunehmenden Verschulung gehört sie wohl zu den eigenständigsten und selbstbestimmtesten Arbeiten, die unsere Berufswelt anzubieten hat. Gleichfalls haben Sie insbesondere während der Qualifikationsphasen die Gelegenheit, konzentriert und intensiv an einem Gegenstand zu arbeiten. Dies ist ein ungeheures Privileg, da Sie von vielen anderen gesellschaftlichen Verpflichtungen, die auch mit „Nützlichkeit" übersetzt werden können, während dieser Zeit freigestellt sind. Die Wissenschaft als langfristiges Tätigkeits- oder Berufsfeld bedeutet nicht nur die Ausübung eines Jobs, sondern bietet und fordert persönliche Entwicklung und Bildung.

Tipps

Seien Sie unbequem!

@

Es gibt eine ganze Reihe von pragmatischen Tipps, die von der Auslandszeit bis zu beruflichen Alternativen, vom Umgang mit den Doktoreltern bis zur Schreibtischorganisation reichen. Hier können Sie aus der angegebenen Literatur, mittels eigener Recherche in einem der mittlerweile zahlreichen Promotionsratgeber sowie z. B. in Doktorandennetzwerken wie Thesis (www.thesis.de) das Passende heraussuchen. An dieser Stelle sei ein „politischer" Tipp gegeben: Auch wenn Kommilitonen und Medien Ihnen weismachen mögen oder Sie von dem diffusen Gefühl getragen werden, dass Stromlinienform am weitesten trage, Anpassung wichtig sei und die soziale Situation des wissenschaftlichen Nachwuchses jede Art des Unbequemseins unmöglich mache: Emanzipieren Sie sich davon. Nutzen Sie die Zeit, sich – auch in wissenschaftlicher Hinsicht – zu einer eigenen Persönlichkeit zu entwickeln. Suchen Sie sich Verbündete, die Ihnen den Rücken stärken und Sie motivieren, wenn es Widerstand geben sollte. Wissenschaft lebt im Übrigen nicht unwesentlich vom Irrtum, töricht sind lediglich mangelnde Lernbereitschaft und Uneinsichtigkeit.

Versicherung

@

Ein ganz pragmatischer, aber wesentlicher Tipp betrifft die Kranken- und Pflegeversicherung: Als Doktorand sind Sie nicht automatisch Student im Sinne des Bundessozialversicherungsgesetzes, das heißt Sie müssen sich bei den Krankenkassen erkundigen, wer Sie zu welchen Konditionen versichert. Einige berechnen den Satz für freiwillig Versicherte, andere haben Altersgrenzen für die studentische Versicherung (27 oder 30 Jahre), wieder andere sind ganz frei oder haben Anpassungsphasen. Wenn Sie verheiratet sind, können Sie sich je nach Einkommen unter Umständen familienversichern.

Gerade die Qualifikationsphase kann mit Zeiten der Beschäftigungslosigkeit und Freiberuflichkeit verbunden sein. Informieren Sie sich frühzeitig über Ihre Möglichkeiten und

Rechte; insbesondere die Kommunikation mit Arbeitsagentur und Arge fällt leichter, wenn Sie schon ohne Druck und Sorge Informationen gesammelt haben.

Für das Wissenschaftsmanagement empfehlen sich Praktika, Mitarbeit oder Werkverträge nicht nur an den Forschungsinstituten, sondern auch in zentralen Einrichtungen wie der Studienberatung, dem International Office oder bei Stiftungen.   **Praktikumsstellen**

Da Sie sich mit Beginn Ihres Studiums bereits im System Wissenschaft befinden, müssen Sie eigentlich kein Praktikum absolvieren; zudem wird es schwierig, da die verschiedenen Berufe mit fachlicher und persönlicher Entwicklung verbunden sind. Dennoch können Sie über Stellen als studentische Hilfskraft, als Tutor, über Kolloquien und Vorträge oder Tagungsbesuche viel über die wissenschaftliche Erwerbsarbeit erfahren.

Chancen

Die Chance, zum Promotionsstudium zugelassen zu werden, ist bei überdurchschnittlichem Hochschulabschluss groß. Sie können diese Qualifikationsphase auch für andere Berufsfelder als die Wissenschaft nutzen, wenn Sie zielorientiert arbeiten. Eine erfolgreich abgeschlossene Promotion ist jedoch keine Garantie für eine akademische Karriere, ebenso wie eine Habilitation keinen Lehrstuhl garantiert. Tatsächlich gibt es Wissenschaftler, die unentgeltlich an der Universität weiterarbeiten, um Ihre Chancen im akademischen Umfeld zu wahren.

Der akademische Arbeitsmarkt ist sehr eng. An deutschen Universitäten gibt es ca. 650 Professuren in allen Teilbereichen der Geschichte. Statistisch gesehen werden davon jährlich 20 bis 30 frei (gleichfalls in allen Teilbereichen der Geschichte – für Sie kommen jedoch nur Posten infrage, für die Sie eine Lehrbefugnis haben, z. B. für das Mittelalter oder die Geschichtsdidaktik). Die Angaben zur Nachfrage nach Professorenstellen schwanken: Im Durchschnitt kommen auf jede freiwerdende Professur zehn Habilitierte, doch bewerben sich ja auch Professoren anderer Universitäten, so dass ein Kandidat sicherlich mit einem Konkurrenzfeld von mindestens 20, oft aber deutlich mehr weiteren Interessenten rechnen muss.[24] Da mit anderen akademischen Dauerstellen (z. B. dem akademischen Rat) derzeit nicht zu rechnen ist und Stellen in außeruniversitären Forschungseinrichtungen gleichfalls selten sind schrumpfen nach der Habilitation die Perspektiven, auf Stellen jenseits der Professur zu kommen. Insbesondere das relativ kleine Zeitfenster, das zur beruflichen Etablierung zur Verfügung steht und die hohe Qualifikation, die bis dahin erlangt wurde, gepaart mit einer starken Identifikation mit der eigenen Forschungsleistung (Sie machen sich einen „Namen"), machen die akademische Karriere zu einem hohen biographischen Risiko.

Wo bleibt die Geschichte im Beruf?

Natürlich überwiegt ein wissenschaftliches Geschichtsbild in diesem Berufsfeld, das allerdings auch eine ständige Reflexion zwischen akademischen Forschungsergebnissen und gesellschaftlichen „Geschichtsbedürfnissen" im Sinne der Unterhaltung oder Identitätsbildung enthalten muss. Als Historiker können Sie kaum zu einem naiv-eindeutigen Geschichtsbild zurückkehren: Ihre Beschäftigung mit Geschichte wird eine heuristische, analytische, kritische sein; außerdem kreativ insofern Sie selbst Geschichtsschreibung betreiben und diskursiv, da Sie Wissenschaft ausüben und Teil der Wissenschaft sind.

Lektüre @

Bär, Siegfried: Forschen auf Deutsch, Frankfurt a. M. [4]2002

Brauner, Detlef-Jürgen/Vollmer, Andreas: Erfolgreiches wissenschaftliches Arbeiten, Sternenfels 2006

Fiedler, Werner/Hebecker, Eike (Hg.): Promovieren in Europa, Opladen 2006

Selbstständigkeit, Freiberuflichkeit

Selbstständige und freiberufliche Tätigkeiten finden Sie in allen beschriebenen Berufsfeldern. Am häufigsten arbeiten selbstständige Historikerinnen im Kulturbereich, etwa bei Museen oder für „historische" Veranstaltungen, in den Medien, z. B. in der Werbung oder im Journalismus. Ein großer Teil der freiberuflichen Historikerinnen ist als Dozentin oder Honorarkraft in Bildung und Wissenschaft tätig. Da immer mehr Verlage typische Tätigkeiten ausgliedern, arbeiten viele Historiker auch frei als Lektoren oder Publizisten. Nicht ganz so fachnah sind Tätigkeiten wie etwa Schulungen im IT-Bereich, Arbeiten als (technische) Übersetzer oder Beratertätigkeiten. Einen neuen, zunehmend professionalisierten Bereich der gewerblichen historischen Arbeit stellt das History Marketing dar (→ Wirtschaft). Im Vergleich zu anderen Disziplinen zählen die Geisteswissenschaftler mit ca. 9 % eines Magisterjahrgangs zur oberen Gruppe der Gründer – mehr gründen nur noch Architekten und Juristen.[25]

Die Frage, ob Sie als Selbstständige einem Gewerbe nachgehen oder Freiberufler sind, hat Konsequenzen für Ihre Steuerschuld und die Verwaltung Ihrer Tätigkeit. Als Historikerin zählen Sie im Gegensatz z. B. zu Publizisten oder Künstlern nicht eindeutig zu den freien Berufen. „Freiberufler" sind Sie, wenn Sie Ihre Selbstständigkeit aufgrund Ihrer hohen Fachkompetenz oder Begabung persönlich, eigenverantwortlich und fachlich unabhängig ausüben. Voraussetzung ist, dass Sie keine Handels- oder Massenprodukte herstellen, sondern im Interesse der Auftraggeber und der Allgemeinheit tätig sind. In diesem Fall ist keine Gewerbeanmeldung erforderlich, eine Meldung beim Finanzamt ist ausreichend. In der Folge fällt auch keine Gewerbesteuer an und Sie müssen keine Buchführung leisten; eine Gewinn- und Verlustrechnung genügt (§18 EStG und §1 PartGG).

Ein Gewerbe hingegen ist eine auf Gewinnerzielung angelegte, dauernde, plan- und regelmäßige wirtschaftliche Tätigkeit. Sie müssen Ihr Gewerbe beim Ordnungsamt anmelden, sich ins Handelsregister eintragen und ab einem Gewinn von 50.000 Euro (bzw. Umsatz von 500.000 Euro) doppelte Buchführung leisten und jährliche Bilanzen erstellen. Wenn Sie als Einzelunternehmer mit Ihrem jährlichen Gewerbeertrag den Freibetrag von zurzeit 24.500 Euro übersteigen, fallen Gewerbesteuern an. Die Grenzen zwischen Gewerbe und Freiberuf sind mitunter fließend, und möglicherweise gelten einige Tätigkeiten Ihrer Selbstständigkeit als freiberuflich und andere als gewerblich. In diesem Fall „steckt" jedoch das Gewerbe „an": Alle Tätigkeiten werden dann als gewerblich geführt. Gleiches gilt übrigens auch, wenn Sie mit einem Partner gemeinsam ein Unternehmen führen (oder eng zusammenarbeiten): Sobald einer von Ihnen gewerblich tätig ist, fällt die Tätigkeit des anderen auch darunter. Erstellen Sie z. B. ausschließlich wissenschaftliche Texte, fallen Sie unter „Freiberufler". Haben Ihre Texte jedoch werbenden oder Marketing-Charakter, sind sie gewerblich tätig. Wenn Sie sich als Freiberufler melden und die Prüfung des Finanzamtes ergibt, dass Sie einem Gewerbe nachgehen, kommt es zu Gewerbesteuernachzahlungen, die gerade kleine und junge Unternehmen schwer treffen können. Sie müssen daher unbedingt die korrekte Bedeutung einiger betriebs- und finanzrechtlicher Begriffe kennen – fragen Sie daher auch beim Finanzamt so lange nach, bis Sie Klarheit haben.

Weiterhin bietet die „Selbstständigkeit" von Geisteswissenschaftlern recht unterschiedliche unternehmerische Spannen von eigenverantwortlichem „Jobben" bis hin zu einem Unternehmen mit mehreren Partnern, größeren Auftragsvolumina und Angestellten. Für eine Pla-

Gewerbe oder freier Beruf?

nung der eigenen Selbstständigkeit folgt daraus, dass Sie sich auf unterschiedliche rechtliche und unternehmerische Rahmenbedingungen einstellen müssen und sehr genau Ihre Ideen und Pläne in den Blick nehmen sollten, um die für Sie sinnvolle und verpflichtende Form zu finden.

Bezeichnungen

Als selbstständige Historikerin haben Sie keine geschützten Berufsbezeichnungen. Sie können sich (freie) Historikerin nennen, jedoch auch andere Bezeichnungen, die Ihre konkrete Tätigkeit besser beschreiben, wählen.

Rechtsform   Wenn Sie nicht allein, sondern gemeinsam mit anderen in die Selbstständigkeit gehen möchten, müssen Sie sich Gedanken über die Rechtsform machen. Falls Sie aus Kosten- oder Disziplingründen mit anderen ein Büro oder die Büroausstattung teilen möchten, sonst jedoch als Einzelunternehmer mit eigenem Erscheinungsbild tätig sind, können Sie eine Bürogemeinschaft bilden. Sobald Sie mit Ihrem Büropartner allerdings gemeinsam die Absicht hegen, Gewinne zu erzielen, werden Sie als Gesellschaft bürgerlichen Rechts (GbR) eingestuft – dazu ist also nicht zwingend ein GbR-Vertrag erforderlich.[26] Als Gesellschafter einer GbR sind Sie voll haftbar, sie müssen also für Ihre Fehler, jedoch auch für die Ihrer Partner mit ihrem betrieblichen und privaten Vermögen einstehen. Haftpflichtversicherungen können Schäden begrenzen; hier sollten Sie sich bei einem Fachmann informieren. Weiterhin müssen Sie bedenken, dass Sie, wenn Sie als Freiberufler eine GbR mit einem Gewerbetreibenden gründen, Ihre Freiberuflichkeit aufgeben. Wenn Sie als Freiberufler gemeinsam mit einem anderen Freiberufler gründen möchten, kommt eine Partnerschaftsgesellschaft (PartG) in Betracht, wo Sie die Haftung auf die eigene Geschäftstätigkeit (jedoch auch unter Hinzuziehung Ihres privaten Vermögens) begrenzen können. Als PartG müssen Sie sich von einem Notar in das Partnerschaftsregister eintragen lassen – dies verursacht Aufwand und Kosten, doch ist dann auch der Name Ihrer Gesellschaft geschützt. Aus anderen Zusammenhängen ist Ihnen vermutlich die Gesellschaft mit beschränkter Haftung (GmbH) ein Begriff. Als besonderer Vorteil gilt meist die Haftungsbeschränkung (z. B. Ausschluss der Haftung mit Privatvermögen), unter Umständen können auch steuerliche Vorteile für diese Form sprechen. Da jedoch 25.000 Euro Stammkapital erforderlich sind, die Gewerbesteuerfreiheit aufgegeben wird, doppelte Buchführung und Bilanzierung vorgenommen werden müssen und das Privatvermögen der Gesellschafter durchaus als Sicherheit mit herangezogen wird, ist diese Form für geisteswissenschaftliche Kleingründer zunächst meist nicht interessant.

Persönlichkeit – Wie sollten Sie sein?

Gründer-persönlichkeit   Absolventen, die in die Selbstständigkeit gegangen sind, nennen hier die Bereitschaft zur Eigeninitiative, Verantwortungsbewusstsein, Disziplin, Sorgfalt und Verhandlungsgeschick. Sie dürfen zumindest zu Beginn keinen geregelten „von-neun-bis-fünf"-Arbeitstag erwarten – aber wo gibt es den noch? – sondern müssen je nach Auftragslage und auch je nach Auftrag zeitlich flexibel agieren können. Dies setzt voraus, dass Sie gut organisiert sind. Sie sollten Entscheidungen treffen können, kontaktfreudig sein und andere von Ihren Ideen und Produkten überzeugen können. Ausdauer, Pragmatik hinsichtlich Ihrer Planung und Begeisterung von den Gegenständen, die Sie bearbeiten, kommen hinzu. Vor allen Dingen müssen Sie

Frusttoleranz aufweisen, die sowohl der Auftragslage als auch der Kooperation mit Partnern, den Zahlungsmodalitäten der Kunden und dem Zeiteinsatz insbesondere zu Beginn Ihrer Laufbahn gilt. Frust darf Sie nicht lähmen, da Sie sonst eines Ihrer größten Kapitale verspielen – die Begeisterungsfähigkeit. Sie müssen also eine „Gründerpersönlichkeit" sein; unternehmerische Pflichten wie Buchführung oder Steuern dürfen keine furchteinflößenden Probleme entstehen lassen, eine gewisse Risikobereitschaft sollten Sie zudem mitbringen. Auch Ihr Umfeld sollte mit den Unsicherheiten, die eine Unternehmensgründung immer (und eine geisteswissenschaftliche Unternehmensgründung im Besonderen) mit sich bringt, umgehen können, damit Sie sich nicht in einer ständigen Rechtfertigungssituation befinden. Insbesondere eine positive Einstellung der selbstständigen Historikerin zur eigenen Tätigkeit ist für einen Erfolg unabdinglich.

Kompetenzen – Was sollten Sie können?

Fach- und Sachkompetenz sind natürlich zentral. Hier sollten Sie frühzeitig überlegen, ob Sie sich auf bestimmte Gegenstände spezialisieren oder als Generalist vor allem anhand von „Schlüsselqualifikationen" tätig werden. Auch wenn Historiker nichts „produzieren": Unsere Ergebnisse vermitteln wir fast immer in Texten! Daher ist Textkompetenz wesentlich – Sie sollten sich frühzeitig um eine Professionalisierung Ihres Schreibens und Lesens kümmern, da hier nicht von der allgemeinen „Kulturtechnik" des Buchlesens bzw. Worteschreibens ausgegangen werden kann, sondern unterschiedliche Lese- und Schreibstrategien und -techniken eingesetzt werden. Weiterhin nennen selbstständige Alumni ein Kompetenzfeld, das in der Regel nicht im Rahmen des Geschichtsstudiums angeboten wird: unternehmerische Fähigkeiten wie Kunden- und Mittelakquise, Zeit- und Projektmanagement, Begriffsbildung, soziale Kompetenzen sowie funktionales juristisches und betriebswirtschaftliches Wissen. Insbesondere letzteres wird oft falsch eingeschätzt; die eigenen Kompetenzen für den pragmatischen Teil einer Unternehmensführung über-, der zeitliche Aufwand unterschätzt. Wenn Sie sich allein selbstständig machen, müssen Sie auch alle „Abteilungen" Ihres Unternehmens bedienen: Buchhaltung, Marketing, Einkauf, Vertrieb, Außendienst, Controlling, Herstellung, Akquise. Selbstverständlich muss der kompetente Umgang mit moderner Bürokommunikation sein – der einzige Ausweg wäre eine Rückkehr zur alten Bürokommunikation als Teil Ihrer „Marke", doch dann sollten Sie Ihre Schreibmaschine auch reparieren können und eine sehr angenehme Handschrift haben.

Fachkompetenz
Textkompetenz
Unternehmerische
Fähigkeiten

Welche Qualifikationen sollten Sie vorweisen können?

Grundsätzlich ist ein Abschluss hilfreich, denn er beweist, dass Sie unter Druck und termingerecht Projekte abschließen können. Doch auch Studienabbrecher können höchst erfolgreich selbstständig tätig sein. Empfehlenswert ist Berufserfahrung (im Schnitt haben Gründer elf Jahre Berufserfahrung), wobei sicherlich die Frage zu Recht auftaucht, wo und wann man die Erfahrung sammeln soll, wenn die Selbstständigkeit als „verdeckte" oder vermiedene Arbeitslosigkeit beginnt.

Tätigkeitsprofile

Wissenschaftliche Dienstleistungen

Unter den selbstständigen Historikern finden sich Generalisten und Spezialisten. Manche bieten wissenschaftliche Dienstleistungen an, andere arbeiten eher im Bereich Schlüsselqualifikationen. Fast alle Tätigkeiten, die in diesem Buch aufgeführt sind, lassen sich auch als freie oder gewerbliche Arbeiten verrichten. Einen Einstieg bietet schon die Wissenschaft selbst, da z. B. einzelne Lehrstühle oder Institute an der Universität Werkverträge vergeben können. Auch Museen arbeiten viel und gern mit freien Mitarbeitern zusammen, die manchmal ganze Ausstellungen konzipieren und durchführen, oftmals aber vor allem im museumsdidaktischen Bereich oder für einzelne Werke (z. B. Katalogredaktion) beauftragt werden. Da viele Verlage Klein- oder Kleinstbetriebe sind, werden auch hier Aufträge an freie Mitarbeiter gegeben, die im Bereich Lektorat oder Redaktion tätig sind. Gleichfalls lebt der gesamte Bildungsbereich wesentlich von freien Mitarbeitern (→ Lehre). All diese Tätigkeiten erfordern die Spezialisierung auf bestimmte Gebiete, Methoden und Arbeitsschwerpunkte.

Texte

Im gewerblichen Bereich arbeiten viele Historiker mit dem Produkt Text: Sie schreiben Bücher und Reden, verfassen Werbe- oder Marketingtexte, redigieren oder redaktionieren Texte (auch in technischer Hinsicht, z. B. bei Übersetzungen) und übernehmen Kommunikationsfunktionen. Als Berater oder Verantwortliche für die Konzeption können sie ganze Events begleiten. Auch genealogische Dienste fallen in den gewerblichen Bereich. Einen neuen Zweig bildet das → History Marketing, in dem unterschiedliche Tätigkeiten zusammengefasst sind. Ein Beispiel für die erfolgreiche Umsetzung dieser beruflichen Perspektive ist die Berliner Vergangenheitsagentur, die Unternehmensgeschichte, Biographiearbeit und Recherchen anbietet und dies mit einem Team aus Historikern, Journalisten, Web-/Grafik-Designern, PR- und Verlagsspezialisten in Produkte umsetzt (http://vergangenheitsagentur.de).

Welche genaue Tätigkeit auch immer Ihnen vorschwebt: Sie werden als Selbstständiger Ihre Arbeitszeit zwischen fachlicher Arbeit, Verwaltung und eigener Fortbildung aufteilen müssen.

Wie können Sie vorgehen?

Warum selbstständig?

@

Zu Beginn steht die Frage nach Ihrer Motivation: Welche sind Ihre persönlichen Neigungen, Kenntnisse und Fähigkeiten? Warum wollen Sie selbstständig tätig sein? Welche Erfahrungen haben Sie bislang gemacht, wie sieht Ihre Branche aus und welche Kontakte haben Sie bereits geknüpft? Es gibt unterschiedliche Gründungssituationen; grundsätzlich können Sie mit selbstständiger Tätigkeit bereits studienbegleitend beginnen (jedoch sollten Sie sich unbedingt erkundigen, ab welchen Einkommensgrenzen dies z. B. Einfluss auf Ihre Krankenversicherung hat). Sie können auch nach dem Studium, parallel zu einer Angestelltentätigkeit oder in Anschluss an eine solche sowie aus der Arbeitslosigkeit heraus gründen (früher „Ich-AG") oder Ihre selbstständige Tätigkeit konsequent als „Zweites Standbein" kultivieren. Folgende Schritte sind für alle Gründungssituationen identisch, so Sie tatsächlich eine professionelle Selbstständigkeit anstreben:

1. die systematische Entwicklung und Darstellung Ihrer Geschäftsidee (in der Regel anhand eines Gründungskonzepts [Businessplan]),
2. die Klärung der Fragen von „freiberuflich" oder „gewerblich", Finanzierung und Rechtsform, Beschäftigung mit Steuer- und Versicherungsfragen,

3. Anmeldung beim Finanzamt, ggf. Gewerbeanmeldung (Ordnungsamt).

Falls Sie aus der Arbeitslosigkeit heraus gründen möchten, sollten Sie einen Beratungstermin mit dem Sachbearbeiter für Akademiker ihrer Arbeitsagentur vereinbaren und sich über Fördermöglichkeiten informieren.

Was können Sie bereits während des Studiums tun?

Wenn Sie bereits als Studierender in die Situation kommen, selbstständig tätig zu sein, etwa weil Ihnen ein Honorarvertrag angeboten wird, sollten Sie sich über Steuerfragen informieren, klären, ob es sich um eine gewerbliche oder eine freie Tätigkeit handelt (s.o.) und sich dann beim Finanzamt bzw. Ordnungsamt anmelden. Dann kann es eigentlich schon losgehen; Schwierigkeiten tauchen erst wieder auf, wenn Sie eine bestimmte Einkommensgrenze überschreiten – dann ändern sich sowohl der Status in der Krankenversicherung als auch ggf. der Anspruch auf Kindergeld (für Ihre Eltern) – oder dauernd mehr als 19,5 Stunden pro Woche in Ihre selbstständige Tätigkeit investieren, denn dann sind Sie nicht mehr „Vollzeit-Student". Falls Sie nicht in die Selbstständigkeit fallen, sondern sie systematisch vorbereiten möchten, bietet es sich während des B.A.-Studiums an, im Rahmen der Schlüsselqualifikationen fachfremde Kenntnisse in Betriebswirtschaft, Recht und EDV zu erwerben. Einige Universitäten bieten auch Gründerkurse an oder arbeiten in einem Gründungsnetzwerk. Da meist nicht unmittelbar die Geisteswissenschaften angesprochen sind, finden Sie Hinweise auf derartige Veranstaltungen eher über die Wirtschaftswissenschaften, die zentrale Studienberatung oder auch die Arbeitsagentur. Neben den universitären Angeboten gibt es Existenzgründungsseminare der Kammern, z. B. der Industrie- und Handelskammern, die relativ kostengünstig (und im Übrigen auch steuerlich absetzbar) sind. Sie sollten sich über Gewerkschaften und Berufsverbände informieren, da diese sowohl Netzwerke als auch Beratungen und Informationsveranstaltungen, bisweilen auch finanzielle Förderungen anbieten. Letztens sollten Sie Ihre Kontaktfreude nutzen und mit Freunden, Bekannten und Kollegen aktives Networking betreiben. Auch vollkommen fachfremde Bereiche ergänzen Ihr Portfolio; Mitarbeit in einem familiären Handwerksbetrieb etwa kann einen praktischen und lehrreichen Einblick in die Buchführung oder Kundenakquise bedeuten.

Vorbereitung Start im Studium

Was können Sie im Anschluss an das B.A.-Studium tun?

Grundsätzlich können Sie diese Maßnahmen auch während des Masterstudiums fortführen; Sie sollten jedoch nun mit gezielten Fortbildungen in Ihr Portfolio investieren. Je nach Studienordnung besteht eventuell auch die Möglichkeit, in einen Master „Kulturmanagement" (→ Wirtschaft) oder einen betriebswirtschaftlichen Master zu wechseln. Mehr Perspektiven als die eigene Selbstständigkeit eröffnet ein Studium mit dem Ziel Master of Business Administrations (→ Wirtschaft). Für einen schnellen Start in das eigene Unternehmen bieten sich jedoch eher Praktika, erste Aufträge und Erfahrungen an als eine verstärkte Reflexion der Gründungsbedingungen – Geisteswissenschaftler zeichnen sich oft und gerade bei der eigenen Berufsplanung durch Theoriedrang aus und vernachlässigen die Umsetzung.

Wirtschaftliche Kompetenzen ausbilden

Weitere Möglichkeiten

Einstiegsgeld

Unmittelbar nach Ihren Abschlussprüfungen haben Sie, wenn Sie nicht während des Studiums sozialversicherungspflichtig beschäftigt waren, keinen Anspruch auf Arbeitslosengeld I (ALG I). Leider folgt daraus, dass Sie auch den Gründungszuschuss der Agentur für Arbeit für eine Existenzgründung nicht beantragen können. Wenn Sie aber Anspruch auf Arbeitslosengeld II (ALG II) haben und sich selbstständig machen wollen, können Sie für maximal 24 Monate Einstiegsgeld beantragen, das in der Höhe von Ihren monatlichen Regelleistungen, der Dauer Ihrer Arbeitslosigkeit und Ihren persönlichen Umständen abhängt. Informationen erhalten Sie bei der Agentur für Arbeit oder bei den Jobcentern.[27]

Existenzgründerprogramme

@

Die Bundesländer haben eine Reihe von Initiativen, Fördermöglichkeiten und begleitenden Institutionen eingerichtet, die Sie über das Bundesministerium für Wirtschaft und Technologie finden können. Die KfW-Bank fördert kleine Unternehmen und auch Freiberufler mit Krediten, u. a. mit einer tilgungsfreien Anlaufzeit und einer Haftungsfreistellung, die den Zugang zu einem Darlehen bei Ihrer Hausbank erleichtern soll.

Mögliche Schwierigkeiten

Haltung

Eine oft nicht ausgesprochene, aber sehr unheilvolle Schwierigkeit liegt in der eigenen Haltung zur Selbstständigkeit: Soll Sie diese zunächst beschäftigt halten, Zeiten der Arbeitslosigkeit überbrücken, irgendwie auch eine Option sein (um möglichst viele Türen offen zu halten), Arbeitslosigkeit verdecken (um nicht die Fragebögen der Arge beantworten zu müssen)? Oder wollen Sie sie wirklich ernsthaft angehen, sich selbst finanzieren und dauerhaft Ihr eigener Herr sein? Das Risiko der Unentschlossenheit liegt darin, dass das Unternehmen von Beginn an auf wackligen Beinen steht, die eigene Haltung sich im unternehmerischen Handeln niederschlägt und somit nicht zum Erfolg führt. Natürlich ist es denkbar, sich zunächst neben einer anderen Tätigkeit in der Selbstständigkeit auszuprobieren – aber auch diese Nebentätigkeit sollte dann entschlossen und ernsthaft sowie fachlich und unternehmerisch professionell ausgeführt werden. Einmal verlorene Kunden kommen meist nicht zurück.

Freiheit?

Selbstständigkeit verspricht Freiheit und kann sie auch weitgehend halten, doch darf diese Freiheit nicht missverstanden werden: Anders als in der universitären Tätigkeit haben Sie hier keine Freiheit der Forschung sondern bieten Forschung oder „Geschichte" als Dienstleistung an. Zwar können Sie sich oft Ihre Zeit frei einteilen und Ihrem Biorhythmus entsprechend schlafen, doch befreit sie dies nicht von einem hohen Arbeitsaufwand. Zu hohe oder falsche Erwartungen an die Freiheit, das Einkommen, die Konkurrenz oder falsche Einschätzungen des eigenen Wissens stellen große Hürden dar – Sie brauchen daher dringend eine „externe Instanz", die Ihnen kompetent Feedback gibt. Insbesondere zu Beginn mag es sein, dass Sie „Lehrgeld" zahlen und Ihre Projekte zu gering kalkulieren. Sie müssen bedenken, dass Sie sich unter Umständen Fachwissen aneignen müssen, für das der Auftraggeber nicht bezahlt (weil Sie individuelle Lücken schließen), müssen lernen, für die Produkte einen angemessenen Preis zu finden und gegenüber dem Auftraggeber zu vertreten. Viele kalkulieren hier zu eng, haben vielleicht auch keine Wahl, da die Auftraggeber nicht bereit sind, mehr zu bezahlen. Bedenken Sie aber, dass Sie ungefähr das Zweieinhalb- bis Dreifache Ihres Nettogehalts einwerben müssen, damit Sie neben Ihrem Lohn auch die Abgaben, Versicherungen etc. bezahlen können. Eine unstete finanzielle Situation, Unterfinanzierung und eventuell fehlende soziale Absicherung können auf Dauer zermürben und das Unternehmen scheitern lassen.

Ein weiterer Risikofaktor liegt im fehlenden Wissen: Insbesondere Versicherungsfragen, Recht, Mittelakquise, Werbung, Buchhaltung etc. gehören (zu Recht) nicht zum Geschichtsstudium und müssen auf anderem Wege erlernt werden. Auch EDV-Kenntnisse sind im Studium meist funktional, und oft kommen Sie mit sehr geringen Fähigkeiten, die „Word" eher wie eine bessere Schreibmaschine erscheinen lassen, zum Ziel. Wenn Sie sich und Ihre Produkte verkaufen wollen, wird sich dies ändern müssen. Falls Sie sich in diesen Bereichen nicht professionalisieren können oder wollen sollten Sie sich einen (Geschäfts)Partner suchen, der dies abdecken kann. Gerade für die EDV oder das Marketing bieten sich studentische Organisationen an der Universität an, um erste Netzwerke zu bilden und in Teamarbeit auf die Kompetenzen anderer zugreifen zu können. Ein gut geführtes Adressbuch ist elementar; fehlende Netze gerade zu Beginn der Selbstständigkeit können nicht nur teuer werden, sondern es auch schwierig machen, an Aufträge zu gelangen oder die notwendigen Informationen über die Marktlage zu erhalten. Letztens können ganz pragmatische Probleme auf Gründer zukommen, etwa die Wahl des falschen Standorts, eine falsche, unpassende, schlecht gemachte oder fehlende Vermarktung oder der unsensible Umgang mit Kunden.

Die schönen Seiten

Der letzte Absatz mag Ihre Lust auf die Selbstständigkeit deutlich abgekühlt haben, doch birgt das eigene Unternehmen, wenn es einmal läuft, eine hohe Zufriedenheit und Identifikation mit der Tätigkeit: 80 % der selbstständigen Geisteswissenschaftler bezeichnen sich als „zufrieden", was nur auf 33 % der angestellten zutrifft. Und auch wenn es viel zu bedenken und entscheiden gilt: Haben Sie sich einmal eingearbeitet, werden Sie feststellen, dass Sie ohne viel „Papierkram" und große Investitionen einfach anfangen können. Gerade die Möglichkeit, parallel zu Studium, Promotion oder Angestelltentätigkeit zu gründen, erlaubt ein Ausprobieren und eine „Selbstständigkeit mit Sicherheitsnetz". Falls Sie in dieser Erprobungsphase feststellen, dass eine reine Selbstständigkeit nicht denkbar oder erfolgreich ist, können Sie sie weiterhin nebenbei laufen lassen oder aber beenden – und haben dann Erfahrungen gesammelt, die für eine andere Beschäftigung sehr wertvoll sein können. Abgesehen davon, dass Sie natürlich von der Auftragslage und von Auftraggebern abhängig sind, erlaubt das selbstständige Arbeiten viel Freiheit hinsichtlich der Zeiteinteilung, des Arbeitsortes und oft auch der Auswahl der Themengebiete. Dies kann bei Elternschaft die Abläufe erleichtern und der Work-Life-Balance zuträglich sein. Gut ist sicherlich das Gefühl, sein eigener Chef zu sein. Letztens erlaubt Ihnen die Selbstständigkeit auch eine stete Erweiterung der eigenen Themen- und Spezialgebiete, Sie können auf Trends eingehen oder auch Trends setzen und damit der akademischen Wissenschaft meilenweit voraus sein.

Tipps

Falls Sie nach dem Studium doch Anspruch auf mindestens 90 Tage ALG I haben, können Sie bei der Agentur für Arbeit den Gründungszuschuss beantragen (§57 SGB III). Zusätzlich zu Ihrem Anspruch müssen Sie einen Businessplan erstellen und darüber eine „Stellungnahme einer fachkundigen Stelle", z. B. der IHK, über die Tragfähigkeit Ihres Vorhabens einholen und eine hauptberufliche Selbstständigkeit anstreben, das heißt mehr als 15 Stunden pro Woche in Ihrem Unternehmen tätig sein. Der Antrag muss vor Beginn der Selbstständigkeit gestellt werden, Sie brauchen Ihre Steuernummer vom Finanzamt und können dann anfangen. Als Grundförderung erhalten Sie in den ersten neun Monaten ALG I und zusätzlich 300 Euro. In den folgenden sechs Monaten können Sie auf Antrag weiterhin 300 Euro monatlich an Aufbauförderung erhalten (www.arbeitsagentur.de, www.gruendungs-zuschuss.de).[28]

Freiwillige Arbeitslosenversicherung

Seit 2006 gibt es für Selbstständige die Möglichkeit, sich freiwillig gegen Arbeitslosigkeit zu versichern (§28a des Dritten Sozialgesetzbuches). Es müssen allerdings verschiedene Voraussetzungen erfüllt sein: Sie müssen als Selbstständiger Ihre Tätigkeit mindestens 15 Stunden pro Woche ausüben und Vorversicherungszeiten nachweisen: in den zwei Jahren vor Beginn Ihrer Selbstständigkeit mindestens für zwölf Monate einer versicherungspflichtigen Beschäftigung nachgegangen oder krank, erwerbsunfähig oder im Mutterschutz gewesen sein. Alternativ können Sie auch ALG I bezogen haben. Weiterhin darf zwischen dem Ende Ihrer versicherungspflichtigen Beschäftigung bzw. dem Bezug von ALG I und der Aufnahme der selbstständigen Tätigkeit nicht mehr als ein Monat verstrichen sein. Während dieses Monats müssen Sie auch den Antrag auf die freiwillige Weiterversicherung stellen. Die Beiträge zu dieser Versicherung richten sich nicht nach dem tatsächlichen Einkommen, sondern nach geltenden Sätzen – derzeit liegen sie bei weniger als 20 Euro monatlich. Als Selbstständige führen Sie die Beiträge direkt an die Agentur für Arbeit ab. Diese Versicherung kann interessant sein, da Sie so auftragslose Zeiten überbrücken können. Zwar müssen Sie sich für diese Zeiten arbeitslos melden und den damit verbundenen Pflichten nachkommen (z. B. Bewerbungs- und Meldepflicht), doch kann dieses soziale Netz gerade in der Anfangszeit, wenn noch nicht so viele Rücklagen gebildet sind, eine wichtige psychologische Funktion einnehmen. Auch bei größeren Umsatz- und Auslastungsschwankungen können so Risiken gesenkt werden. Sie sollten sich deshalb bei der Agentur für Arbeit beraten lassen.

Steuern

Die Selbstständige, nicht der Auftraggeber, muss ihre Einnahmen versteuern. Sie müssen errechnen, welchen Gewinn Sie erzielt haben (Freiberufler: Einnahmeüberschussrechnung, Gewerbe: Buchführung). Gewinn ist das, was nach Abzug aller Betriebskosten übrig bleibt. Sie können die Posten abschreiben, die Sie tatsächlich und nachweislich für den Betrieb ausgegeben haben. Alle Rechnungen und Belege müssen mindestens zehn Jahre aufbewahrt werden. Besteuert werden Ihre Einkünfte dann, wenn Sie den steuerlichen Grundfreibetrag von ca. 7.700 Euro überschreiten (allerdings nur der Überschuss). Wenn Sie mehr als 200 Euro an Steuerschuld haben, müssen Sie im Folgejahr vierteljährliche Vorauszahlungen leisten. Als Gewerbetreibender zahlen Sie Gewerbesteuern, sobald Ihr jährlicher Gewerbeertrag über 24.500 Euro liegt. Dazu müssen Sie Umsatz(„Mehrwert")steuer zahlen. Diese schlagen Sie auf den Rechnungsbetrag auf. Wenn Sie allerdings nur bis zu 17.500 Euro im Jahr umsetzen (*nicht* einnehmen!), bzw. im Vorjahr weniger als diesen Betrag erwirtschaftet haben und im laufenden Jahr voraussichtlich weniger als 50.000 Euro umsetzen werden, gelten Sie als Kleinunternehmer und müssen keine Umsatzsteuer abführen. Die monatlichen Umsatzsteuervoranmeldungen können unterbleiben, Ihre Leistungen können Sie daher deutlich günstiger anbieten. Ein Steuerberater kostet zwar Geld, kann Ihnen aber nicht nur Geld sparen helfen, sondern Sie auch durch steuerrechtliche Klippen leiten.

Versicherungen

Versicherungen machen einen erheblichen Teil der Fixkosten aus. Wenn Sie selbstständig arbeiten können Sie nicht als Arbeitnehmer sozialversichert sein. Die Rentenvorsorge erfolgt privat. Sie müssen sich freiwillig krankenversichern (es gibt unterschiedliche Angebote, hier lohnt ein Vergleich und ggf. Wechsel der Kassen). Prüfen Sie in der Künstlersozialkasse (www.kuenstlersozialkasse.de), ob Ihre konkrete Tätigkeit dort zum Beitritt berechtigt, denn dann würde die Kasse die „Arbeitgeberanteile" von Auftraggebern und Bund einwerben und an Ihre Krankenkasse abführen. Als Bedingungen müssen Sie allerdings Ihre Selbstständigkeit als Haupterwerb ausführen und mindestens 3.900 Euro Jahreseinkommen erwirtschaften. Sinnvoll sind weiterhin eine private Unfall- und Haftpflichtversicherung sowie, ab dem Zeitpunkt, an dem Sie in größerem Umfang für andere tätig werden, eine Rechtsschutzversicherung. Da es viele unterschiedliche Unternehmenssituationen gibt, sollten Sie sich für Ihre konkreten Vorhaben möglichst an unabhängige Berater wenden, Angebote vergleichen und genau prüfen.

Seit einigen Jahren gibt es in Deutschland erste Projekte von „Microlending", einer Vergabe von Klein- und Kleinstkrediten an Existenzgründer, die keine banküblichen Sicherheiten vorweisen können. Das Bundesministerium für Wirtschaft und Technologie bietet auf seinem Existenzgründerportal (www.existenzgruender.de) eine Zusammenstellung von Anbietern an – ein Blick auf diese Seite kann sich daher lohnen.   **Kleinstkredite**

Chancen

Es liegen keine genauen Studien dazu vor, wie viele der selbstständigen Historikerinnen sich am Markt halten können. Viele der Schwierigkeiten, die oben aufgeführt sind, führen dazu, über kurz oder lang die Selbstständigkeit wieder aufzugeben. Sie können auch einmal selbst recherchieren – wie viele erfolgreiche, selbstständige Historikerinnen kennen Sie oder können Sie „ergoogeln"? Insofern bietet die Selbstständigkeit viele Fallen und mag auch falsche Hoffnungen wecken. Allerdings gilt hier unabhängig vom Studienfach Geschichte, dass Gründungen erfolgreich verlaufen, wenn sie sorgfältig, verantwortungsvoll, fleißig und kreativ angegangen werden. Selbstständigkeit bietet Historikern somit zum einen die Möglichkeit, „Übergangszeiten" zu gestalten oder sich auszuprobieren, zum anderen bei entsprechenden Kenntnissen und Persönlichkeitsmerkmalen im unternehmerischen Bereich durchaus die Chance, den eigenen Arbeitsplatz nach eigenen Bedürfnissen und Vorlieben zu schaffen.

Wo bleibt die Geschichte im Beruf?

Entsprechend der Tätigkeitsvielfalt haben Sie es im selbstständigen Bereich mit sehr heterogenen Geschichtsbildern zu tun. Allerdings bietet sich die Möglichkeit, unterschiedliche Vorstellungen von Geschichte in Einklang zu bringen – Sie sollten jedoch sehr genau Ihr Profil daraufhin schärfen, auch, um bei potentiellen Kunden keine falschen Erwartungen zu wecken. Wenn Sie z. B. Services für Familienforscher anbieten möchten, hilft Ihnen ein postmodernes, polyvalentes wissenschaftliches Geschichtsbild nicht zwingend weiter, wenn Sie andererseits wissenschaftliche Dienstleistungen anbieten wollen, können Sie nicht positivistisch im Hinblick darauf arbeiten, wie etwas „wirklich" war.

Lektüre @

Es gibt reichlich Literatur zu Gründungen, Selbstständigkeit und Unternehmertum. Ehe Sie kaufen, sollten Sie die Rechercheangebote z. B. bei Buchanbietern im Internet nutzen und

einen Blick in Klappentext und Inhaltsverzeichnis werfen. Sicherlich ist eine allgemeine Einführung in die Existenzgründung zu empfehlen, darüber hinaus sollten Sie aktuelle Einfüh-
rungen in die pragmatischen Elemente (Rechtsformen, Steuerfragen, Versicherungen, Buchführung) konsultieren, dann aber nach Ihren Bedürfnissen und Ideen gezielt weiterlesen.

Boress, Allan S.: Jetzt brauche ich Aufträge! Für Existenzgründer, Selbstständige und Kleinunternehmer, Heidelberg 2005

Janson, Simone: Der optimale Berufseinstieg. Perspektiven für Geisteswissenschaftler,
Darmstadt 2007

Kräuter, Maria: Geisteswissenschaftler als Gründer, Bonn 2009

Archiv und Dokumentation

Am Archiv scheiden sich die Historiker: Die einen lieben es als Arbeitsort und empfinden es als ihre natürliche Umgebung, die anderen machen schon im Studium einen Bogen darum und suchen (und finden?) andere Quellen. Wenn Sie einmal Ihre heimlichen Vorurteile abfragen, kann die Vorstellung von einem Archivar in etwa der Attraktivität säurefreier Kartons entsprechen. Einige Archivare reflektieren dieses Bild ironisch, z. B. indem sie sich zu Veranstaltungen als „Archivare" verkleiden: grau wie ein Magazin, beweglich wie eine Kompaktusanlage.

Archive sind Behörden oder private Einrichtungen. Entsprechend ist die Topographie des Archivs sehr facettenreich: Es gibt staatliche Archive (z. B. kommunale, Parlaments- oder Staatsarchive) und Unternehmens-, Verbands-, Vereins-, Parteien-, Adels-, Kirchen-, Universitäts-, Presse-, Stiftungs-, Hofarchive, Archive in Museen, Bibliotheken oder anderen wissenschaftlichen Einrichtungen. Hinzu kommen Medien- und Bildarchive, die nicht zwangsläufig schriftliche Quellen bewahren. Der Archivbegriff ist weit gefasst: Verbände, Verlage, Hochschulinstitutionen oder große Medienhäuser, aber auch Unternehmen unterhalten zum Teil große Informationsbereiche, die Elemente aus dem oder Überschneidungen zum Archiv aufweisen, aber auch Öffentlichkeitsarbeit, Informationsaufbereitung und Wissensmanagement leisten. Letztens streiten Archivare und theoretisch orientierte Historiker seit Jahren fruchtbar um einen sehr weiten Archivbegriff, der neben der Institution „Archiv" auch Sammlungen und Wissensbestände fasst.[29]

Behörden oder private Einrichtungen

Bezeichnungen

Die Berufsbezeichnung „Archivar" weist noch nicht auf den Bildungsweg hin; grundsätzlich werden im Archiv Tätige, mit Aktenbewertung, -erhaltung und -erschließung Beschäftigte als „Archivare" wahrgenommen. Dahinter können sich jedoch unterschiedliche Laufbahnen verbergen. Fachangestellte für Medien und Informationsdienste in der Fachrichtung Archiv haben eine verwaltungsinterne Ausbildung durchlaufen. Diplom-Archivare, Absolventen eines Bachelorstudiengangs zum Archivwesen und viele Archivare des gehobenen Dienstes sowie (wissenschaftliche) Dokumentare qualifizierten sich mit einem Fachhochschulstudium – die Bundesagentur für Arbeit nennt auch das Fachhochschulstudium als vornehmlichen Ausbildungsweg ins Archiv.[30] Dokumentare, z. B. in Unternehmen, können sich jedoch auch über Weiterbildungsstudiengänge professionalisiert haben. Der klassische Weg führt die Geschichtsstudentin jedoch zur Archivarin des höheren Dienstes, nach Fachstudium, Promotion, Referendariat und Staatsexamen.

Archivar und Dokumentar

Persönlichkeit – Wie sollten Sie sein?

Gleichgültig, welche Position im Archiv und welchen Werdegang Sie anstreben: Archivarbeit erfordert Sorgfalt, Ordnung und gute Organisation. Da Archivare zukünftige Quellen auswählen, müssen sie angesichts der Papierfluten entscheidungsfreudig sein. Als Partner von Behörden und Öffentlichkeit benötigen sie gute kommunikative Fähigkeiten, müssen ver-

Sorgfalt und Ordnung

bindlich sein und sich das Vertrauen der Verwaltung sichern – Archive haben schließlich eine Beweisfunktion über die kulturelle Gedächtnisbildung hinaus. Da der höhere Dienst Leitungsfunktionen vorsieht, ist hier Durchsetzungsvermögen gefragt; auch jenseits der staatlichen Archive müssen Sie, da deren wirtschaftlicher Zweck nicht immer unmittelbar ablesbar ist, überzeugen können. Angesichts der Veränderungen des Dokumentationswesens infolge der Medienwechsel sollten Sie Interesse für EDV mitbringen.

Kompetenzen – Was sollten Sie können?

Hilfswissenschaften
Sprachen
EDV

Sie sollten ein guter Fachwissenschaftler sein und das historische Handwerkszeug, insbesondere die Hilfswissenschaften, beherrschen. Archivspezifische Kenntnisse erwerben Sie im Anschluss an das Fachstudium während des Referendariats. Wenn Sie gute Kenntnisse in Diplomatie, Sphragistik, Chronologie, Paläographie, Rechts- und Verwaltungsgeschichte sowie aktive Latein- und Französischkenntnisse mitbringen, wird Ihnen dieser Ausbildungsabschnitt ebenso wie die spätere Tätigkeit leichter fallen. Gute EDV-Kenntnisse (Datenbanken, Suchmaschinen, Kataloge, vielleicht sogar schon Ontologien, Erfahrungen in der Datenmigration etc.) sowie die Bearbeitung von Themen aus der Archivtheorie, Verwaltungs- oder Rechtsgeschichte können (müssen aber nicht) in Auswahlverfahren profilierend sein.

Welche Qualifikationen sollten Sie vorweisen können?

Höherer Dienst

Voraussetzungen für eine Laufbahn im höheren Dienst sind in der Regel ein abgeschlossenes Hochschulstudium und faktisch auch die Promotion (gern in Geschichte oder Jura). Die je spezifischen Studienvoraussetzungen können Sie den Ausbildungs- und Prüfungsordnungen des Bundes und der Länder entnehmen; in Baden-Württemberg z. B. wird ein Geschichtsstudium, „angemessene Kenntnisse" der lateinischen und französischen Sprache sowie eine gesundheitliche Eignungsprüfung erwartet. Je nach Bundesland gelten unterschiedliche Altersgrenzen, zudem müssen Sie die Voraussetzung für eine Verbeamtung erfüllen.

Gehobener Dienst

Für den gehobenen Dienst oder den Dokumentar ist eine Promotion keine Voraussetzung, stattdessen ein abgeschlossenes Studium in einem entsprechenden Studiengang (s. u.) sowie Praxiserfahrung, etwa in Archiven, Museen, Verlagen oder in Informations- und Dokumentationsabteilungen von Institutionen oder Unternehmen. Für die Weiterbildung zur Wissenschaftlichen Dokumentarin oder zur dokumentarischen Qualifikation ist Berufspraxis im Informations- und Dokumentationsbereich erforderlich.

Tätigkeitsprofile

Archivar

Archivare haben in ihrer Kerntätigkeit vier Aufgaben. Erstens obliegt ihnen die Sicherung und Langzeitverwahrung des vorhandenen Archivguts. Zweitens wählen sie neues Archivgut aus. In staatlichen Archiven geschieht dies durch Übernahme von Schriftgut aus der öffentlichen Verwaltung (Archivare „sammeln" also nicht), zusätzlich kann auch privates Schriftgut übernommen werden. Der größte Teil der Akten muss allerdings kassiert, d. h. vernichtet werden; die Quote liegt bei deutlich über 90 %. In privaten oder Wirtschaftsarchiven gibt es eigene Kriterien zur Schriftgutübernahme, die Archivare teilweise erarbeiten oder aktualisieren müssen. Nicht alles kann bewahrt werden. Drittens müssen die Bestände erschlossen und zur Benutzung aufbereitet werden; Findmittel – Repertorien, Findbücher, Datenbanken, On-line-Angebote – werden erstellt und gepflegt. Viertens werden Nutzer und Verwaltung beraten und betreut. Während die Nutzer meist zu konkreten wissenschaftlichen Themen Hilfe benötigen – Verweise auf Bestände oder Ergänzungsüberlieferungen an anderen Orten, Konkordanzen, Umgang mit empfindlichen Material – werden die Behörden bei ihrer laufenden Aktenverwaltung beraten, auch unter Abwägung rechtlicher Aspekte. Im Idealfall kann so später unkompliziert und fachgerecht übernommen werden und die Auswahl des archivwürdigen Materials fällt leichter. Zu diesen Kernaufgaben kommen weitere: Alle Archivare sind in alltägliche Verwaltungsvorgänge der Behörde Archiv selbst eingebunden und arbeiten meist auch an Projekten, die etwa in Ausstellungen oder Publikationen sichtbar werden. Die Leitungsfunktion des höheren Dienstes äußert sich zudem in Teamleitungen, Personalplanung oder im Projektmanagement. Die Zeit, die nun noch bleibt, kann für eigene Forschung verwendet werden.

Sicherung
Übernahme
Erschließung
Beratung
Verwaltung

Diese Tätigkeiten werden sich in der Zukunft verändern bzw. erweitern: Die Sicherung des Archivguts wird schwieriger, da die Behörden zunehmend zum E-Mail-Verkehr übergehen. Weitere Themen, die schon seit einigen Jahren aktuell sind, sind Digitalisierung, dauerhafte Aufbewahrung, Datenmigration und die Erstellung von Ontologien. Als Beispiel wird meist die Haltbarkeit des Speichermediums angeführt: Pergament kann über 1000 Jahre halten, Papier – je nach Qualität – nachweislich 500, Mikrofilmen werden gleichfalls 500 Jahre prognostiziert[31], Magnetbändern acht bis 20 Jahre, digitale Datenträger überdauern teilweise nur (je nach System) bis zu fünf Jahre. Bei letzteren ist also eine Dauermigration erforderlich. Gegen die stets öffentlichkeitswirksamen Bereiche IT und Digitalisierung führen die gleichfalls einem starken Wandel unterliegenden Bereiche Archivpädagogik und historische Bildungsarbeit ein Mauerblümchendasein. In allen angesprochenen Bereichen sind Spezialisierungen und Weiterbildungen möglich, die übrigens nicht zwangsläufig von hauptamtlichen Archivaren geleistet werden müssen; auch Dienstleistungen für Archive, Bibliotheken, Museen und andere bewahrende Einrichtungen haben Konjunktur.

Herausforderungen

Je nach Größe und Ausrichtung des Archivs können sich die Aufgaben konzentrieren oder deren Anteile verändern. In Staatsarchiven gibt es Abteilungen mit konkreten Zuständigkeiten. In kommunalen Archiven fallen häufig sehr unterschiedliche Aufgaben an, da wenig Personal vorhanden ist: Oft ist ein Archivar allein oder hat gar nur eine Halbtagsstelle inne. Dafür kann eine solche Position, wenn die Zeit bleibt, viel Gestaltungsraum und Platz für eigene Initiativen bieten. Kirchenarchive sind Teil der kirchlichen Verwaltung und daher konfessionell ausgerichtet – die Zugehörigkeit ist de facto auch Voraussetzung für eine Anstellung. Noch unklarer zu bestimmen sind die konkreten Tätigkeiten von Archivaren in privaten oder Unternehmensarchiven. Auch ihre Aufgaben drehen sich weitgehend um die Kerntätigkeiten erhalten, ergänzen, aufbereiten und beraten, doch ihre Einbindung in die Unternehmensstruktur kann weitere Aufgaben umfassen oder andere zurücktreten lassen. Meist sind Unternehmensarchivare in die Öffentlichkeitsarbeit eingebunden und arbeiten daher auch an der Außendarstellung des Unternehmens mit. Archivare in Privatarchiven können mitunter ihr Arbeitsleben mit dem Lesen und der Identifikation von Schriftstücken verbringen, die sie in ihre Entstehungszusammenhänge sowie zeitlichen Umstände einordnen, sie beraten in Rechtsfragen, arbeiten mit öffentlichen Archiven zusammen, übernehmen das Management in Abteilungen oder kulturellen Einrichtungen, kooperieren mit Restaurierungs- oder Konservierungsdienstleistern.

Variationen

wissenschaftliche Dokumentare

Die Tätigkeit von wissenschaftlichen Dokumentaren weist Überschneidungen zum Archivar und Bibliothekar auf: Auch sie übernehmen und bewahren Bestände, erschließen sie und beraten Benutzer oder „Lieferanten". Als Datenbankspezialisten leisten sie Recherchearbeit für andere Unternehmensabteilungen oder andere Einrichtungen. Sie sind Informationsspezialisten, die zu einem Themengebiet oder einer Fragestellung umfassend recherchieren, die gefundenen Datensätze bewerten, auf dieser Grundlage eine Auswahl treffen, und schließlich die Informationen aufbereiten. Klassische „Produkte" sind Pressespiegel, Mitarbeitermappen, Exposés/Expertisen und Bibliographien. Auch Gutachten zu einzelnen Beständen können dazu zählen.

Was können Sie bereits während des Studiums tun?

Die richtige Wahl?

Vertiefen Sie sich in Latein, Französisch und Hilfswissenschaften. An manchen Universitäten und in manchen Studiengängen Geschichte sind z. B. Paläographiekurse nicht mehr regelmäßig im Angebot; schauen Sie sich nach Alternativen um: Vielleicht können Sie in einem Archiv oder an einer anderen Hochschule an einem solchen Kurs teilnehmen? Sie erwerben auf diese Weise nicht nur wichtige Kompetenzen für eine Laufbahn im Archiv; frustriert Sie der Umgang mit einem Text in Kanzleischrift und auf Latein, der auf einem beklecksten, angerissenen Folioblatt überliefert ist, ebenso wie Microfiches oder Frakturdruck, können Sie sich frühzeitig grundsätzlich beruflich neu orientieren.

Archive in meiner Stadt

Gleichgültig, ob Sie ein „Behördenarchiv" oder ein anderer Archivtypus reizt: Verschaffen Sie sich früh im Studium einen Überblick über „Archivphänomene", zunächst in Ihrem unmittelbaren Umfeld, anschließend auch überregional und international. Gibt es in Ihrer Stadt/Bundesland/im Bund/weltweit Archive in Behörden oder Parlamenten, Unternehmen, NGOs, nichtstaatliche (z. B. von Kirchen, Vereinen, Verbänden) oder private Archive (z. B. Adelsarchive), die Sie interessieren? Bieten sie Veranstaltungen, Praktikums- oder Ausbildungsplätze, die Sie reizen? Bewerben Sie sich um ein Praktikum.

Langsam können Sie sich auch an die komplexen Felder Archivtheorie und Archivbegriff heranwagen: Beobachten Sie die Forschungen zum „Archiv", etwa auf den Publikationsseiten der Archivschule Marburg sowie in einschlägigen Fachzeitschriften.

B.A. Archiv

Falls Sie den gehobenen Dienst anstreben, können Sie auch in einen vorbereitenden Bachelor-Studiengang wechseln; die FH Potsdam bietet solche für „Archiv", „Bibliotheksmanagement" und „Information und Dokumentation" an.

Was können Sie im Anschluss an das B.A.-Studium tun?

Promotion und Referendariat

Für die klassische Archivlaufbahn (höherer Dienst) müssen Sie an Ihr B.A.-Studium einen Fachmaster und ein Promotionsstudium anhängen. Während der letzten Phase der Promotion können Sie nach Ausschreibungen der Archive für den Vorbereitungsdienst Ausschau halten; für die Bewerbung sollte die Dissertationsschrift abgeschlossen oder zumindest in der Schlussphase sein. Für die anschließende Ausbildung für den höheren Archivdienst bewerben Sie sich bei dem jeweiligen Bundesland für ein Ausbildungsarchiv. Acht Monate absolvieren Sie dort, nachdem Sie für zwölf Monate an die Archivschule Marburg entsandt wurden (www.archivschule.de). Die zwei Jahre werden komplettiert mit einem vierwöchigen Praktikum am Bundesarchiv, zwei Monaten Transferphase und einem Monat Prüfungsphase für das archivarische Staatsexamen. Die jeweiligen Ausbildungs- und Prüfungsordnungen sind Ländersache. An der Archivschule werden Sie mit den Arbeitsfeldern der Archivwissenschaft vertraut gemacht, u. a. mit Theorien der Bewertung, Erschließung und Bestandserhaltung, Verwaltungswissenschaft (Behördenorganisation, elektronische Bürosysteme, Archivmanagement). Sie vertiefen Ihre Kenntnisse in Rechts-, Verfassungs- und Verwaltungsgeschichte und bekommen eine Einführung in das Archivrecht. Aus dem Studium vertraut sein werden Ihnen die Lesekenntnisse in Latein und Französisch, die nun vertieft werden müssen; weiterhin arbeiten Sie theoretisch und praktisch mit den historischen Hilfswissenschaften (Urkundenlehre, Wappenkunde, Siegelkunde, Genealogie, Chronologie, Paläographie). Nach bestandenem Staatsexamen dürfen Sie den Titel „Archivassessor" tragen.

Eine Ausnahme von dieser Praxis herrscht in Bayern, wo die zweijährige Ausbildung bei der Generaldirektion der Staatlichen Archive Bayerns absolviert wird (www.gda.bayern.de).

Falls Sie nicht den langen Weg gehen möchten, können Sie nach dem Fach-Bachelor auch in einen Masterstudiengang wechseln, der für den gehobenen Dienst qualifiziert: Standard ist ein Studium an der FH Potsdam (berufsbegleitender Masterstudiengang Archiv). Die Ausbildung ist stärker informationswissenschaftlich orientiert. In den beiden ersten Semestern erwerben Sie EDV-Kenntnisse, theoretische, praktische und methodische Basiskompetenzen der Informationswissenschaften und erhalten eine Einführung in die archivwissenschaftlichen Grundlagen. Im Hauptstudium behandeln Sie Aspekte der Archivwissenschaft und des Archivmanagements (Archivtypologie, Bewertungstheorie, Betriebswirtschaft, eGovernment) und bekommen einen Überblick über die deutsche Geschichte geboten. Praktische Übungen in den historischen Hilfswissenschaften – die hier zu Grundwissenschaften werden, vornehmlich Paläographie und Edition –, zur historischen Bildungsarbeit, digitalen Publikationen, Projekt- und Wissensmanagement sowie zwei Praktika und ein Praxissemester bereiten Sie auf die konkreten Arbeitsabläufe vor.

M.A. Archiv

Weitere Möglichkeiten

Falls Sie gar nicht grundsätzlich ins Archiv gehen möchten, jedoch in Ihrer Tätigkeit Nähe zur Archivierung und Dokumentation bestehen – z. B. in der Öffentlichkeitsarbeit, aber auch in Verwaltungsvorgängen oder im History Marketing – bietet sich eine berufsbegleitende Fortbildung an, z. B. zum wissenschaftlichen Dokumentar oder Information Specialist (FH Potsdam. Voraussetzung sind in der Regel ein Hochschulabschluss und Berufserfahrung, www.iid.fh-potsdam.de).

Weiterbildung

Im Ausland erfolgt die Ausbildung zum Archivar anders als in Deutschland – das bedeutet umgekehrt jedoch auch, dass Sie nicht die gleichen Tätigkeitsfelder besetzen können. Als Archivar an staatlichen Archiven werden Sie mit einem Master aus Dundee kaum eine Stelle finden. Das Thema Archiv ist in Großbritannien und Nordamerika in einen weiteren Rahmen gebunden; dies bietet Vorteile, wenn Sie sich nicht für eine Tätigkeit in staatlichen Archiven interessieren. So tragen die Masterstudiengänge, die nicht konsekutiv sind, häufig sprechende Namen wie die der University of Dundee: Records Management and Information Right, Archives and Records Management International und Records Management and Digital Preservation. Über weitere Angebote informiert die Society of Archivists (www.archives.org.uk).

Ausland

Fachwirt Wenn Sie bereits über erste Berufserfahrung verfügen oder eine kaufmännische Ausbildung absolviert haben, können Sie eine berufliche Weiterqualifizierung zum Fachwirt für Informationsdienste anschließen. Die jeweiligen Träger dieser Weiterbildung, z. B. das Verwaltungsseminar Frankfurt a. M. oder die IHK, haben dazu interne Regelungen aufgestellt.[32]

Mögliche Schwierigkeiten

Lange Ausbildung
Wenig Forschung Wie auch der Weg in die Wissenschaft oder zum wissenschaftlichen Bibliothekar dauert die Ausbildung zur Archivarin im höheren Dienst sehr lange. Es gibt Zeiten mit wenig Geld, Wartezeiten, Zweifeln. Eine weitere Hürde können die notwendigen Kenntnisse in Latein, Französisch und den historischen Hilfswissenschaften, insbesondere Paläographie darstellen, die, auch wenn die Aufnahme geschafft ist, im Ausbildungs- und Arbeitsalltag wiederholt Frust bedeuten, wenn sie nicht präsentes Wissen sind. Wenn Sie dann Archivar sind, erleiden Sie womöglich Tantalusqualen: Sie befinden sich inmitten wunderbarster Quellen, aber zum Forschen kommen Sie kaum. Falls Sie in ein nichtstaatliches Archiv gehen, kann es zu Konflikten mit der politischen oder Firmenideologie kommen, in Sonderheit in der Auseinandersetzung mit der NS-Vergangenheit oder der Haltung zu weltanschaulichen Extremen (und „extrem" kann hier in mancherlei Zusammenhang z. B. bereits die Lehrmeinung der katholischen Kirche sein).

Revier-
konkurrenten Ein Thema, das eigentlich hinter eine vorgehaltene Hand gehört, stellen manche Publikumsgruppen dar, die als natürliche Revierkonkurrenten akademischer Historiker einzuschätzen sind: Hobbyhistoriker und Familienforscher. Abgesehen von dem bisweilen reizend positivistischen Geschichtsbild, das manche an die Quellen tragen, ist es ein guter Tipp eines Archivars, dass man sich von vornherein geschlagen geben sollte; sie sind wesentlich tiefer in ihr Thema eingetaucht, als es dem Archivar möglich ist und von einem Erkenntnisdrang beseelt, der vereinnahmend sein kann. Selbstverständlich gibt es hier auch zurückhaltende, reflektierte, methodisch fundiert arbeitende Menschen, bei denen ich für diese polemische Abwertung um Entschuldigung bitten muss.

Die schönen Seiten

Sicherheit
Unikate Wie bei allen vorgestellten Beamtenlaufbahnen ist es sicherlich beruhigend, im Staatsdienst einen sicheren Arbeitsplatz mit klaren Aufstiegsmöglichkeiten zu haben. Jenseits dieser eher auf Kontinuität gerichteten Perspektive ist die Tätigkeit in Archiven sehr vielseitig; auch wenn sich bisweilen die einzelnen Arbeitsschritte ähneln, muss doch bei der Sichtung und Bewertung schnell ein neuer Sachzusammenhang erkannt werden – Ihre Allgemeinbildung und die in Studium und Ausbildung erworbenen Kenntnisse werden ständig gefragt. Ein Verständnis von Archiven als Verwaltungsbehörde wird ihnen zwar einerseits gerecht, andererseits verkennt dies jedoch den immensen kulturellen Wert hinsichtlich kollektiver Erinnerung und Identitätsstiftung. Viele Archive und Archivarinnen bringen sich daher sowohl in akademische Forschungsdebatten und -projekte ein, als sie auch Publikationen erstellen, herausgeben oder begleiten sowie Ausstellungen, Lesungen, Sommerschulen oder Teilnahmen an Kulturveranstaltungen (Lange Nacht der Museen, Kulturhauptstadt) übernehmen. In nichtstaatlichen Archiven kann mitunter der sichtbare Kulturauftrag noch größer sein, da Archivare oder Dokumentare in der Abteilung Unternehmenskommunikation (z. B. bei VW)

angesiedelt sind. Derrida beschreibt die Macht der Archivare als Hüter und Kontrolleure des kulturellen Gedächtnisses[33]; dies mag dem einen oder anderen schmeicheln und hat in gewissen Zusammenhängen auch seine Gültigkeit. Eine weitere Exklusivität aber macht den Reiz der Arbeit im Archiv aus: Die bewahrten Urkunden und Akten sind immer Unikate.

Tipps

Die Archivlandschaft, der Archivbegriff und auch die Aufgaben der verschiedenen Archive werden immer weiter ausdifferenziert. Insofern gilt selbstverständlich für studierte Historiker die Ausbildung in Marburg als alternativloser Königsweg zum „richtigen" Archivar. Das muss Sie nicht beirren; der Rest der Welt und auch Unternehmen, Vereine usw. in Deutschland kommen ohne Marburger Archivare ganz gut zurecht und haben für Ihre Ambitionen vielleicht die passenderen Angebote. Schauen Sie daher auch auf die Archivarausbildung im Ausland, insbesondere in britischen und nordamerikanischen Staaten: Dort gibt es sowohl unterschiedliche Studienangebote als auch eine rege Archivtheorie (s. o.). Außerdem kommen Konzepte wie das der Unternehmenskommunikation aus diesen Staaten und tragen weitere Berufschancen in sich. Insbesondere bei einem Interesse am Wirtschaftsarchiv kann der Weg über spezialisierte Masterstudiengänge, zumal im englischsprachigen Ausland, schneller und gezielter erfolgen.

Ausland

Unternehmens-kommunikation

Chancen

Die Archivschule Marburg bzw. die Archive der Länder bieten pro Jahr ca. 15 bis 25 freie Plätze – so viele, wie die Stellenpläne der Behörden als zukünftig vakant vorsehen. Nicht jedes Bundesland schreibt jährlich aus – daher werden Sie voraussichtlich umziehen müssen. Die geringe Zahl der Ausschreibungen bewirkt jedoch eine sehr hohe Übernahmezahl nach dem Staatsexamen. Dies ist zwar keine Jobgarantie, aber die Wahrscheinlichkeit, keine Stelle zu bekommen, ist recht gering. In den Bundesländern gelten (noch) unterschiedliche Altersgrenzen für den Eintritt in den Archivdienst – Klagen auf der Grundlage des Allgemeinen Gleichbehandlungsgesetzes (Antidiskriminierungsgesetz) könnten hier in der Zukunft jedoch zu Änderungen führen. Für Archivare des höheren Dienstes bestehen die Aufstiegsmöglichkeiten zur Referats-, Abteilungs- und schließlich Archivleitung.

Wenige Stellen…

… mit hoher Übernahme

Archive als Arbeitsorte werden in der Statistik der Arbeitsagentur gemeinsam mit Bibliotheken und dem Bereich Dokumentation erfasst (ABD), die Tätigkeit als Archivar oder Dokumentar kann zudem in der Statistik für Bibliothek, Information und Dokumentation (BID) berücksichtigt werden. In der Gruppe ABD sank die Zahl der insgesamt Beschäftigten von 1999 bis 2007 leicht, die Arbeitslosenquote beträgt ca. 10 %, von denen die Hochschulabsolventen mit 14 bis 17 % eine Minderheit ausmachen.[34]

Hinsichtlich der Gesamtstellenanzahl zwar auch gering, aber für Absolventen relativ gut ist die Lage für Informationswissenschaftler und Master in Records Management, wenn Sie bereit sind, den Standort zu wechseln und ein ausgewogenes Verhältnis aus generellen Kompetenzen (Beratung, EDV) und Spezialwissen (z. B. Recht, internationale Angelegenheiten, usw.) aufweisen. Da das Berufsfeld nicht genau definiert ist und potentielle Beschäftigungsbereiche erst identifiziert werden müssen, aber in einer zunehmend dienstleistungsorientierten Gesellschaft mit einem hohen Bedarf an der Ressource Wissen die speziellen Kompeten-

Dokumentare

zen von Dokumentaren gefragt sind, lassen sich Beschäftigungszahlen und entsprechend auch Chancen schwer fassen.[35]

Wirtschaftsarchive Gleichfalls bieten Wirtschaftsarchive nur einer sehr kleinen Zahl von Absolventen Jobchancen. Oft unterhalten nur große Unternehmen eine eigene Abteilung für Archiv und Dokumentation. Da das Archiv auf den ersten Blick nicht messbar zum Unternehmenserfolg beiträgt, kann diese Stelle auch stets gefährdet sein; in jedem Fall unterliegt sie wirtschaftlichem Druck. Andererseits ergeben sich hier Schnittmengen zur Öffentlichkeitsarbeit und zum History Marketing, so dass die Übernahme von weiteren Tätigkeiten neben der eigentlichen Archivbetreuung die Position im Unternehmen doch wieder festigt. Hier und in privaten Archiven gibt es zudem auch Chancen für Seiteneinsteiger.

Nachfrage nach Bewertung Dokumentare werden in Zukunft wohl zunehmend in dem Bereich der Bewertung, nicht so sehr der Beschaffung von Informationen tätig sein, da Nutzer immer mehr selbst nach Informationen suchen können. Da dank Inter- und Intranet, Büchern, Fachzeitschriften, allgemein zugänglichen Datenbanken immer größere Datenmengen verfügbar sind, benötigen **Eigeninitiative** Nutzer allerdings eine Person, die Relevantes von Unwichtigem scheidet, Redundanzen erkennt etc. Dokumentare haben mehr und mehr die Aufgabe der Datenbankpflege bzw. Vernetzung oder der Verhandlung mit Anbietern und werden daher zunehmend gebraucht – inwieweit daraus konkrete, ausgeschriebene Stellen werden, wird sich zeigen, es öffnet Ihnen aber die Tür zu Eigeninitiative.

Gehalt

Die Besoldung von Archivaren im staatlichen Archivdienst richtet sich nach Dienststufen. Referendare im höheren Dienst erhalten monatlich ca. 1.100 Euro (brutto). Archivarinnen im gehobenen Dienst (FH-Abschluss) werden in die Entgeltgruppen A10 (Beamte) bzw. TV-L E9 (Angestellte), Archivare im höheren Dienst (Universitätsabschluss) in A13 bzw. A14 (mit Leitungsfunktion) eingestuft.

Das Gehalt jenseits der staatlichen Archive kann sehr unterschiedlich gestaltet sein und ist mitunter verhandelbar. Kirchen und viele NGOs zahlen in der Regel in Anlehnung an die Tarife im öffentlichen Dienst (Entlohnung für Archives Management bei der UNESCO z. B. ab 40.000 Euro bis 54.000 Euro brutto jährlich).

Wo bleibt die Geschichte im Beruf?

Die Tätigkeit von Archivaren ist sowohl in Behörden als auch in der Wirtschaft zunächst vornehmlich eine Verwaltungstätigkeit. Zeit für eigene wissenschaftliche Projekte bleibt kaum. Allerdings ist diese Verwaltungstätigkeit von immenser historischer Bedeutung: Archivare schaffen und sichern die Quellen von heute und morgen und prägen so das, was einmal Geschichte sein wird. In staatlichen Archiven haben die Quellen nicht nur für einzelne Vorgänge Beweisfunktion, sondern auch für das gesamte politische und gesellschaftliche System. Entsprechend können die Dokumente in nichtstaatlichen Archiven diese Funktion für die jeweilige Organisation übernehmen. In Wirtschaftsunternehmen kommt eine weitere Facette hinzu, die auf ein anderes Geschichtsbild verweist: Die gesammelten Quellen und ihre Nutzung tragen wesentlich zur Positionierung von „Marken" eines Unternehmens bei und sind entsprechend aufzubereiten.

Lektüre @

Brenner-Wilczek, Sabine/Cepl-Kaufmann, Gertrude/Plassmann, Max: Einführung in die moderne Archivarbeit, Darmstadt 2006

Gabel, Helmut: Gesellschaft und ‚historisches Gedächtnis': Archivwesen im Wandel, in: Schmale, Wolfgang (Hg.): Studienreform Geschichte – kreativ, Bochum 1997, S. 167-182

Uhde, Karsten (Hg.): Berufsbild im Wandel. Aktuelle Herausforderungen für die archivarische Ausbildung und Fortbildung, Marburg 2005

Ausstellung/Museum

Museen
Gedenkstätten
Science Center

Das Museum zählt zu den beliebtesten Zielen von Geschichtsstudenten, und hier zeigt sich bereits ein wesentliches Merkmal dieses Tätigkeitsbereichs: Arbeit und Freizeit gehen ebenso ineinander über, wie jedes neue Projekt mit Lernen beginnt. Das Ausstellungswesen ist ausdifferenziert und spezialisiert; neben „Klassikern", der kunst-, kultur- oder regionalhistorischen Ausstellung, haben derzeit auch die so genannten Science Center – „Mitmachausstellungen", vornehmlich für naturwissenschaftliche und technische Themen – Konjunktur. Immer mehr Kleinstausstellungen, etwa in den Geburtshäusern von Dichtern, Heiligen und Komponisten werden eingerichtet: Der Trend geht zur Musealisierung. Eine andere Ausstellungsform sind Gedenkstätten als „Orte des Geschehens" oder mindestens Orte mit einem starken Bezug zu historischen Ereignissen, z. B. Konzentrationslager, die möglichst unverändert bewahrt und damit „zum Sprechen gebracht" werden. Oft finden sich zusätzlich Ausstellungen an Gedenkstätten angeschlossen. Museen leben im Gegensatz dazu nicht zwangsläufig von ihrer Ortszeugenschaft, sondern beschaffen, bewahren und erforschen materielle Erzeugnisse des Menschen, die sie auf dieser Grundlage ausstellen – so die Definition der Internationalen Museumsorganisation ICOM. Dass das Ausstellungswesen nicht mehr allein eine Domäne der Museen ist, zeigen die vielen Projekte an Archiven (die mitunter sogar als „Mischform" zwischen Archiv und Museum auftreten, wie etwa das Deutsche Literaturarchiv Marbach), in Bibliotheken, Unternehmen oder sozialen und öffentlichen Einrichtungen. Historiker konkurrieren mit anderen Geisteswissenschaftlern, insbesondere Kunsthistorikern, um die Stellen, zudem finden sich je nach Organisation und thematischer Ausrichtung Betriebswirtschaftler oder Naturwissenschaftler als Mitarbeiter in Museen. Auch Teilmengen anderer Berufsfelder wie PR, Marketing, Unternehmenskommunikation, Dokumentation bedienen Museen und Ausstellungsformate, außerdem kommt hierzu natürlich noch die große Anzahl freier und gewerblicher Anbieter.

Dauer- und
Sonder-
ausstellungen

Neben der Dauerausstellung gibt es in Museen und Gedenkstätten meist in regelmäßigem Abstand größere oder kleinere Sonderausstellungen, zudem verfügen Museen zusätzlich zur Schausammlung über Depots, in denen sich Objekte befinden, die einmal Exponat waren oder noch werden können. Träger der Museen und Gedenkstätten sind die öffentliche Hand (z. B. Stadt, Kommune, Bund, Landschaftsverbände), private Einrichtungen (z. B. Unternehmen, Stiftungen, Vereine) und die Kirchen (z. B. Bistümer, Gemeinden oder Gemeinschaften). Darüber hinaus gibt es Ausstellungsdienstleister – Unternehmen oder freie Anbieter –, die sich auf einzelne Aspekte der Ausstellungen spezialisiert haben, etwa auf Audioguides, den Ausstellungsbau, Licht und Grafik, Ausstellungs-EDV, Museumspädagogik. Andere bieten vollständige Ausstellungskonzepte an.

Bezeichnungen

Im Ausstellungsbereich gibt es verschiedene Berufe und Tätigkeiten für Historiker und andere Geisteswissenschaftler. Wie die jeweilige Stelle definiert ist, hängt von der Größe und Ausrichtung des Museums bzw. der Ausstellungseinrichtung ab. Einige Museen sind „Eine-Person-Betriebe" (z. B. viele Stadtmuseen), andere verfügen über eine eigene Verwaltung und

Abteilungen (z. B. das Deutsche Historische Museum in Berlin), wieder andere sind selbst
eine Abteilung innerhalb einer größeren Organisation (z. B. Diözesanmuseen). Die Stellenbe-
zeichnungen gehen in der Regel mit unterschiedlichen Qualifikationen und Tätigkeiten einher und lauten Museumsleiter, Kuratorin, Museumspädagoge, wissenschaftliche oder technische Angestellte, Volontär, freier Mitarbeiter, Restauratorin, Museums- und
Ausstellungstechniker,[36] Diplom-Museologe. Alle Mitarbeiter sind – jedoch in unterschiedli-
chem Maße und mit unterschiedlichen Aufgaben – an der Planung und Durchführung von
Ausstellungen beteiligt, betreuen und entwickeln Inszenierungen, pflegen die Bestände und
haben Aufgaben in den Bereichen Verwaltung und Marketing.

Persönlichkeit – Wie sollten Sie sein?

Ausstellungen sind Teamwork – entsprechend müssen Sie für jede Tätigkeit über soziale und
kommunikative Fähigkeiten verfügen und anerkennen, dass etwa ohne den Tischler, der die
Postamente baut, keine Ausstellung gelingen kann. Das Ausstellungswesen entwickelt sich
stetig weiter; daher benötigen Sie auf allen Positionen Lernbereitschaft bezüglich der Inhalte,
aber auch der Ausstellungs- und Inszenierungstechnik. Nicht immer sprechen Exponate für
sich selbst. Es zählt zu Ihren Aufgaben, sie zum Sprechen zu bringen, und hier sollten Sie das
Gespräch mit anderen Fachleuten suchen: Fachwissenschaftler, Kollegen anderer Museen
ebenso wie vielleicht Grafiker, Informatiker, Künstler, Requisiteure, Bühnenbauer etc.
Selbstverständlich müssen Sie daher eine kontaktfreudige, verbindliche, freundliche und mo-
tivierende Persönlichkeit sein, Begeisterung ausstrahlen und hervorrufen können.

Teamfähig
Begeistert
Kreativ

Kompetenzen – Was sollten Sie können?

Gleichgültig, welche Ausstellungsart und welche Position Sie anstreben: Sie sollten ein ebenso guter Fachwissenschaftler sein, wie Sie auch mit theoretischen Diskussionen um die Begriffe Erinnerung, Gedächtnis, Sammeln, Musealisieren vertraut sein sollten. Da geschichtliche Sachverhalte oft abstrakt sind, müssen Sie sowohl kreativ als auch pragmatisch sein, um
sie ausstellbar zu machen: Wie stellt man z. B. „Absolutismus" aus, und dies in einer Weise,
die sowohl interessierte Laien, Fachleute und, naja, mäßig motivierte Schulklassen anspricht?
Dank der historischen Hilfswissenschaften, der Arbeit mit Datenbanken und ersten Ausstel-
lungserfahrungen haben Sie erste Kenntnisse im Sammeln, Konservieren, Verwalten und
Präsentieren von Kunst- und Kulturobjekten erworben. Seminare an der Universität, an
Weiterbildungseinrichtungen oder an Museen sowie die eigene Lektüre und Erfahrung helfen Ihnen, einen Einstieg in die Ausstellungsdidaktik und Museumspädagogik zu finden. Fast
immer werden inzwischen in Stellenausschreibungen EDV- und betriebswirtschaftliche oder
auch PR-Kenntnisse gefordert. Über diese allgemeinen Kompetenzen hinaus werden spezielle
Fähigkeiten für die einzelnen Positionen verlangt, die nicht in einem geschichtswissenschaftlichen Studium erworben werden können (s. u.).

**Zielgruppenorien-
tierung**

**Wie stellt man
Absolutismus aus?**

EDV und BWL

Welche Qualifikationen sollten Sie vorweisen können?

Für das allgemeine Volontariat am Museum, das den Königsweg in die Museumsarbeit darstellt, wird in der Regel eine Promotion vorausgesetzt, gleichfalls wird Museumserfahrung

**Volontariat
und Promotion**

erwartet, z. B. über Praktika oder freie Mitarbeit während des Studiums. Ihre Abschlussfächer oder Ihre Tätigkeiten neben dem Studium sollten zudem eine fachliche, methodische und/oder weltanschauliche Nähe zur Ausrichtung des jeweiligen Museums oder der Gedenkstätte aufweisen. Tätigkeiten neben dem Studium können sowohl freie Mitarbeiten sein als auch ehrenamtliches Engagement. Weltanschauliche Nähe ist vornehmlich bei den Kirchen oder Parteieinrichtungen gefragt. Bei der Arbeit an Gedenkstätten ist zweifellos Toleranz erforderlich, und zwar sowohl hinsichtlich des psychisch belastenden Gegenstandsbereichs als auch gegenüber den Nachfahren von Opfern und Tätern.

Tätigkeitsprofile

Der Kulturausschuss der Kultusministerkonferenz fasst die Aufgaben eines Museums – und folglich auch der dort Beschäftigten – mit „Sammeln", „Bewahren", „Forschen", „Erschließen" und „Präsentieren" zusammen.[37]

Museumsleiter Museumsleiter tragen die Verantwortung für die alle Abteilungen ihres Hauses: Ausstellungsplanung und -betrieb, Verwaltung, Personalwesen, Repräsentation der Einrichtung nach außen, Fundraising (insbesondere für Sonderausstellungen). Darüber hinaus sind sie häufig Mitglied in öffentlichen oder kirchlichen Kulturgremien. Bisweilen lehren sie auch an Universitäten oder Fachhochschulen und betreiben bzw. initiieren Forschung, insofern sie das Wissen über ihre Bestände mehren und die Ergebnisse als Ausstellung und als Katalog der Öffentlichkeit zugänglich machen. Je größer die Einrichtung, desto geringer wird der Anteil an inhaltlicher Arbeit ausfallen, auch wenn die Persönlichkeit der Museumsleitung wesentlich den Sammlungs- und Ausstellungscharakter prägt. An diese Stelle tritt das Museumsmanagement (→ Wirtschaft, Kulturmanagement) – von der Akquise finanzieller Mittel über das Einwerben attraktiver Exponate, Autoren oder Referenten bis hin zur Personalentwicklung. Eine Promotion ist in der Regel ebenso Voraussetzung für eine solche Stelle wie mehrjährige Erfahrung im Ausstellungsbereich. Nicht unterschätzen sollten Sie die Notwendigkeit von sozialen Netzen, die sowohl zum Erlangen einer solchen Stelle als auch zur erfolgreichen Arbeit unersetzlich sind. Da Sie im Kulturleben einer Stadt oder Kommune eine zentrale Rolle einnehmen werden, müssen Sie eine entsprechende Persönlichkeit besitzen, die Verbindlichkeit, Kontaktfreude, Kompetenz, Interesse für diverse kulturelle Bereiche und insbesondere die kulturelle Beschaffenheit Ihres Einsatzgebietes sowie Durchsetzungsfähigkeit ausstrahlt. Innerhalb der Einrichtung ist der Leiter Chef, daher müssen auch Führungserfahrung und -kompetenz vorliegen – durchaus auch außerhalb des Ausstellungswesens erworben.

Kuratoren Kuratorinnen planen Ausstellungen und führen sie durch. Sie schreiben Konzepte und erstellen die Exponatslisten, betreuen die Inszenierung und entwickeln, meist in Zusammenarbeit mit dem Museumspädagogen, das Ausstellungsbegleitprogramm. Sie pflegen die Bestände, d. h. sie inventarisieren die vorhandenen Objekte in Schausammlung und Depot, überstellen sie zur Restauratorin, übernehmen Exponate in die Schausammlung oder tauschen sie aus und suchen nach Ergänzungen für die Sammlung, etwa mittels Katalogen, Auktionshäusern, Nachlässen. Für das eigene Haus und andere Institute, in deren Beiräten sie auch tätig sein können, begutachten sie Objekte und bestimmen z. B. deren Provenienz. Sie sind weiterhin eingebunden in die Verwaltung und das Marketing der jeweiligen Einrichtung. Wenn sie Kataloge erstellen oder andere Texte publizieren, arbeiten sie sowohl wissenschaftlich als auch an der Außendarstellung des Museums oder der Gedenkstätte. Insbesondere die Kataloge zu Sonderausstellungen bilden oft die aktuelle Forschungslage zu einem

Themenbereich ab; die Kuratoren tauschen sich zu diesem Zweck mit Spezialisten außerhalb des Museums aus oder gewinnen sie als Autoren. Zentral ist die enge Kooperation mit der Museums- oder Projektleitung, insbesondere zur Mitteleinwerbung. Die Arbeit mit Besuchern tritt meist in den Hintergrund. Außerhalb der Dienstzeit lehren viele Kuratoren an Universitäten, Fachhochschulen oder Weiterbildungseinrichtungen. Der Weg zur Kuratorin führt (zumindest der Theorie nach) durch ein ein- oder zweijähriges Volontariat, das nach erfolgter Promotion an einem Museum absolviert wird. Hier gilt jedoch ähnliches wie für die Museumsleiterin: Erfahrung, erfolgreich durchgeführte eigene Projekte und Netzwerke können sowohl Volontariat als auch Promotion ersetzen. Kuratoren sind inhaltlich für die Ausstellung verantwortlich; insofern ist hier die fachliche Qualifikation gepaart mit der Fähigkeit, Abstraktes in Exponaten darstellen zu können entscheidend. Da neben der Dauer- auch Sonderausstellungen betreut werden, müssen Kuratorinnen lernfähig und -willig sein und sich nach dem Studium kontinuierlich fortbilden; insbesondere der Mainstream der Forschung und neue Paradigmen dürfen ihnen nicht unbekannt sein, und wiederholte Blicke über den fachlichen Tellerrand sowie in die Ausstellungsprojekte anderer Einrichtungen gehören zum Arbeitsalltag.

Museumspädagogen entwickeln (meist in Zusammenarbeit mit den Kuratoren) das Begleitprogramm zu Ausstellungen und beraten die Kuratoren in der didaktischen Umsetzung von Ausstellungskonzepten. Darüber hinaus sind sie für die Museumsführungen zuständig, die sie teilweise selbst durchführen oder für die sie freie Mitarbeiter ausbilden, deren Einsatz sie koordinieren. Sie benötigen daher Organisationstalent, eine verbindliche Art gegenüber den verschiedenen Publikumsgruppen – von Schulklassen bis hin zu Fachleuten – und Ideen, wie Ausstellungsthemen in Veranstaltungen und Begleitprogramme übersetzt werden können. Dass hierfür tiefere Kenntnisse in der Ausstellungsdidaktik und Museumspädagogik vonnöten sind, ist selbstverständlich, doch auch Pragmatik und bisweilen Nähe zu handwerklicher Arbeit (etwa in Ferienprogrammen für Kinder) sind empfehlenswert. Nachweisen müssen Sie in der Regel ein abgeschlossenes Hochschulstudium, das eine inhaltliche Nähe zum Themenbereich der Einrichtung aufweist sowie pädagogische und didaktische Eignung. Dies kann z. B. mit einem Lehramtsstudium, dem Beifach Pädagogik, aber auch Kursen zur Ausstellungsdidaktik oder bereits erfolgreich durchgeführten eigenen Projekten geschehen. Letztere können durchaus die akademische Qualifikation ersetzen.

Freie Mitarbeiter sind meist Honorarkräfte, die für einzelne Projekte von Museen und Gedenkstätten beschäftigt werden. Zwar sind sie nicht in die allgemeinen Aufgaben und Abläufe der Institution eingebunden sind, müssen jedoch ihr Freiberuflerdasein selbst verwalten, organisieren und Aufträge akquirieren. Es gibt Freiberufler, die sich auf Themen, Regionen, Ausstellungsarten oder Begleitmedien spezialisieren. Andere gründen ein Unternehmen und bieten als Ausstellungsagentur Dienstleistungen rund um das Ausstellungswesen an. Die Existenzen sind somit sehr unterschiedlich definiert: Verstehen manche ihre freie Mitarbeit als Überbrückung oder Wartezeit auf eine Anstellung (mit dem Vorteil, am Ort und in gleicher Umgebung bleiben zu können), gestalten es andere zum Spezialistentum oder gemeinsam mit Kollegen zum Unternehmen aus (für das sie unter Umständen viel reisen müssen).

(Randnotiz: Museumspädagogen)

(Randnotiz: Freie Mitarbeiter Ausstellungsagenturen)

Was können Sie bereits während des Studiums tun?

Sie sollten, wie stets, Praktika absolvieren, wenn möglich in mehr als einem Museum und auch in verschiedenen Ausstellungsarten (z. B. Museum, Gedenkstätte, Science Center, Aus-

(Randnotiz: Erfahrung sammeln)

stellungsagentur), um unterschiedliche Arbeitsweisen und Organisationen kennen zu lernen. Ergänzend oder als Alternative bietet sich die freie Mitarbeit an. Meist können Studierende als Ausstellungsführer erste Erfahrungen sammeln. Sowohl Praktika als auch freie oder ehrenamtliche Mitarbeit ermöglichen Ihnen nicht nur einen Einblick in das Ausstellungswesen, sie sind auch erste Fäden beim Weben Ihres sozialen Netzes, das Ihnen beim Berufseinstieg hilfreich sein kann. Manchmal bieten Institute mit Lehrsammlungen auch studentische Hilfskraftstellen an. Falls in Ihrem Studiengang Lehrveranstaltungen mit Museumsbezug oder von Mitarbeitern aus Museen oder Gedenkstätten angeboten werden, sollten Sie sie ebenso wahrnehmen wie Angebote für Museumsexkursionen. An vielen Historischen Instituten gibt es mehr oder weniger stark eingebundene Freundeskreise oder Vereine, die Museumsexkursionen oder exklusive Führungen anbieten – schauen Sie sich daher nach entsprechenden Vereinen an Ihrer Universität oder in deren Umfeld um. Häufig ist zwar eine Mitgliedschaft erforderlich, damit Sie deren Angebote nutzen können, doch sollten Sie diese nicht scheuen: In aller Regel sind damit sowohl Netzwerke als auch die Möglichkeit zur Publikation oder fachnahes ehrenamtliches Engagement verbunden.

Museums-exkursionen *(Randspalte)*

Was können Sie im Anschluss an das B.A.-Studium tun?

Gezielte Bildung *(Randspalte)*

@ *(Randspalte)*

Die meisten Geschichte-Studiengänge bieten inzwischen Lehrveranstaltungen zu Ausstellungen oder Ausstellungsdidaktik an, oft in Kooperation mit den örtlichen Institutionen. Weiterhin bietet – oft im Master-Studium – mancher Dozent ein Seminar an, an dessen Ende eine studentische Ausstellung in der Bibliothek, im Archiv oder an den Wänden des Instituts steht. Engagieren Sie sich hier und dokumentieren Sie Ihre Arbeit. Eine weitere Möglichkeit sind Summerschools oder Kurse, die andere Träger zu Spezialthemen des Ausstellungswesens anbieten. Meist liegen diese Veranstaltungen in den Semesterferien, so dass eine kleine Reise in Kauf genommen werden kann. Auch hier gilt, dass Sie bei Veranstaltungen, die nicht an Ihrer Universität stattfinden, neben fachlichen Kenntnissen Ihr Netzwerk erweitern. Möglicherweise bekommen Sie für diese Veranstaltungen keine Leistungspunkte und auch kein Zertifikat. Es ist Ihre Aufgabe, Ihre Erfahrungs-Mosaiksteine zu sammeln und zu dokumentieren.

Abschlussarbeiten *(Randspalte)*

Manchmal besteht auch die Möglichkeit, Abschlussarbeiten in Kooperation mit Ausstellungseinrichtungen zu verfassen und auf diese Weise Erfahrungen zu sammeln sowie Netzwerke zu bilden. Hier ist Eigeninitiative gefragt: Sie brauchen eine Idee und Fragestellung für die Arbeit und sollten dann den Kontakt zur Einrichtung ebenso wie zum Betreuer an der Universität herstellen und pflegen. Viele, insbesondere kleinere Museen, sind dieser Idee gegenüber sicherlich aufgeschlossen: Sie können mit Ihrer Arbeit Forschungslücken schließen, eine Anbindung an die Universität herstellen, Öffentlichkeitsarbeit betreiben. Dieser Weg ist nicht abwegig; um es pathetisch auszudrücken: Sie ahnen ja nicht, was noch in den Depots verborgen liegt, und wie viele Ausstellungen noch nicht hinsichtlich ihrer Inszenierung und ihres Quellenwerts analysiert sind.

Studiengänge *(Randspalte)*
@ *(Randspalte)*

Da die Promotion in der Regel Voraussetzung für Kuratorenstellen ist, bleibt Ihnen wenig anders übrig, als ein Master- und ein Promotionsstudium anzuhängen. Sie können natürlich in der Geschichte bleiben, können sich aber auch für einen Master bewerben, der auf das Ausstellungswesen vorbereitet.

Weitere Möglichkeiten

Begleitend zur Promotion ist es ratsam, Weiterbildungsangebote der Museen und Gedenk- Weiterbildung
stätten oder anderer Anbieter zu nutzen. Die Bundesakademie für kulturelle Bildung Wolfenbüttel bietet u. a. Seminare und Kurse im Fachbereich Museum an. Das Fortbildungszentrum Abtei Brauweiler des Rheinischen Archiv- und Museumsamts hat ein umfangreiches
Aus-, Fort- und Weiterbildungsprogramm für Museen und Archive im Angebot
(www.fortbildungszentrum.lvr.de). Das Land Niedersachsen bietet ein Fortbildungsprogramm, das Ihnen Einblick in unterschiedliche Museen im Land bietet: www.musealog.de.
Als Schwerpunkt der allgemeinen Pädagogik können Sie Museumspädagogik studieren, z. B.
an der HTKW Leipzig oder der Akademie für kulturelle Bildung in Wolfenbüttel.

Bereits während des Studiums können Sie sich um eine freie Mitarbeit in Museen bewer- Freie Mitarbeit
ben. Der einfachste Weg führt über ein Praktikum, aber manchmal kann auch der Griff zum
Telefonhörer weiterhelfen, wenn Sie sich z. B. im Vorfeld von Sonderausstellungen um Aufträge für Museumsführer oder Hilfstätigkeiten bewerben. Welche Ausstellungen geplant sind,
entnehmen Sie der Tagespresse sowie Museumsanzeigern.

Mögliche Schwierigkeiten

Insbesondere der Wechsel aus den studentischen Tätigkeiten ggf. über ein Volontariat auf Eine Stelle finden
eine Dauerstelle stellt eine große Hürde dar. Nach dem Studium kann eine Zeit der unbezahlten Praktika, Volontariate und mehr oder weniger gut honorierten freien Tätigkeiten, die
mit Ortswechseln verbunden sein können, anbrechen. Dies ist nicht nur damit zu erklären, dass man Ihnen keine Stelle geben will, viele Museen sind einfach nicht ausreichend
finanziell ausgestattet. Dies kann zu engen Grenzen der Ausstellungs- und Projektarbeit führen und viel Akquisetätigkeit und zusätzliches Engagement im Fundraising und Sponsoring
nach sich ziehen. Darüber hinaus bestehen unmittelbar nach dem Studium meist noch nicht
die erforderlichen Netzwerke; erst die Arbeit für Ausstellungen bringt diese mit sich, so dass
man sich oft im Kreise zu drehen scheint: Netzwerke sind erforderlich für die Aufträge, jene
wiederum für Netzwerke – an welcher Stelle fängt man nun an und kann in diesen Zirkel
eintreten?

Arbeit in Ausstellungen bedeutet unstete Arbeitszeiten. Insbesondere unmittelbar vor der Druck
Eröffnung von Sonderausstellungen sowie zu einzelnen Veranstaltungen, etwa der „Langen
Nacht der Museen" ist Wochenend- und Nachtarbeit angesagt. Je nach Größe der Einrichtung können entweder sehr enge oder sehr weite Arbeitsfelder Schwierigkeiten darstellen,
indem sie z. B. über- oder unterfordern. Gerade in der Anfangszeit mag fehlendes Wissen
frustrieren; Sie haben in der Regel ja ein Fachstudium absolviert, das gegen Ende immer
epochenspezifischer wurde. Nun müssen Sie epochen- und fachübergreifend arbeiten, sich
mit Mittelakquise, Versicherungen, Werbung beschäftigen, Ausstellungstexte verfassen, die
sehr knapp, aber dennoch präzise sein müssen. Letztlich haben Sie es neben den Objekten
immer mit Menschen zu tun, und auch hier erfordert der Umgang Sensibilität und starke
Nerven. Schließlich sind Sie auf gute Kooperationen angewiesen.

Die schönen Seiten

Aura

Belohnt werden Sie bereits in der Jobfindungsphase: Die Verbindung von wissenschaftlicher Arbeit, Exponaten (die ja meist Originale und Quellen sind und damit eine eigene Aura besitzen) und Besuchern mag endlich die Lücke schließen, die Sie im Studium entdeckten, nämlich aus theoretischer Arbeit sichtbare Ergebnisse hervorzubringen. Insbesondere die Arbeit an Ausstellungsprojekten kann sehr befriedigend sein, da der Eröffnungstermin den Zeitplan vorgibt und mit ihm Produkte vorliegen, die einem Publikum präsentiert werden. Trotz oder gerade wegen der institutionellen und finanziellen Vorgaben ist kreatives Arbeiten gefragt, das immer wieder die eigene Tätigkeit und auch den individuellen Horizont erweitert und verändert. Die Wochenend- und Nachtarbeit zu bestimmten Phasen wird durch ein insgesamt zeitlich recht flexibles Arbeiten ausgeglichen.

Tipps

Erfahrung sammeln

Beginnen Sie am besten schon während des Studiums, an Ausstellungen mitzuarbeiten – als Führerin, als Hilfskraft bei der Ausstellungsplanung und dem Aufbau, Unterstützung in der Inventarisation, Recherchetätigkeiten etc. Es ist für Ihre Erfahrungssammlung nicht entscheidend, ob Sie für ein großes, bekanntes, oder für ein kleines Museum arbeiten; auch Ihr Networking hängt von mehr Faktoren ab als der Prominenz des Museums. Die großen Einrichtungen bieten zwar oft internationale Kooperationen und Erfahrungen, populäre Ausstellungen und ein größeres Budget. Gerade aber wenn Sie sich einen Überblick über die Museumsarbeit verschaffen wollen, können Sie in einem großen Haus begrenzt werden, wenn Sie einer Abteilung zugeordnet sind und von den anderen Tätigkeiten nichts sehen – dann kommen Sie auch nicht in den Genuss der Netzwerke, da Sie anonym bleiben. Auch die Chancen zur Übernahme sind gering, gleichfalls die Vergabe von kleineren Honorarverträgen, da große Häuser oft mit Agenturen zusammenarbeiten und wenige vereinzelte Aufträge vergeben werden. Dies sind im Gegenzug mögliche Vorteile bei kleineren Einrichtungen: Als Praktikant oder Volontär können Sie in alle Tätigkeitsbereiche Einblick erhalten und bekommen schneller eigenverantwortliche Aufgaben zugeteilt. Auch die Bindung ist häufig langfristig. Aufgrund von Budgetproblemen erfolgt eine Übernahme hier jedoch oft nur als Freiberufler.

Lektüre

Um Erfahrungen zu machen, die Ihr Profil schärfen und Ihnen Klarheit über Ihre Wünsche und Kompetenzen geben, sollte Sie daher Ihre Ausstellungserfahrung streuen: Gehen Sie in Museen mit unterschiedlichen Themen und an verschiedenen Orten; arbeiten Sie sowohl in Dauer- als auch in Sonderausstellungen, an Museen ebenso wie in Gedenkstätten. Beobachten Sie darüber hinaus das Ausstellungswesen: Lesen Sie (online) Feuilletons und „Ausstellungsanzeiger", besuchen Sie möglichst viele unterschiedliche Ausstellungen. Konsultieren Sie Fachzeitschriften. Versammeln Sie andere interessierte Studierende, und bitten Sie, falls möglich, um eine Führung durch den Kurator. Wenden Sie sich an eine an Ihre Universität angeschlossene historische Fachzeitschrift und bieten Sie an, einen Ausstellungsbericht oder eine Kritik zu verfassen.

Chancen

Das Arbeitsfeld Ausstellung ist sehr beliebt. Für den Bereich Bibliothek, Archiv und Museum sank die Zahl der Beschäftigten und stieg die Zahl der Arbeitslosen; hier liegt der Anteil von Universitäts- und Fachhochschulabsolventen mit je ca. 15 % etwa gleich hoch.[38] Da Sie wie in vielen anderen Bereichen mit anderen Geistes- und Kulturwissenschaftlern um die raren Stellen konkurrieren, ist es zwingend erforderlich, ein eigenes Profil aufweisen zu können, das deutlich über einen sehr guten Hochschulabschluss und ein Praktikum im Museum hinausgeht.

Wo bleibt die Geschichte im Beruf?

Historische Museen und Gedenkstätten bilden eine Schnittstelle zwischen Geschichtswissenschaft und Öffentlichkeit. Daher bedienen sie sowohl ein populäres Geschichtsbild oder wirken durch Museumsdidaktik darauf ein, sind aber selbst auch einem wissenschaftlichen Geschichtsbild verpflichtet. Museen haben eine Schaufunktion, sie reflektieren nicht nur objektiv vergangene Zeiten, sondern leisten durch ein Nebeneinander der Objekte und ihre Inszenierung einen wesentlichen Beitrag zum gesellschaftlichen Verständnis von Vergangenheit. Für eine Ausstellung aufbereitete Quellen zeigen Vergegenständlichungen historischer Prozesse, sie dienen dem kulturellen Gedächtnis ebenso, wie sie es erzeugen und verändern. Daher haben Museen und Gedenkstätten eine wichtige Funktion für die Identitätsbildung einer Region, aber auch für die der in ihnen vertretenen wissenschaftlichen Disziplinen.

Lektüre @

Commandeur, Beatrix/Dennert, Dorothee (Hg.): Event zieht – Inhalt bindet. Besucherorientierung von Museen auf neuen Wegen, Bielefeld 2004

Eberts, Marjorie/Gisler, Margaret: Careers for Culture Lovers and Other Artsy Types, New York ³2007

Heesen, Anke te: Dingwelten. Das Museum als Erkenntnisort, Köln 2005

Buch

Die hohe Affinität zum Buch lässt es für viele Geisteswissenschaftler nur natürlich erscheinen, Bücher in den Mittelpunkt ihres Erwerbslebens zu stellen. Selbstverständlich gilt dies nicht für Historiker allein, sondern für alle Geisteswissenschaftler und auch für Absolventen von Ausbildungsberufen. Unschwer können Sie aus Zeitungen und Internetangeboten sowie Ihrer Alltagserfahrung entnehmen, dass sich neben dem klassischen gedruckten Buch auch digitale Medien wie CD-Roms, Hörbücher, digitale Bücher etc. etablieren. Wenn Sie Ihre grundsätzliche Haltung, ob es den erneuten Untergang des Abendlandes ankündigt oder eine frohe Zukunft verheißt sowie die Frage, ob Sie deren Nutzer sind oder nicht, hintan stellen, werden Sie erkennen, dass diese Entwicklung auch das Berufsfeld verändert. Klassische Buchberufe vom Lektorat bis zum Buchhandel müssen sich mit neuen oder veränderten Arbeitsabläufen auseinandersetzen, viele Tätigkeiten, wie z. B. Redaktion, Erstellung von Druckvorlagen oder Übersetzungen werden an Freiberufler delegiert oder privatisiert, neue Arbeitsfelder entstehen z. B. im Bereich Crossmedia. Entsprechend müssen Sie überlegen, wo und was Sie gern um das Buch herum arbeiten möchten. Traditionelle Arbeitgeber sind Bibliotheken, der Buch(groß)handel und Verlage, eventuell auch große Vereine wie der Börsenverein des deutschen Buchhandels, die sämtlich sehr verschiedene Tätigkeiten bieten und Bildungswege verlangen. Daneben können Sie als Freiberufler arbeiten, etwa als Übersetzer, Lektor, (Foto)Redakteur oder natürlich als Autor bzw. Publizist. Auch die Selbstständigkeit, etwa mit einem eigenen Verlag, Buchhandel, Antiquariat oder als Dienstleister „rund ums Buch" mit spezialisierten Angeboten ist eine Option.

Da die Arbeit mit Büchern sehr unterschiedliche Tätigkeiten, Anforderungen und Karrierewege bereithält, wird dieses Kapitel für die drei großen Bereiche Bibliothek, Buchhandel und Verlag je eigene Unterkapitel bereithalten. Einige allgemeine Informationen seien jedoch vorangestellt.

Was können Sie bereits während des Studiums tun?

Gleichgültig, für welche Branche und welchen Beruf Sie sich interessieren; Sie sollten während des Studiums Praktika absolvieren. Einerseits können Sie auf diese Weise Erfahrungen sammeln, die Ihre Entscheidung zur Spezialisierung und Vertiefung erleichtern, andererseits sind Praktika oft Voraussetzung für Fachstudiengänge, Volontariate oder Einstellungen. Als Alternative zu Praktika kommen auch Aushilfstätigkeiten in Frage, etwa das Jobben im Buchhandel, die Tätigkeit als studentische Hilfskraft in der Universitätsbibliothek oder auch studentische Tätigkeiten, die von Verlagen auf ihren Websites ausgeschrieben werden. Da für alle Berufe rund um das Buch Textkompetenz Voraussetzung ist, sollten Sie diese parallel zum Fachstudium ausbauen und professionalisieren. Zudem können Sie dank der neuen Medien unschwer Informationen über das Buchhandels- und Verlagswesen sammeln, wirtschaftliche, inhaltliche und organisatorische Entwicklungen im Blick behalten. Vor allem aber sollten Sie viel lesen und neben Ihren Fachkompetenzen eine breite Allgemeinbildung aufbauen.

Was können Sie im Anschluss an das B.A.-Studium tun?

Nun besteht die Möglichkeit zur Profilbildung. Interessieren Sie sich neben dem Buch für das Marketing? Dann empfehlen sich entsprechende Kurse der BWL. Sie sind fasziniert von den crossmedialen Veränderungen rund um das Buch? Dann kann die Einarbeitung in entsprechende Programme zur Herstellung, Verbreitung oder auch Aufbereitung von Buchwissen (bzw. dessen Verwaltung) nun sinnvoll sein. Weiterhin besteht nach dem B.A. oder nach dem Studienabbruch auch die Möglichkeit, in eine Ausbildung zu wechseln, wenn ein weiteres Studium nicht sinnvoll erscheint (z. B. Kaufmann Medien/Print, Buchhandel, Bibliothekar). Auch spezielle Fachhochschulstudiengänge (z. B. Verlagswesen) können eine Alternative zu einem fachwissenschaftlichen Master sein. Wie immer gilt: Diese Entscheidung können Sie nur treffen, wenn Sie bereits praktische Erfahrungen gesammelt haben. Daher ist es für Ihre persönliche Fünf-Jahres-Planung wichtig, möglichst früh Praktika oder Arbeitserfahrung zu sammeln.

Profilbildung

Studiengänge

Weitere Möglichkeiten

Informationen über buchbezogene Studiengänge bietet die Broschüre „Fortbildung für Buchhandel und Verlag", die einmal jährlich vom Börsenverein des Deutschen Buchhandels herausgegeben wird und als Download zur Verfügung steht (www.boersenverein.de). Natürlich können Sie sich auch stets selbstständig machen, wenn Sie Unternehmergeist, Branchenkenntnis, Fleiß und innovative Ideen rund um das Buch in sich vereinen.

Mögliche Schwierigkeiten

Bereits im den ersten Semestern können Bücher unerwartet Frust bereiten. Lesen war stets ein Hobby, doch nun verliert man die Lust, es ist beschwerlich, Bücher machen keinen Spaß mehr. Universitäten bieten gerade für Studienanfänger zu wenig Angebote und setzen den großen Sprung von der an den Schulen erlernten Kulturkompetenz Lesen auf die Fachkompetenz Lesen, die das Beherrschen von Lesetechniken und -strategien meint, voraus. Die Freizeitbeschäftigung „Lesen" ist allerdings eine andere als eine professionelle Arbeit mit Büchern, die mit wirtschaftlichen Interessen einhergehen muss – auch wenn Sie die Freude am Hobby Lesen nicht verlieren dürfen. Der Erwerb von Textkompetenz, die professionelles Lesen einschließt und so auch die Fähigkeit, Lustlesen erhalten und Berufslesen verbessern zu können, ist daher existenzielle Notwendigkeit. Häufig treten bereits während des Studiums Schwierigkeiten auf, denn viele Studierende schätzen ihre Textfähigkeiten falsch ein und arbeiten nicht daran. Da die Lehre sich zudem auf das Fachstudium konzentriert, kommt der reflektierten Arbeit an und mit Sprache eher eine untergeordnete Rolle zu; hier ist dringend studentische Eigeninitiative erforderlich, die sich in speziellen Kursbesuchen, Arbeit mit Texten über den Leistungsnachweis hinaus und die konkrete Bitte um Feedback hinsichtlich der eigenen Textarbeit ausdrücken kann.

Lesen können…

… und lieben

Wenn Sie einmal eine der großen Buchmessen besucht haben oder versucht haben, sich mittels Verlagskatalogen einen Überblick über das Buchangebot zu verschaffen, werden Sie schnell an Ihre Grenzen gestoßen sein: 2008 erschienen insgesamt ca. 95.000 neue Titel.[39] Freilich müssen und können Sie nicht alle im Blick haben, aber Sie müssen in der Lage sein,

95.000 neue Titel

hier je Wichtiges, Interessantes, wirtschaftlichen Erfolg Versprechendes zu erkennen und sich im Wald der Neuerscheinungen zu orientieren.

Ideelle Werte, harter Markt

Die Arbeit mit dem Buch ist sehr häufig durch die Liebe zu ihm und ideelle Werte motiviert. Dies wirkt sich auf den Arbeitsmarkt aus: Es gibt ein Überangebot von Bewerbern, daher sind zum einen die Einstellungschancen gering, zum anderen ist das Gehalt niedrig. Insbesondere, wenn keine weitere Qualifikation über das Fachstudium hinaus vorliegt – z. B. eine Ausbildung oder Spezialkenntnisse –, sieht man sich starker Konkurrenz ausgesetzt. Hinzu kommen einige Branchenspezifika, die die Gehälter sinken lassen: Für Bibliothek, Verlag und Buchhandel interessieren sich tendenziell mehr Frauen, und viele Verlage und Buchhandlungen sind von kleiner bis mittlerer Größe mit entsprechend eingeschränktem Budget.

Die schönen Seiten

Eine starke Affinität zum Buch oder auch zu anderen Informationsmedien, Interesse an Literatur und die Möglichkeit zur inhaltlichen Tätigkeit bedeuten für viele die Berufung zum Beruf. Insofern ist der Gegenstandsbereich der eigenen Arbeit von hohem Identifikationswert.

Tipps

Querverbindungen

Im Berufsfeld Buch bestehen Querverbindungen zwischen den Bereichen Verlag, Handel und Bibliothek, die berufliche Alternativen bedeutet können. Falls Sie also keinen Praktikumsplatz im Verlag bekommen, versuchen Sie es z. B. in der Buchproduktion, in der Bibliothek o. ä. Die Erfahrung, die vorausgesetzt wird, muss nicht immer genau zum Arbeitgeber passen, sie kann auch eine willkommene Ergänzung zu dessen Portfolio darstellen. Auch journalistische Erfahrungen oder nachgewiesene Praxis aus der Öffentlichkeitsarbeit können Ihnen einen Einstieg erleichtern und bieten neben dem gezielten Aufstieg auch die Möglichkeit, Lücken und Zwischenräume der Branchen zu besetzen.

Chancen

Wandel

Durch den starken Konzentrationsprozess im Buchhandel gewinnen die großen Buchhandelsketten einen immensen Einfluss auf den Informationsmarkt, der Bildungsauftrag, Kulturprägung und Qualität beeinflusst. Ihr Kaufverhalten hat Einfluss auf Verlagsprogramme, ihre wirtschaftliche Potenz hat Einfluss auf Buchpreise, aber mittelbar eben auch auf die finanziellen Möglichkeiten der Verlage. Insofern unterliegt das Berufsfeld Buch nicht nur aufgrund der medialen Veränderungen einem Wandel, sondern auch aufgrund der wirtschaftlichen Entwicklungen. Ob Bücher eine Zukunft haben, beantwortet der Verlegerverein des Börsenausschusses aufgrund der „hohe[n] Affinität der Frauen zum Medium Buch" positiv.[40]

Wo bleibt die Geschichte im Beruf?

Zunächst bietet die Arbeit mit Büchern die Möglichkeit, im eignen Fachbereich zu bleiben, ja sogar wissenschaftliche mit populären Geschichtsbildern zu verbinden. Aufgrund der hohen Konkurrenz um die Fachreferatsstellen in Verlagen und Bibliotheken werden allerdings in der Regel Ihre Schlüsselqualifikationen einen mindestens ebenso hohen Stellenwert einnehmen. Auch die Arbeitsabläufe mancher Berufe sind von historischen Inhalten deutlich entfernt. Da das Studium der Geschichte allerdings eines ist, das Bildung und geistige Entwicklung fordert und fördert, liegt es auch an Ihnen, Anknüpfungen zu finden und jene sichtbar, erlebbar zu machen.

Lektüre @

Althaus, Birgit: Das Buchwörterbuch. Nachschlagewerk für Büchermacher und Buchliebhaber, Erftstadt 2004

Buchholz, Goetz: Ratgeber Freie in Kunst und Medien, in: www.ratgeber-freie.de

Laumer, Ralf (Hg.): Bücher kommunizieren – das PR-Arbeitsbuch für Bibliotheken, Buchhandlungen und Verlage, Bremen 2005

Bibliothek

Mit Bibliotheksmitarbeitern haben Sie im Studium vermutlich vornehmlich im Servicebereich zu tun: an der Ausleihe und oft auch an der Kasse. Häufig treffen Sie hier auf Studierende, die in der Bibliothek als studentische Mitarbeiter jobben. Bibliothekare arbeiten eher hinter den Kulissen. Neben den Hochschul- und den darin organisierten Institutsbibliotheken beschäftigen auch Bibliotheken wissenschaftlicher Institutionen, der Kommunen sowie Staats-, Landes- und zentrale Fachbibliotheken hauptamtliche Bibliothekare. Hinzu kommen Bibliotheken in privater Trägerschaft: Kirchen, Vereine, Unternehmen, die Bibliothekare anstellen oder Mitarbeiter zur Betreuung der Bibliothek oder für andere Aufgaben beschäftigen.

Wissenschaftliche und Gebrauchsbibliotheken

Wissenschaftliche Bibliotheken sind im Gegensatz zur öffentlichen Bibliothek keine „Gebrauchsbibliotheken". Sie sammeln und bewahren wissenschaftliche Literatur, bieten sie systematisch aufbereitet an und machen sie auf diese Weise zugänglich. In Deutschland gibt es derzeit ca. 2.700 Spezialbibliotheken, die meist an eine Institution (wie eine Universität) gebunden sind und sich auf bestimmte Fachgebiete spezialisieren.

ABD und BID

Die Bibliothek als Arbeitsort gehört zu den Berufsfeldern Archiv, Bibliothek und Dokumentation (ABD) und Bibliothek, Information, Dokumentation (BID). Wenn Sie nun also allein weiterrecherchieren, nach Praktika suchen oder Ihre Zeit nach dem B.A. planen, richten Sie Ihren Blick über die Institution Bibliothek hinaus auf andere Bereiche des Wissens- und Informationsmanagement (→Archiv und Dokumentation, → Wirtschaft) sowie auf die öffentliche Verwaltung, da dort mitunter identische oder verwandte Tätigkeiten und Fertigkeiten verlangt werden.

Es gibt verschiedene Wege in die Bibliothek, die Sie in unterschiedlichen Studienphasen einschlagen können. Mit der Wahl des Bildungsweges ist allerdings in den meisten Bibliotheken der anschließende Dienstgrad und folglich die Gehaltsstufe samt Aufstiegsmöglichkeit verknüpft: Als Hochschulabsolvent ist Ihr Königsweg der über die Zusatzqualifikation in den höheren Bibliotheksdienst.

Bezeichnungen

Die jeweiligen Bezeichnungen der in Bibliotheken Tätigen sind auf deren Bildungswege zurückzuführen. Fachangestellte für Medien und Informationsdienste mit der Fachrichtung Bibliothek haben eine Ausbildung durchlaufen, Diplom-Bibliothekare ein FH-Studium, wissenschaftliche Bibliothekare bzw. Fachreferenten (z. B. für Geschichte) im höheren Bibliotheksdienst qualifizierten sich durch ein Fach- und ein Aufbaustudium.

Persönlichkeit – Wie sollten Sie sein?

Geduldig und präzise
Fachkompetent
Neugierig

Sie brauchen echtes Interesse an bibliothekarischen Aufgaben. IT, Katalogisierung, Bewertung – dies erfordert Geduld, Präzision, bisweilen Langmut. Wenn Sie gern sammeln, ordnen und klassifizieren kann Sie die Tätigkeit als wissenschaftlicher Bibliothekar erfüllen. Zudem müssen Sie bereit sein, Bibliotheksbenutzer regelmäßig zu beraten oder zu schulen. Insbesondere für den höheren Dienst müssen Sie aufgrund der geringen Stellenzahl örtlich flexibel sein. Teamfähigkeit ist sowohl für die Arbeit in Ihrer Bibliothek wichtig, als auch für die Abstimmung mit Kollegen aus anderen Einrichtungen. Auch wenn Sie nach Ihrem Geschichtsstudium Fachhistoriker sind müssen sie fachübergreifende Interessen mitbringen und neugierig auf zunächst fremde Wissensbereiche sein. Für den höheren Dienst, der Leitungsaufgaben übernimmt, brauchen Sie Führungspotential und Durchsetzungsvermögen. Aufgrund des Wandels im Medienbereich und natürlich im Wissensbestand selbst müssen Sie sich gern in neue Themen und Aufgaben einarbeiten.

Kompetenzen – Was sollten Sie können?

Ihr Studium bereitet Sie darauf vor: Sie müssen mit wissenschaftlichen Arbeits- und Dokumentationsmethoden vertraut sein, systematisieren und bibliographieren können. Sie sollten sicher mit Informationstechnologie arbeiten – das Buch ist ja auch nur eine Variante davon. Wenn Sie sich in Ihrer Universitätsbibliothek umsehen, werden Sie eventuell noch Zettelkataloge finden, die neben den Datenbank-PCs stehen. Dies zeigt, dass z. B. die Katalogisierung einem steten technischen Wandel unterworfen ist und Bibliothekare mit diesem Wandel Schritt halten müssen: Sie müssen lernen, neue Software einzusetzen, Netzwerke zu verwalten und Daten zu migrieren. Je nach Spezialisierung – das heißt je nach betreuten Fachbereichen und den darin gebräuchlichen Fach- und Konversationssprachen – brauchen Sie entsprechende Fremdsprachenkenntnisse. Um Projekte zu realisieren, müssen Sie gut organisieren können und in der Lage sein, abstrakte Ideen in konkrete Projekte umzusetzen. Als wissenschaftlicher Bibliothekar tragen Sie zudem Verantwortung für ein Budget: Sie müssen also haushalten und verhandeln können. Weitere Kompetenzen, wie Bestandsaufbau, -auswahl, -pflege und -erschließung erwerben Sie im Aufbaustudium.

Methodenkenntnisse
IT
Verwaltung

Welche Qualifikationen sollten Sie vorweisen können?

Für die Laufbahn zum wissenschaftlichen Bibliothekar oder Fachreferenten (für Geschichte) im höheren Bibliotheksdienst müssen Sie Ihr Fachstudium abschließen (derzeit gelten noch die zur Promotion berechtigenden Abschlüsse als verbindlich, also Magister, Master und Erstes Staatsexamen) und anschließend ein Aufbaustudium der Bibliothekswissenschaft absolvieren. Eine Promotion ist zwar formal nicht erforderlich, doch aufgrund der starken Konkurrenzsituation faktisch unumgänglich. Da die Anstellung derzeit noch im Beamtenverhältnis erfolgt, müssen Sie die dazu notwendigen Voraussetzungen erfüllen. In einige Bundesländern bestehen (noch) Altersgrenzen (in der Regel 32 Jahre); hier sollten Sie sich erkundigen, da Klagen auf der Grundlage des Allgemeinen Gleichbehandlungsgesetzes (sog. Antidiskriminierungsgesetz) anhängig sind.

Höherer Dienst

   Wenn Sie nach dem B.A. das Fachstudium beenden und trotzdem in einer Bibliothek arbeiten möchten, bietet sich ein gezieltes Aufbaustudium an, das für den gehobenen Dienst qualifiziert. Die Anforderungen für private Bibliotheken sind sehr heterogen und nicht einheitlich geregelt; eine Ergänzung des Fach-B.A. um eine Weiterqualifikation für die Bibliothek, Dokumentation oder Ähnliches sowie erste praktische Erfahrungen wird Sie entsprechend professionalisieren.

Gehobener Dienst

Tätigkeitsprofile

Bestandspflege
Literatur-
beschaffung
Erschließung

Die Tätigkeit von wissenschaftlichen Bibliothekaren gilt der Bestandspflege und -erschließung, der Wissensvermittlung und der Verwaltung. Immer wieder wird zu ihrem Profil ein Aphorismus zitiert, der wahlweise Tucholsky oder einem britischen Anonymus zugeschrieben wird: „Ein Bibliothekar, der liest, ist verloren."[41] In Hochschulbibliotheken bilden Fachreferenten das Bindeglied zwischen Bibliothek und Forschung bzw. Lehre, sie wählen und erschließen die anzuschaffende wissenschaftliche Literatur. Der Medienerwerb geschieht nach der Lektüre von Verlagsprospekten, Recherche in Nationalbibliographien, Vorauswahlen, Ansichtslieferungen oder Angeboten von Buchhändlern, Anzeigen oder Rezensionen in Zeitschriften und Mailinglisten, Anschaffungsvorschlägen von Nutzern oder im Rahmen der Abonnements von Buchreihen. Gleiches gilt für andere Medien, etwa Datenbanklizenzen. Vielleicht wundern Sie sich bisweilen, dass Ihre Unibibliothek einen Titel nicht hat. Dies mag an den Kriterien liegen, nach denen die Auswahl erfolgt: Die Bibliotheken haben ein vorgegebenes Budget, das sie verplanen können, aber eben auch einhalten müssen. Daher werden Bücher ausgewählt, die dem fachlichen Profil der Bibliothek entsprechen, indem sie z. B. die Studien- und Forschungsschwerpunkte des jeweiligen Fachbereichs bedienen oder ortsspezifisch sind. Außerdem achten die Bibliothekare bei der Auswahl auf Formalia wie Genre, Seitenzahl oder Verlag. Die Organisation der Bibliotheken in Verbünden führt zudem dazu, dass nicht mehr jede Einrichtung jedes Buch anschafft, sondern abgesprochen wird, welche Institution welche Schwerpunkte setzt. Die Aufbereitung und Erschließung der Literatur erfolgt vornehmlich als Online-Publikumskatalog mit Verschlagwortung – dies ist erforderlich, damit z. B. Studierende Titel durch die Eingabe von Suchbegriffen finden – , doch auch die Datenmigration zählt dazu oder die „Kataloganreicherung" wie Scans von Inhaltsverzeichnissen (etwa „Search-Inside" oder „Blick ins Buch"). Elektronische Medien und Dienstleistungen nehmen einen immer höheren Stellenwert ein, der sich auch in Arbeitszeitanteilen ausdrückt.[42]

Schulungen

Engen Publikumskontakt haben Bibliothekare in Schulungen, in denen methodische Kenntnisse etwa zur effizienten Datenbanknutzung, Literaturbeschaffung und -verwaltung an Bibliotheksnutzer vermittelt werden. Hinzu kommen allgemeine und fachspezifische Bibliotheksführungen, Vorträge und Präsentationen. Wissenschaftliche und private Anfragen müssen bearbeitet werden. Sowohl im eigenen Hause finden Sonderveranstaltungen wie z. B. Ausstellungen oder Lesungen statt, die von Bibliothekaren betreut werden, aber auch die Beratung bei externen Ausstellungsprojekten, für die die Bibliothek Leihgaben beisteuert, zählt zur Projektarbeit.

Verwaltung

Schließlich gehören allgemeine Betriebsabläufe, Verwaltungsvorgänge wie die Haushalts- und Personalplanung, Organisation, Lizenzaushandlung oder die Öffentlichkeitsarbeit zum Aufgabenfeld von Fachreferenten. Im höheren Dienst kontrollieren Bibliothekare als Fachbereichsleiter zudem die Arbeitsabläufe in Geschäftsgängen und übernehmen einen Teil der Mitarbeiterführung und der Ausbildung von Referendaren oder Azubis.

Was können Sie bereits während des Studiums tun?

Nutzen Sie
die Bibliothek!

Es ist fast zu banal, da es Ihren Studienalltag betrifft, aber nun können Sie es gleich multifunktional tun: Gehen Sie häufig und bewusst in die Bibliotheken an Ihrem Ort, besuchen Sie die dortigen Schulungen, auch wenn der unmittelbare Nutzen nicht anhand der Ankündigung ablesbar ist – oft sehen Sie erst während der Anwendung, inwieweit Sie profitieren. Besuchen Sie Schulungen zur Literaturverwaltung oder zur Arbeit mit Datenbanken und Veranstaltungen der Landes- oder Staatsbibliotheken. Bereits durch eine Professionalisierung Ihrer Bibliotheksnutzung lernen Sie viel über die dortige Arbeit. Schauen Sie ebenso regelmäßig in die Regale mit Neuerscheinungen und Zeitschriften wie Sie einen Blick in das Online-Angebot Ihrer Bibliothek werfen – gleich heute können Sie z. B. durch all die Menüpunkte jenseits des Katalogs auf der Homepage Ihrer UB surfen. Neben Praktika können Sie erste Erfahrungen als studentischer Mitarbeiter in einer großen Bibliothek sammeln. Vakante Stellen sind oft auf den Homepages ausgeschrieben. Auch eine ehrenamtliche Tätigkeit etwa in einer kommunalen oder kirchlichen Bibliothek erlaubt erste Einblicke z. B. in Leihverkehr, Bestandspflege und Veranstaltungsplanung. Wenn Sie die höhere Laufbahn anstreben, müssen Sie zudem ein wirklich guter Student sein, insofern Sie vermutlich eine Promotion benötigen werden. Der Vorteil bei einer Einarbeitung in die Bibliotheksarbeit ist, dass sie Ihrem Studium unmittelbar zugutekommt und die investierte Zeit sich fast vollständig bei Recherchen oder Hausarbeiten rentiert. Es gibt zudem im Internet kostenlose Programme, die Ihnen eine professionelle Literaturverwaltung während des Studiums ermöglichen, z. B. Citavi (www.citavi.de). Arbeiten Sie sich ein, ergründen Sie die Funktionen dieser Programme – Sie können bei Bewerbungen um Praktika oder Volontariate glaubhaft belegen, dass Sie Interesse und erste Erfahrungen haben und profitieren für Ihr Studium. Unterschätzen Sie dies nicht: Es gibt Kommilitonen, die selbstverständlich mit solcher Software arbeiten!

Falls Sie sich sehr sicher sind, dass Sie in einer Bibliothek arbeiten möchten und nicht zwingend Wert auf eine Stelle als Fachreferent legen (oder die Promotion Sie schreckt) bieten sich auch Studiengänge an, die auf den gehobenen Dienst vorbereiten.

Studiengänge

Was können Sie im Anschluss an das B.A.–Studium tun?

Auf dem Königsweg zum höheren Bibliotheksdienst schließen Sie an das B.A.-Studium den Fachmaster und anschließend die Promotion an. Für die Bewerbung auf eine Referendariatsstelle sollte die Promotion weitestgehend fertiggestellt sein und ein erstes Gutachten vorliegen. Im anschließenden zweijährigen Vorbereitungsdienst, dem Bibliotheksreferendariat, für das Sie sich an einer Ausbildungsbibliothek bewerben, werden ein theoretischer und ein praktischer Teil absolviert. Ausbildungsbeginn ist jeweils der 1. Oktober. Im Praxisjahr lernt der zukünftige Bibliothekar alle Arbeitsabläufe an seiner Ausbildungsbibliothek kennen. Die theoretische Ausbildung umfasst das Bibliothekswesen in In- und Ausland, die Akquisition von Informationsressourcen, Medien- und Informationserschließung, Bestands- und Informationsvermittlung, Publikationswesen, Bibliotheksbau, -einrichtung und -technik, IT, Management, Recht und die Geschichte des Bibliothekswesens und wird traditionell an der Bayerischen Bibliotheksschule in München, die zugleich Prüfungsamt für alle Laufbahnen ist, absolviert. Alternativ bietet auch das Institut für Bibliothekswissenschaft der Humboldt-Universität zu Berlin dieses Aufbaustudium an. Es endet mit der Laufbahnprüfung zum „Bibliotheksassessor". Zwar ist dies noch keine Anstellungsgarantie, da aber bereits die Aufnahme in das Referendariat sich nach zukünftigem Personalbedarf richtet und die Auswahl der Bewerber meist in den Kultus- oder Wissenschaftsministerien getroffen wird, stehen die Chancen mit einigen Monaten Wartezeit nicht schlecht.

Promotion und Referendariat

Je nach Ausbildungsstätte kann anstelle des Referendariats auch ein Volontariat verlangt werden. Gleichfalls wächst das Angebot zweijähriger Master- oder Aufbaustudiengänge (s. u.),

Volontariat

die im Anschluss an einen Fach- oder Bibliotheksbachelor aufgenommen werden können – beachten Sie jedoch unbedingt die Studienvoraussetzungen, für die konsekutiven Masterprogramme qualifiziert ein Geschichtsstudium in der Regel nicht.

Weitere Möglichkeiten

Weiterbildung
Ausbildung
Orchideenfächer

An das Fachstudium können Sie eine Fort- oder Weiterbildung anschließen, die mitunter allerdings erste Erfahrungen im Bibliotheks- oder Informationswesen voraussetzt. Die FH Hamburg, TU Ilmenau oder die HU Berlin halten entsprechende Angebote bereit.

@

Gleichfalls können Sie als Alternative zum Studium eine Ausbildung zum Fachangestellten für Medien und Informationsdienste mit der Fachrichtung Bibliothek durchlaufen – dies qualifiziert Sie für das Arbeitsfeld, jedoch nicht für den höheren Dienst.

Eine weitere Chance mag sich in Ihrer Fächerkombination verbergen: Die Zahl der Natur- und Wirtschaftswissenschaftler, die wissenschaftliche Bibliothekare werden möchten, ist sehr viel geringer als die der Geisteswissenschaftler. Wenn Sie hier über die entsprechenden Fachkenntnisse z. B. dank Ihres zweiten Studienfachs verfügen, haben Sie für solche bibliothekarischen „Orchideenbereiche" deutliche Wettbewerbsvorteile.[43]

Mögliche Schwierigkeiten

Der Einstieg

Medienwandel

Wie stets bei begehrten Stellen, für die Sie zudem mit Absolventen anderer Fächer konkurrieren, liegt die erste Schwierigkeit in der Gelegenheit, die nötigen Erfahrungen zu sammeln und die vorerst letzte darin, tatsächlich eine Stelle zu bekommen. Darüber hinaus mag die lange Ausbildungszeit einschließlich der Promotion schrecken, die zudem eine lange Zeit mit recht wenig Geld, Wartezeiten und Zweifeln bedeutet. Schwierig hinsichtlich Ihrer Planung kann zudem der Wandel in der Bibliothekslandschaft sein, der einerseits mit dem generellen Medienwandel einhergeht, andererseits aber auch die Neuerungen in den Studienstrukturen aufnehmen muss. Wenn Sie eine Laufbahn als Bibliothekar planen, müssen Sie bereits während des Studiums die aktuellen Entwicklungen, Einstellungsvoraussetzungen und Bildungsangebote im Blick behalten.

Die schönen Seiten

Kulturgüter
Vielseitigkeit
Öffentlicher Dienst

Die Arbeit in der Bibliothek bietet Abwechslung: Kontakt zu Menschen und Kontakt zu Themen bzw. Büchern unterschiedlicher Herkunft und Fragestellungen. Reizvoll ist zudem, gerade für den auratisch empfindsamen Menschen, der Umgang mit Sonderbeständen, die das „normale Publikum" nicht zu sehen bekommt. Im Kontrast zum Alten und Seltenen fordert der Medienwandel – Masse, Vernetztheit, Erschließung, IT – den technisch-modernen Teil des Arbeitnehmers. Als Dienstleister für die Wissenschaft oder für Leser besetzen Bibliothekare eine Schnittstelle zwischen allgemeinen Kulturgütern und individuellen Profilen und Interessen. Letztens bieten staatliche Bibliotheken sichere Arbeitsplätze mit klaren Aufstiegsmöglichkeiten im öffentlichen Dienst.

Tipps

Schauen Sie ernsthaft auf die Alternativen und wägen Sie Ihre Prioritäten ab. Wenn Sie wissenschaftlich tätig sein wollen und/oder Wert auf ein entsprechendes Gehalt legen, kommen Sie um den „langen Weg" zur wissenschaftlichen Bibliothekarin inklusive Promotion und Referendariat nicht herum. Wenn Sie aber die Bibliothek an sich reizt, kann eine Ausbildung oder ein informationswissenschaftliches Studium an einer Fachhochschule eine echte Alternative sein, zumal jene Sie früher mit beruflicher Praxis konfrontieren.

Seiten- und Umwege

Auch Umwege können in die Bibliothek führen: Praktika im Verlagswesen oder im Buchhandel erlauben Ihnen, Erfahrungen in der Recherche, in Entwicklungen und Trends auf dem Buchmarkt und im Projektmanagement sowie allgemeinen Verwaltungsaufgaben zu sammeln. Mit Erfahrungen im Journalismus oder in der Öffentlichkeitsarbeit können Sie für Bibliotheken mit viel Publikumsverkehr oder mit einem starken Interesse nach einem professionellen öffentlichen Auftritt punkten; bietet eine Bibliothek viele Kulturveranstaltungen, profilieren Sie Erfahrungen im Kulturmanagement. Erfahrung in der Lehre oder im Bildungsbereich qualifiziert Sie für den Schulungsanteil der Bibliotheksarbeit ebenso wie für Kinder- und Jugendabteilungen öffentlicher Einrichtungen.[44]

Suchen Sie weiterhin nach Bibliotheken, die dem gemeinen Studierendenauge zunächst verborgen sind: Bibliotheken von privaten Bildungsinstituten oder kirchlichen Hochschulen, von Forschungsinstituten und Stiftungen, von Archiven und Museen, von großen Unternehmen und Gerichten, von Parlamenten und Behörden usf. Auch hier werden Sie dreifachen Gewinn haben: Sie profitieren für Ihr Studium, bekommen vielleicht die Möglichkeit, dort Erfahrungen zu sammeln und können sich so für Ihr langfristiges Ziel profilieren.

Bibliotheken in Ihrer Stadt

Chancen

Entgegen dem insgesamt hohen Interesse an wissenschaftlichen Bibliothekarsstellen gibt es bundesweit jährlich nur ca. 30 Ausbildungsplätze – und diese meinen nicht nur die Fachreferenten für Geschichte, sondern die Referendariatsstellen insgesamt.[45] Andererseits sprechen eben nicht nur diese Stellen Historiker an; auch der gehobene Dienst oder Stellen in Bibliotheken jenseits der größten Arbeitgeber können für Sie in Frage kommen. In der Beschäftigungsgruppe Bibliothek, Publizistik, Übersetzung stieg die Gesamtbeschäftigungszahl ebenso wie die Arbeitslosenzahl; Absolventen mit Universitätsabschluss machten darunter mit 35 % einen deutlich höheren Anteil aus als solche mit Fachhochschulabschluss (10 %). Für den Bereich Bibliothek, Archiv und Museum sank die Zahl der Beschäftigten und stieg die Zahl der Arbeitslosen; hier liegt der Anteil von Universitäts- und Fachhochschulabsolventen mit je ca. 15 % etwa gleich hoch.[46]

Gehalt

Das Gehalt eines wissenschaftlichen Bibliothekars unterliegt der Beamtenbesoldung, wenn er diesen Status innehat bzw. ist nach TV-L geregelt (Gehaltsstufen E12 bis E15 für Angestellte bzw. A12 bis A15 für Beamte). Die Bezahlung ist also nicht so üppig und steigerungsfähig wie in manchen Bereichen der Wirtschaft, aber relativ sicher und im Arbeitsbereich „Buch" auch vergleichsweise gut. Volontäre verdienen ca. 1.100 Euro monatlich (Anwärterbezüge). Im gehobenen Dienst (nach dem Fachhochschulstudium bzw. mit Bachelorabschluss) wird in der Regel nach A9 bis A11 (E9 bis E11) besoldet bzw. vergütet.

Wo bleibt die Geschichte im Beruf?

Als wissenschaftlicher Bibliothekar haben Sie kaum Gelegenheit zur wissenschaftlichen Arbeit im Sinne einer inhaltlichen Forschung, doch beschäftigen Sie sich viel mit historischen Inhalten und halten Kontakt zur akademischen Forschung, deren Medium weiterhin das Buch ist, das Sie schließlich in Händen halten. Ihre Wissenschaft bezieht sich vornehmlich auf methodische Fähigkeiten wie Recherche, Bewertung, Kategorisierung. In kommunalen Bibliotheken, die eher ein belletristisches oder populärwissenschaftliches Publikum bedienen, kann die Geschichte zudem in Veranstaltungen, Ausstellungen, Lesungen, Seminaren etc. mit historischem Bezug oder zu geschichtlichen Themen einen Platz einnehmen. Am Rande können Bibliothekare eigenen Forschungsinteressen nachgehen; allerdings arbeiten viele eher zum Buch- und Bibliothekswesen als zu klassischen Geschichtsthemen.

Lektüre @

Dühlmeyer, Katja: Kulturwissenschaftler im Bibliothekswesen, in: Beer, Bettina/Klocke-Daffa, Sabine/Lütkes, Christiana (Hg.): Berufsorientierung für Kulturwissenschaftler. Erfahrungsberichte und Zukunftsperspektiven, Berlin 2009, S. 103-116

Steinhauer, Eric W.: Die Ausbildung der Wissenschaftlichen Bibliothekare und das Laufbahnrecht, in: Bibliotheksdienst 39 (2005), Heft 5, S. 654-673

Steinhauer, Eric W.: Das Bibliotheksvolontariat. Eine verwaltungsinterne Ausbildung zwischen Vorbereitungsdienst und freiem Studium, in: Zeitschrift für Bibliothekswesen und Bibliographie 2008, S. 159-164

Buchhandel

Buchhandlungen üben auf die meisten Geisteswissenschaftler eine magische Anziehungskraft aus, die weit darüber hinausführt, in den Geschäften nur einzukaufen. Sie sind Aufenthaltsorte, wie die Aufstellung von Kaffeemaschinen und Lesesesseln bezeugt. Natürlichen dienen sie auch der Recherche und der Inspiration, nur haben die wenigsten ein Notizbuch und die meisten ein Portemonnaie dabei, so dass die Recherche schnell zu gezielten Ergänzungen der eigenen Bibliothek führt. Der Begriff „Buchhandlung" ist für die meisten Leser mit dem gemütlichen, vielleicht nostalgischen kleinen Stadtteilbuchladen, der um sein Überleben kämpft, verknüpft. Mysteriöser Weise verhelfen wir Konsumenten entgegen unserer eigenen Vorstellung den Buchsupermärkten, die Bücher palettenweise zum Verkauf stellen, zu ihrer wirtschaftlichen Macht und ihrem Einfluss auf das Angebot. Vermutlich werden die meisten von Ihnen auch Online-Buchhandlungen nutzen. Sie kommen also mit dem Bucheinzelhandel in Kontakt, der als Sortimentsbuchhandel im eigenen Laden, als Verkaufsfläche in Kaufhäusern oder online bzw. als Versand organisiert ist. Auch Antiquariate, also Läden, die sich auf gebrauchte, alte oder von der Buchpreisbindung gelöste Bücher spezialisiert haben, zählen dazu – auch sie funktionieren in Läden, als Versand- oder Online-Handel. Wenn Sie nicht vorrätige Literatur bestellen, fragt Ihre Buchhändlerin beim Zwischenbuchhandel an – dieser wird durch Buchgroßhändler betrieben, die den Warenverkehr zwischen Verlagen und Einzelhändlern herstellen. Haben auch die Großhändler, mit denen Ihre Buchhandlung ihre Verträge hat, den Titel nicht, wird direkt beim Verlag angefragt – der Verlagsbuchhandel kommt ins Spiel.

Zwischen Nostalgie und Buchsupermärkten

Bezeichnungen

Zunächst arbeiten in allen Buchhandelssparten Buchhändlerinnen – dies ist ein Ausbildungsberuf, doch es gibt auch Möglichkeiten zum Quereinstieg. Alternativ und insbesondere bei Verlagen werden Medienkaufleute Digital und Print ausgebildet. Eine Sonderform des Buchhändlers ist der Antiquar. Neben den Buchhändlern arbeiten im Buchgroßhandel oder im großen Versandhandel auch betriebswirtschaftliche Spezialisten, etwa für das Marketing oder Personalfragen sowie Grafiker.

Persönlichkeit – Wie sollten Sie sein?

Allgemein benötigen Sie Interesse am Buch, an Literatur, an Literaturgeschichte und an „Bildung", darüber hinaus eigene Lernbereitschaft. Außerdem benötigen Sie sowohl für den Sortimentsbuchhandel als auch für das Antiquariat oder den Verlagsbuchhandel Interesse und Neugierde für Ihr Fachgebiet, das sich nicht notwendig mit Ihren Studieninteressen überschneiden wird. Im Handel sind Sie Verkäuferin – Sie müssen also den entsprechenden unternehmerischen Geist mitbringen und brauchen ein Gespür für Trends und Kundenwünsche. Ihre Kunden und Gäste (z. B. bei Lesungen) werden es schätzen, wenn Sie freundlich, kommunikativ, empathisch, verbindlich und wirklich von Ihrem Beruf begeistert sind. Ihr Arbeitgeber wird es schätzen, wenn Sie zeitlich flexibel sind – auch für Abendveranstal-

Bildungsbereit Verkäuferin

tungen oder Sonntagsöffnungen – und über einen PKW-Führerschein verfügen. Auch wenn es überflüssig klingt: Vorgänge wie Kassieren, Erfassen von bibliographischen Daten oder die Lagerung und Präsentation der Waren erfordern Sorgfalt.

Kompetenzen – Was sollten Sie können?

Inhalt und Organisation

Vermutlich entspricht es Ihren Vorstellungen, dass Buchhändlerinnen ein präsentes Wissen zur Literaturgeschichte, Gegenwartsliteratur, Trends auf dem Buchmarkt und – bei einem Fachliteratursortiment – entsprechende Fachkenntnisse haben. Dies ist vornehmlich für die Warenauswahl und für die Kundenberatung notwendig. Zudem ist der Handel mit Büchern eben auch eine kaufmännische Tätigkeit, so dass Kompetenzen für die betrieblichen Abläufe unabdinglich sind: Warenwirtschaft, allgemeine Organisation, Sortimentsauswahl, Marketing, Buchhaltung und Rechnungswesen, Planung und Auswertung, Personalwesen etc. Um zu verkaufen müssen Sie neben der Beratung und Kassiervorgängen die Waren präsentieren können, kreatives Marketing leisten sowie Veranstaltungen planen und durchführen können. In allen Tätigkeitsfeldern ist eine kompetente Anwendung der IT notwendig (Datenbanken, Kommunikationsmedien, Webauftritt, Logistik, Marketing).

Welche Qualifikationen sollten Sie vorweisen können?

Buchhändlerin ist ein Ausbildungsberuf; Sie benötigen also lediglich einen Schulabschluss und können damit in die betriebliche Ausbildung starten. Wenn Sie den Quereinstieg aus dem Studium heraus planen, werden Ihnen Berufserfahrung, Kenntnisse in speziellen Fachbereichen sowie allgemein zur Belletristik und zum Buchmarkt zusätzlich zu betriebswirtschaftlichen Fertigkeiten den Start erleichtern – verbindliche Qualifikationen gibt es nicht.

Tätigkeitsprofile

Sortimenter

Buchhändler/Sortimenter wählen ein Sortiment von Büchern und anderen Medien aus, kaufen es mit Rabatt von Verlagen ein und verkaufen es (unter Beachtung der Buchpreisbindung!) in der Buchhandlung, per Versand und via Internet. Die Auswahl der Titel kann anhand von Verlagskatalogen und Angeboten des Zwischenhandels sowie auf der Grundlage eigener Interessen und Fachkenntnisse und natürlich marktorientiert getroffen werden. Das individuelle Profil des Sortiments ergibt sich aus der Kombination aus Sortimentsbreite (also dem möglichst breiten Angebot an Sparten und Genres) und -tiefe (dies kann die Spezialisierung z. B. auf Geschichte sein; in diesem Fachbereich werden dann möglichst viele der lieferbaren Titel bereitgehalten). Nicht vorrätige Titel müssen nach Bestellung beschafft werden, was Bibliographieren und Recherche voraussetzt. Mit Verlagsvertretern führen Buchhändlerinnen Einkaufs-, mit Kunden Beratungs- und Verkaufsgespräche. Hinzu kommt die Kommunikation mit Autoren oder Referenten für Veranstaltungen. Buchhändler haben einen bildungs- und kulturpolitischen Auftrag: Sie sollen die Wünsche und Bedürfnisse der Bevölkerung nach Unterhaltung, Bildung und Information abdecken. Aus unternehmerischer Sicht kommt hinzu, dass manche dieser Wünsche mittels Beratung und Marketing erst freigelegt werden müssen. Neben diesem kulturellen Aspekt, der Geisteswissenschaftlern nahe liegt, ist das Handeln mit Büchern auch wesentlich ein kaufmännischer Akt. Daher müssen übliche kaufmännische Tätigkeiten ausgeführt werden: Warenbeschaffung, Kalkulation, Controlling und Lagerhaltung. Zum Marketing bzw. zur Werbung zählen die Organisation von Sonderveranstaltungen wie z. B. Autorenlesungen, aber auch Werbebriefe, Anzeigen oder die Warenpräsentation. Wie alle Buch-Berufe ändert sich auch das Berufsbild des Buchhändlers. Das Sortiment wird um Medien aller Art erweitert, zum Handel mit Büchern – die ja bereits wesentlich von ihrem immateriellen Wert geprägt sind – geht der Trend hin zu Dienstleistungen rund um das Buch. Überschneidungen und Parallelen zum Wissens- und Informationshandel bzw. -management sind zu beobachten.

In der Ausbildung wird unterschieden nach Buchhändlerinnen mit Schwerpunkt Sortiment, mit Schwerpunkt Verlag, mit Schwerpunkt Antiquariat sowie „allgemeinen" Buchhändlerinnen. Die Inhalte der Ausbildung variieren entsprechend.

Buchhändler mit Schwerpunkt Verlag konzentrieren sich natürlich weniger auf den Einzelhandel, als vielmehr auf den Vertrieb und die Herstellung von Medien. Hier bestimmen sie auf der Grundlage der Preiskalkulation das Aussehen eines Buches mit durch die Auswahl des Papiers, des Layouts, des Bindeverfahrens. Im Verlag können sie auch in Lektoratsaufgaben eingebunden sein sowie die Beschaffung von Verwertungsrechten übernehmen. Gleichfalls betreuen sie das Marketing, indem sie Marktanalysen erstellen oder abrufen, die Statistik führen und Maßnahmen zur Verkaufsförderung konzipieren. Dies leitet bereits in die Werbung über, wo ihnen die Organisation von Werbeaktionen und die Erstellung und Verbreitung von Anzeigen, Katalogen und Prospekten obliegt. Letztens unterstützen und beraten sie den Sortimentsbuchhandel. | **Verlagsbuchhändler**

Buchhändlerinnen im Zwischenbuchhandel oder auch Buchgroßhändler liefern ihren Kunden – dem Bucheinzelhandel – die benötigten Medien schnell, üblicherweise über Nacht. Zwischenhändler kaufen und verkaufen Medien auf eigene Rechnung von Verlagen an den Sortimentsbuchhandel. Ihren Gewinn erzielen sie dadurch, dass sie Rabatte für große Bestellmengen von den Verlagen bekommen. Sie brauchen eine rationelle Lagerhaltung, klare Kalkulation und Distributionswege, die die pünktliche Belieferung der Läden sicherstellen. Damit die Bücher gefunden werden, müssen sie Datenbanken und Kataloge pflegen. Als Verlagsauslieferer arbeiten Zwischenhändler in der Regel nicht auf eigene Rechnung, sondern besorgen auf Rechnung und im Auftrag für Verlage (heute eher Verlagsgruppen) die Lagerung, Bestellannahme und Auslieferung. Zwischenhändler bieten zudem Serviceleistungen an, wie den Bezug von unterschiedlichen Titeln aus einer Hand oder auch Marketingkonzepte, die von Einzelhändlern um Titel, Reihen oder Autoren erweitert werden können. | **Zwischenbuchhändlerin**

Antiquariate gibt es für alle Medien: Bücher, Zeitungen, Kunst, Musik, inzwischen auch für Software. Die Tätigkeit von Antiquaren entspricht der Arbeit eines Buchhändlers, der gleichfalls häufig mit allen Mediensorten zu tun hat, insofern auch er einkaufen, verkaufen, beraten, beschaffen, bewerben muss und kaufmännisch verwaltet. Diese Handlungen weisen allerdings einige Unterschiede zu denen des „Neuware"-Sortiments auf: Antiquare handeln mit gebrauchten, alten, vergriffenen oder seltenen Medien. Da meist die Buchpreisbindung aufgehoben ist, müssen sie zunächst den Wert des Buches ermitteln und damit den Verkaufspreis kalkulieren. Ihr Einkauf bzw. die Buchbeschaffung erfolgt auch nicht über den Zwischenhandel, sondern gezielt zur Erweiterung des Sortiments oder auf Kundenwunsch mittels Suchmeldungen an andere Antiquariate, den Ankauf von Nachlässen oder Doubletten aus Bibliotheken, sowie (vornehmlich im modernen Antiquariat) mittels Übernahme von Restchargen, Mängelexemplaren oder Sonderauflagen. Verkauft wird im Ladengeschäft, über Kataloge, nach Bestellungen und zunehmend über Online-Angebote an Privatkunden, aber | **Antiquare** auch an Bibliotheken oder Unternehmen mit Spezialbedarf. Dies erfordert eine Katalogisierung des Warenbestands, der neben den üblichen bibliographischen Angaben auch den Buchzustand, Hinweise auf Besonderheiten wie seltene Auflagen, nummerierte Luxusausgaben oder auf namhafte Vorbesitzer enthalten. Antiquarinnen spezialisieren sich häufig, z. B. auf bibliophile Waren, wissenschaftliche Spezialgebiete, modernes Antiquariat oder Sachgebiete wie Krimis oder Kinderliteratur. Insofern erbringen sie mit entsprechender Ausrichtung dank ihrer Recherche und Buchbeschaffung auch wissenschaftliche Dienstleistungen.

Was können Sie bereits während des Studiums tun?

Ausbildung Quereinstieg

Da Buchhändler ein Ausbildungsberuf ist, können Sie entweder in aller Ruhe und mit viel inhaltlicher Motivation zu Ende studieren und anschließend oder vorzeitig in die Ausbildung wechseln. Der Buchhandel ist allerdings auch eine Quereinsteigerbranche; Sie können Ihre Studienzeit daher nutzen, sich auf einen solchen Quereinstieg vorzubereiten, z. B. indem Sie als Aushilfe oder Praktikant im Buchhandel (und zwar durchaus auch im Zwischenbuchhandel etc.) tätig werden und „einschlägige Erfahrungen" erwerben. Auch sollten Sie überlegen, welcher Bereich des Buchhandels Sie interessiert; für ein Spezialantiquariat müssen Sie, wie geschildert, andere Kompetenzen erwerben als für den Verlags- oder Sortimentsbuchhandel. Praktika und Aushilfsjobs sollten Sie gezielt dazu nutzen, sich in kaufmännische und organisatorische Prozesse einzuarbeiten, denn den kulturellen Bereich der Tätigkeit decken Sie im Wesentlichen bereits mit Ihrem Studium ab. Es gilt, was auch für die anderen Buch-Berufe gilt: Beobachten Sie die Marktentwicklungen, seien Sie im Zweifel flexibel und nutzen Sie die Querverbindungen zwischen den einzelnen Tätigkeitsfeldern.

Was können Sie im Anschluss an das B.A.-Studium tun?

Ausbildung Masterprogramme

Auch nun können Sie in die betriebliche Ausbildung wechseln. Wenn Sie in einem Masterstudium weiterstudieren, beobachten Sie weiterhin den Markt und verschaffen Sie sich Branchenkenntnis, z. B. durch die regelmäßige Lektüre von Feuilletons, das Abonnement von Verbandsnewslettern und auch durch das Beobachten der lokalen Kulturszene. Das Studium Generale bietet eventuell Kurse zu Marketing, Internetrecht, Literaturgeschichte an – diese wären neben der Weiterbildung zu Produktpräsentation oder auch Internetvertrieb eine gute Option zur sanften Ausweitung Ihres Portfolios. Möglicherweise bietet sich für Sie auch der Wechsel in eines der Masterprogramme an, die Sie bereits unter „Verlag" und „Bibliothek" finden.

Weitere Möglichkeiten

Schnupperkurse Weiterbildung

Sowohl die Kammern (z. B. IHK) als auch die Schulen des Deutschen Buchhandels bieten eine reiche Anzahl von Fort- und Weiterbildungsmaßnahmen oder auch „Umschulungen" für angehende Buchhändler an. Sie können einige der Angebote berufs- oder studienbegleitend, als Ergänzung zum B.A.- oder M.A.-Studium wahrnehmen. Die Schule des Deutschen Buchhandels bietet sogar Schnupper- und Crashkurse zur Orientierung oder Auffrischung an. Für Seiteneinsteiger, die einen Fachwirt erwerben möchten, aber nicht am Berufsschulunterricht teilnehmen können oder wollen, vermittelt der Fernlehrgang „Grundwissen

Buchhandel" das theoretische Basiswissen (alle unter www.buchhaendlerschule.de). Die Weiterbildung der Kammern zum Fachwirt des Buchhandels, Medienfachwirt oder Fachwirt für Medien- und Verlagswirtschaft richtet sich eigentlich an ausgebildete Fachkräfte mit Berufserfahrung, doch besteht die Möglichkeit, das Studium und Praxiserfahrung hier anrechnen zu lassen – vereinbaren Sie am besten einen Beratungstermin bei der entsprechenden Kammer. Weiterbildungen zum Fachwirt bieten z. B. die IHK Düsseldorf, Hamburg und Frankfurt sowie die Buchakademie, die Akademie für Bildung und Kunst und die Berufsbildungsgesellschaft DIDACT an.

Der Mediacampus in Frankfurt a. M. und die Steinbeis-Hochschule bieten berufs- und ausbildungsbegleitend den Abschluss des B.A. für Buchhandels- und Medienmanagement sowie für Verlags- und Medienmanagement an. Auch die Akademie des Deutschen Buchhandels hält Aus-, Fort- und Weiterbildungsangebote bereit: www.ausbildung-buchhandel.de.

Selbstverständlich können Sie sich auch selbstständig machen. Insbesondere fachlich spezialisierte Angebote, die mit Bibliotheken, Universitäten und Forschungseinrichtungen zusammenarbeiten und für diese nicht nur die Buchbeschaffung, sondern auch Dienstleistungen (wie Recherchen, Bewertungen, Katalogerstellungen) übernehmen, entsprechen den inhaltlichen und methodischen Kompetenzen von Geisteswissenschaftlerinnen.

Mögliche Schwierigkeiten

Womöglich fragen Sie sich, wozu Sie studieren, wenn eine Ausbildung auch reichen würde. Gleichfalls kann der Sprung vom beendeten Studium in eine Ausbildung bzw. in IHK-Fortbildungen am Selbstbewusstsein nagen. Doch dies sind eher Statusfragen und Formalia als Entscheidungen für eine Tätigkeit, die Ihnen liegt und Freude bereitet. Weiterhin kann es passieren, dass Sie sich sowohl von Ihrer Freizeitbeschäftigung Lesen als auch von Ihrer wissenschaftlichen Methodik fortbewegen, weil andere, kaufmännische Tätigkeiten ihren Tribut fordern. Auch der Medienwandel mag Ihnen schwer fallen, wenn Sie mit einer konservativen Haltung zum Buch auf dem Markt bestehen wollen – Buchhandel ist mehr und mehr Medienhandel. Gleichfalls bedeutet die Schwemme der Neuerscheinungen auch, dass zunehmend überflüssige Bücher produziert werden, die sich dummerweise dennoch verkaufen. Kultur und Bildung, die Sie mit vertreten möchten, scheinen vielleicht im Buchsupermarkt unter den Chargen der Autobiographien oder Kochbücher von Popsternchen zu ertrinken.

Wozu studieren?
Medienwandel

Die schönen Seiten

Im Buchhandel haben Sie Gestaltungsmöglichkeiten, die weit über das Abkassieren von Billigausgaben der Weltliteratur hinausgehen. Der Buchhandel ist von kultur- und bildungspolitischer Relevanz, die sich sowohl in der Sortimentsgestaltung ausdrücken sollte als auch Projektarbeit mit Universitäten, Schulen, Vereinen oder bei kommunalen Veranstaltungen nahelegt. Wenn Sie sich für die Tätigkeit in Spezialgebieten entscheiden und qualifizieren – dies gilt sowohl für das Sortiment, als auch den Verlag oder das Antiquariat – können Sie in Nähe zur Wissenschaft arbeiten. Quasi nebenbei bedeutet die Beobachtung des Buchmarktes daher eigene Bildung und eigenes Lernen.

Kultur-
und Bildungspolitik

Projektarbeit

Tipps

Rezensionen Wenn Sie Newsletter der einschlägigen Buchhandelsfachliteratur beziehen und im Studium recherchieren, stoßen Sie eigentlich von selbst darauf: Rezensionen helfen Ihnen, bei Neuerscheinungen den Überblick zu behalten und geben eine Bewertungstendenz. Daher sollten

 Sie Ihre Lektüre sowohl im Studium als auch in der Freizeit um Rezensionen erweitern; so können Sie auch ein Gespür dafür bekommen, wie mit Buchbesprechungen Wissenschafts-, Verlags- oder Kulturpolitik gemacht wird. Sie finden Rezensionen in der Wochenpresse, online (z. B. unter www.sehepunkte.de oder www.perlentaucher.de), aber auch alle wichtigen Fachzeitschriften verfügen über einen Rezensionsteil.

E-Books Auch wenn die Anschaffung eines Lesegeräts für e-Books Sie derzeit nicht interessiert: Beobachten Sie, welche technischen Entwicklungen den Buchmarkt verändern und lesen Sie sich in diese Möglichkeiten und Veränderungen ein.

Ausland Falls Sie einen Auslandsaufenthalt mit einem Buchhandelsvolontariat oder -praktium verbinden möchten – oder umgekehrt – können Sie bei der Arbeitsagentur oder über den Börsenverein des deutschen Buchhandels Informationen bekommen. Die Plätze sind jedoch begehrt.

Chancen

Die Anzahl der Beschäftigten im Buchhandel ist in den letzten Jahren konstant geblieben; der Arbeitslosenanteil insgesamt liegt bei ca. 14 %. Dass sich der Universitätsabschluss lohnt, zeigt der deutlich niedrigere Anteil von arbeitslosen Buchhändlern mit Hochschulabschluss: 5 %.[47] Die Einstiegschancen auch über den Quereinstieg sind daher besser als in vielen anderen Bereichen. Die Aufstiegsmöglichkeiten sind dagegen überschaubar; über Spezialisierung und die Karrierestufen Abteilungs-, Filialleiter, Geschäftsführer ist im Sortimentsbuchhandel eine Dynamik möglich, im Verlags- oder Buchgroßhandel kann man Assistentin oder Bereichsleiterin werden; eine weitere Veränderung bietet die eigene Selbstständigkeit.

Gehalt

 Für Buchhändler ist das Gehalt relativ gering, was an der kleinen Gewinnspanne bei Büchern liegt – Buchhändler können die Bücher aufgrund der Buchpreisbindung auch nicht frei auspreisen. Mittelbar kausal mag es damit zu tun haben, dass das Berufsfeld Buch ein Frauenberufsfeld (Anteil der Frauen im Buchhandel über 70 %[48]) ist, das stark von ideellen Werten (wie dem Buch selbst), jedoch auch von Teilzeitlösungen und Pausen wegen des anhaltenden klassischen Familienmodells geprägt ist (was die Löhne und Aufstiegschancen sinken lässt). Auskunft über die Verdienstmöglichkeiten in Ausbildung und Beruf, die nicht bundeseinheitlich geregelt sind, geben die buchhändlerischen Landesverbände.

Wo bleibt die Geschichte im Beruf?

Die Möglichkeiten sind vielfältig, erfordern jedoch wie immer Eigeninitiative: Im Sortiment können Sie sich auf eine populäre Geschichtskultur einlassen und sich z. B. auf historische Romane spezialisieren. Auch eine wissenschaftliche Spezialisierung ist insbesondere in Buch-

handlungen mit einer Spartentiefe für die Geschichtswissenschaft, vornehmlich in Universi-
tätsbuchhandlungen, möglich. Bei der Arbeit in einem Verlag mit geschichtswissenschaftli-
cher oder geschichtspopulärer Ausrichtung sind ebenfalls Fachkenntnisse aus Ihrem Studium
gefragt, erleichtern die Einarbeitung und überzeugen im Verkauf. In spezialisierten Antiqua-
riaten und Fachbuchhandlungen können Sie eng mit der akademischen Geschichte zusammenarbeiten bzw. ihr zuarbeiten.

Lektüre @

Bramann, Klaus-Wilhelm/Hoffmann, Daniel C./Lange, Mario: Wirtschaftsunternehmen
Sortiment, Frankfurt a. M. [3]2008

Hinze, Franz: Gründung und Führung einer Buchhandlung, Frankfurt a. M. [9]2004

Paulerberg, Herbert: Die Kunst, Bücher zu verkaufen, Eibelstadt 1999

Verlag

Varietät der
Verlage

Die Verlagslandschaft ist vielseitig, ebenso wie die darin enthaltenen Berufe und Stellen. Bundesweit gibt es knapp 15.000 Verlage[49]. Fach(buch)verlage erstellen Medien für berufliche Zwecke. Publikumsverlage veröffentlichen sowohl literarische als auch Sachbücher und leisten die vollständige Herstellung von Büchern. Aus der Wissenschaft sind insbesondere die Zuschussverlage bekannt, die nicht das gesamte unternehmerische Risiko tragen, sondern Bücher gegen eine Beteiligung der Autoren an den Herstellungskosten publizieren. Packager-Verlage sammeln Projekte oft kleiner Verlage und übernehmen einzelne Dienstleistungen, beginnend mit der Korrektur bis hin zur Vermarktung oder Pressearbeit sowie die Produktion ganzer Bücher. Schulbuchverlage bieten neben Büchern Lernmaterial im weitesten Sinne, zudem bieten sie oft auch Fortbildungen an. Neben Büchern spezialisieren sich Verlage auch auf andere Medienformen, etwa auf Musik (und Noten), Software, Spiele, Zeitungen und Zeitschriften, Kunst, Kalender, Karten, Formulare usw. Je nach Größe des Verlags gibt es verschiedene Abteilungen; ein großer Verlag hat z. B. Fachlektorinnen für einzelne Fachbe-

Vielfalt der
Tätigkeiten

reiche, Korrektoren, Sekretariate, eine Buchhaltungsabteilung, Außendienstmitarbeiter, Mitarbeiterinnen für Satz, Druck, Produktion, Werbung, Vertrieb, Presse usw. Bei einem kleinen Verlag können all diese Verantwortungen auch in den Händen einer einzigen Person liegen und einzelne Aufträge werden an externe Kräfte vergeben bzw. er kooperiert mit anderen Kleinunternehmen. Als weitere Arbeitgeber kommen Verbände und Organisationen wie der Börsenverein des deutschen Buchhandels in Frage. Freie Tätigkeiten, etwa Lektorat oder Übersetzungen, oder gewerbliche selbstständige Arbeiten, wie Dienstleistungen für Autoren oder Verlage, die sowohl „freiwillig" als auch aufgrund der Arbeitsmarktlage in dieser Form ausgeübt werden, vervollständigen die Bandbreite des Berufsfeldes.

Bezeichnungen

Entsprechend unterschiedliche Berufe bietet der Verlagsbereich. Für Geisteswissenschaftler stellt in der Regel eine Stelle als Lektor das Ziel dar. Alternativ werden sie häufig Verlagsredakteurin, -lektorin oder Verlagsleiterin bzw. -inhaberin. Als Dienstleister für Verlage arbeiten sie oft als freie Lektoren, Übersetzer oder Korrektoren, als Dienstleister für Autoren, als Literaturagenten. Schlagen sie den Weg über eine Ausbildung ein, so ist dies üblicherweise die zur Medienkauffrau Digital und Print (früher Verlagskauffrau).

Persönlichkeit – Wie sollten Sie sein?

Sensibel für
Menschen
und Sprache

Gut unter Druck

Wie eigentlich immer müssen Sie flexibel hinsichtlich Ihrer Zeit, Ortsgebundenheit und Aufgaben sein. Natürlich benötigen Sie in einer Branche, die Kommunikation medialisiert, Kommunikationsfähigkeit. Sie sollten über Sprachgefühl und -interesse verfügen; im Textbereich geht es nicht nur um das „Richtige", sondern oft auch um das „Schöne", beides muss auch unter Termindruck gewährleistet bleiben. Hervorragendes Organisationstalent, insbesondere termingerechtes Arbeiten und Autorenbetreuung sind wichtig. Sie sollten verbindlich mit Menschen umgehen können. Viele Autorinnen geben Texte aus der Hand, an denen sie oft jahrelang gearbeitet und in die sie viel investiert haben: Zeit, Persönlichkeit, mitunter

Nächte und Tränen. Andere müssen Sie produktiv, doch geduldig zum Abgabetermin drängen können, ohne sie zu verschrecken. Sie brauchen ein Gespür für den Buch- und Medienmarkt und Neugierde um Trends erkennen zu können. Da Verlage Unternehmen sind, brauchen Sie einen entsprechenden Geist, der eigene Vorlieben zu relativieren weiß. Ihre Kreativität können Sie an vielen Stellen einsetzen: Von der Umschlaggestaltung über die eigene Textproduktion bis hin zu neuen Absatzstrategien und medialen Veränderungen.

Kompetenzen – Was sollten Sie können?

Bereits mehrfach wurden Sie auf EDV- und betriebswirtschaftliche Kenntnisse als Teile der Allgemeinbildung hingewiesen; für den Verlagsbereich verhält es sich nicht anders. Sie müssen professionell mit der EDV arbeiten – gehen Sie davon aus, dass Sie in Kursen für Textverarbeitungsprogramme wirklich noch etwas lernen und derzeit das Programm eher als gute Schreibmaschine verwenden. Darüber hinaus werden Sie mit Layout-, Tabellenkalkulations- und Bildbearbeitungssoftware konfrontiert werden. Ihre Sprach- und Textkompetenz muss deutlich über die reine kulturelle Fähigkeit, ein Buch zu lesen, hinausgehen: Sie brauchen zur Bewältigung der Textmengen Lesetechniken, für die Arbeit mit unterschiedlichen Textarten Genrekenntnisse und Stilvarianzen; selbstverständlich müssen Sie die deutsche Rechtschreibung und Grammatik korrekt beherrschen und bei der Prüfung der einzelnen Produktionsschritte genau arbeiten. Je nach Ausrichtung des Verlags kommen ferner Fremdsprachenkenntnisse hinzu, etwa für Übersetzungen oder auch für Lizenzgeschäfte. Da Sie in Fachverlagen in der Regel als Vollhistorikerin tätig sind und darüber hinaus auch verwandte Disziplinen mit abdecken müssen, sind eine breite Allgemeinbildung, hohe Kompetenz der eigenen und Grundkenntnisse in anderen geisteswissenschaftlichen Disziplinen vonnöten. Für Positionen mit Außendiensttätigkeit wird ein Führerschein verlangt. Für den gesamten Verlagssektor ist Marktkenntnis essentiell, die Sie sich erst aneignen und dann pflegen müssen. Grundkenntnisse im herstellerischen und betriebswirtschaftlichen Bereich sind erforderlich, auch wenn diese nicht Ihre primären Aufgaben bedienen; sie sind Teil des „Projektmanagements" um ein Buch. Über Ihre eigene Begeisterung am Buch hinaus müssen Sie immaterielle Werte vermarkten können. Gleichfalls sollten Sie sich in rechtliche Grundlagen, etwa bezüglich der Nutzung von Fremdmaterial, einarbeiten. Falls Sie nun empört oder entmutigt der Meinung sind, dass Sie all dies im Geschichtsstudium und auch parallel dazu nicht lernen können: Einige Elemente bietet das Studium Generale, andere können Sie im Selbststudium erwerben, vieles lernen Sie allerdings tatsächlich in der beruflichen Praxis. Daher sollten Sie rasch ein Praktikum aufnehmen.

EDV und BWL
Sprache

Vollhistorikerin
Projektmanagement

Welche Qualifikationen sollten Sie vorweisen können?

„Lektorin" ist kein Beruf im Sinne des Berufsbildungsgesetzes, daher gibt es auch keine gesetzlich geregelten Zugangsvoraussetzungen. Sie können eigentlich aus allen Studienphasen in Verlage wechseln, doch zu unterschiedlichen Bedingungen. Nach einem Studienabbruch oder einem B.A.-Abschluss wäre die Kombination mit einer Ausbildung oder der Nachweis von Praktika in Verlagen oder technischen Betrieben (z. B. für die Buchproduktion) eine Möglichkeit. Als Seiteneinsteiger werden Historiker mit abgeschlossenem Studium dann eingestellt, wenn ihre Interessen und Arbeitserfahrungen im Verlag eine Lücke füllen oder eine

Studium
und Erfahrung

neue Facette bedeuten. Das abgeschlossene Studium, breites Allgemeinwissen und Arbeitsproben bzw. Qualifikation dank Erfahrung können nach B.A., M.A. oder Magister in die Verlagsarbeit führen. Wo die Stellen rar und beliebt sind oder aber Fachleute für historische Inhalte gesucht werden ist eine Promotion meist hilfreich, für Leitungspositionen unumgänglich. Wenn Sie bereits Verlags-, Produktions-, Handels- oder Redaktionserfahrung gesammelt haben und die entsprechende Organisationsfähigkeit und Pragmatik nachweisen können, dann bietet die Promotion sicherlich einen weiteren Vorteil gegenüber Mitbewerbern. In großen Verlagen ist möglicherweise ein BWL- oder vergleichbares Zusatzstudium für die Karriere relevant.

Tätigkeitsprofile

Lektorin

„Lektorin" zählt zu den Traumberufen von Geisteswissenschaftlern. Tatsächlich gehört „Lesen" zu den Aufgaben einer Lektorin, doch nicht nur, nicht vornehmlich und vor allem nicht gemütlich auf dem Sofa. Lektoren entwickeln und betreuen in der Regel Projekte, die hohen Umsatz versprechen. Sie sind für die inhaltliche Gestaltung des Verlagsprogramms zuständig. Daher lesen sie nicht ständig Bücher, die begeistern, sondern Manuskripte von sehr unterschiedlicher Qualität und Intention. Um bewerten zu können, ob ein Buch wirtschaftlichen Erfolg verspricht, müssen zunächst viele Texte quergelesen werden, was sicherlich kein Lesegenuss ist. Lektoren müssen jedoch auf Leselust (als Element der Marktfähigkeit eines Buches) und auf das sehr genaue Lesen umschalten können. Als Schnittstelle zwischen Autorinnen, Verlagsleitung und Marketingabteilung sind sie immer mehr Produktmanager, die zunächst die Projekte innerhalb des Verlags mehrheitsfähig machen müssen, um dann die Entstehung und Vermarktung zu begleiten sowie die Interessen des Autors zu vertreten. Eine wesentliche Aufgabe besteht in der Vernetzung von allen an einem Buchprojekt beteiligten Personen: Autoren, Übersetzerinnen, Herstellern, Grafikerinnen, PR etc.

Die konkreten Tätigkeiten sind allerdings von Verlag zu Verlag unterschiedlich (ebenso wie die Verdienstmöglichkeiten) und bieten ein breites Spektrum: Selbstverständlich müssen Sie sich dauernd mit Themen des Verlagsprogramms beschäftigen, etwa mittels Fachlektüre, dem Besuch von Kongressen und Recherche. Sie stellen Kontakte zu Autoren und Institutionen her und pflegen diese. Marktbeobachtungen, Beurteilung von Publikationsvorschlägen, Beschaffung neuer Manuskripte und Buchideen, Autorensuche und das Aufspüren von Trends gehören zur Weiterentwicklung des Programms. Soll ein von Ihnen vorgelegtes Einzelprojekt verwirklicht werden, obliegen Ihnen Aufgaben im Projektmanagement. Innerhalb des Verlagsteams sind dies die Planung und Konzeptionierung, Koordination von Arbeitsabläufen, Arbeit an der Kostenstruktur und die Zuarbeit für Werbung, Vertrieb und Presse mittels Katalogen, Prospekten und Anzeigen. Darüber hinaus müssen natürlich die Autorin und ihr Werk betreut werden, das Manuskript bearbeitet (hinsichtlich Urheber- und Verlagsrecht geprüft, Redaktion, Layout, Materialbeschaffung, Auszeichnung der Manuskripte für den Satz, Umbruchkorrektur und Druckfreigabe) und schließlich das neu erschiene Buch auf der Vertreterkonferenz vorgestellt werden. Wenn von einem „lesenden" Lektorat die Rede ist, bedeutet dies, dass Lektorinnen für Inhalte zuständig sind: Sie wählen sie entsprechend des Verlagsprogramms aus und gestalten jenes umgekehrt mittels ihrer Titelauswahl. Lektoren sind nur eingeschränkt (bis gar nicht) Korrektoren. Für die Korrekturen ist entweder eine Redakteurin, ein Korrektor oder die Autorin selbst verantwortlich.

Entsprechend benötigen Lektorinnen über die bereits beschriebenen Eigenschaften und Kompetenzen hinaus ein dem Verlagsprogramm entsprechendes Fachwissen, diplomatisches Geschick und Durchsetzungskraft, Nähe zur jeweiligen Zielgruppe und die Fähigkeit, mit Zeitdruck umzugehen. Insbesondere müssen sie viel schnell lesen, bewerten und entscheiden, ob der Titel vorschlagsreif ist oder nicht.

In kleinen Verlagen sind Lektoren verstärkt Generalisten, die zu allen Themenbereichen arbeiten und in den gesamten Herstellungsprozess eines Buches eingebunden sind. In großen oder Fachverlagen sind hingegen hoch spezialisierte Fachleute als Lektoren beschäftigt, die sich auf inhaltliche und stilistische Fragen konzentrieren. Mal bestimmen Lektoren also ganze Programmbereiche, mal ist ihr Einfluss auf Interpunktion reduziert. Ein Lektorat ist nicht nur im klassischen Textbereich – Belletristik, Wissenschaft, Journalismus – gefragt, sondern auch in der Werbung oder in Dienstleistungen rund um den Text – hier befinden sich also weitere Berufsfelder.[50]

Als Königsweg zur fest angestellten Lektorin im historisch-wissenschaftlichen Bereich, für die Sie sich aufgrund Ihrer Fachwahl interessieren sollten, gelten eine Promotion und ein einjähriges Verlagsvolontariat als Einstieg, daraufhin eine zwei- bis fünfjährige Assistenzzeit und anschließend die Übernahme eines Lektorenposten. Weitere Karriereschritte können die Programmleitung sein; Cheflektorinnen lesen jedoch weniger als sie in Management und Verwaltung investieren müssen. Ich persönlich kenne allerdings keine Lektorin, die diesen Königsweg beschritten hat, sondern ausschließlich „Quereinsteiger", die sich auf anderen Feldern wie in der Universität oder im Museum bewährt haben, wo die Betreuung von Publikationen eine ihrer Aufgaben war.

Alternativ zum Lektorat können Geisteswissenschaftler selbstverständlich auch andere Tätigkeitsfelder in Verlagen besetzen, sofern sie das entsprechende Fachwissen haben. Bei nachgewiesenen praktischen oder theoretischen betriebswirtschaftlichen Kenntnissen sind je nach Ausrichtung Beschäftigungen in Werbung, Marketing oder Vertrieb möglich. Wenn Sie über sichere und umfangreiche Sprachkenntnisse verfügen, idealerweise verbunden mit einem kulturellen Verständnis für ein Land ist auch eine Spezialisierung auf das Lizenzgeschäft oder die Tätigkeit als Übersetzer[51] denkbar.

Werbung
Vertrieb
Übersetzung

Auf eine besondere Verlagsform wurde oben bereits hingewiesen: den Packaging-Verlag, verbunden mit der Tätigkeit als Packager. Hier nimmt die Kommunikation mit Verlagen, eigenen Mitarbeiterinnen oder Kooperationspartnern, Kunden (Buchhandel) sowie die Akquise (von Mitteln und Manuskripten) und Vermarktung einen größeren Raum ein als Lektorat und Redaktion. Packager treten meist dann in den Prozess ein, wenn Lektoren und Verlage die Projekte schon ausgewählt haben. In der Regel sind sie nicht mit der unmittelbaren Arbeit am Manuskript beschäftigt. Wohl aber können sie Buchkonzepte und -ideen mit entwickeln und z. B. für Manuskripte die passenden Verlage wählen oder zur Optimierung von Produktreihen als Vermittler fungieren. Führen sie ihr eigenes Geschäft oder obliegt ihnen eine Leitungsfunktion, kommt die Übernahme der unternehmerischen Aufgaben hinzu. Für Interessenten am Buch, die an der Projektumsetzung und nicht an der eigentlichen Textarbeit Spaß haben, kann das Packaging im Sinne einer Verlagsdienstleistung, eventuell in Büro- oder gewerblicher Gemeinschaft mit Lektorinnen, Übersetzern und Redakteurinnen auch eine Möglichkeit zur Selbstständigkeit sein.

Packager

Die Generalisten im Verlag sind Verlagskaufleute (Medienkaufleute Digital und Print). Ihre Ausbildung dauert zwei bis drei Jahre und beinhaltet einen betrieblichen und einen schulischen Teil. Hier lernen sie alle Abteilungen eines Verlags kennen, von der Herstellung über

Medienkaufleute
Digital und Print

Lektorat und Redaktion bis hin zu Vertrieb, Marketing, Recht und kaufmännischer Planung. Entsprechend ihrer Ausbildung sind sie allerdings weniger in inhaltliche als in kaufmännische Bereiche des Verlags involviert, können jedoch je nach Verlag und Teamstruktur intensiv in Projekte eingebunden sein. In Buchverlagen sind die Kaufleute oft auch inhaltlich an Projekten beteiligt. Für Geisteswissenschaftlerinnen kann eine betriebliche Ausbildung oder die Fortbildung an Berufsakademien zur Verlags-Fachwirtin oft eine Alternative oder Ergänzung zum Fachstudium sein, die entweder ihrem Praxisbedarf entgegen kommt oder ihr Profil – und damit die Einsatzmöglichkeiten – erweitert.

Literaturagenten Über die freien Lektoren hinaus spezialisieren sich einige Selbstständige auch als Literaturagentinnen, die zwischen Autoren und Verlagen vermitteln. Sie betreuen Autoren, suchen für jene die passenden Verlage, handeln Verträge aus und kümmern sich gegebenenfalls um weitere Nutzungsrechte, z. B. für Hörbücher, Filme oder Übersetzungen. Zu den Angeboten kann auch das Lektorat des Manuskripts gehören. Im Erfolgsfall erhalten sie einen Anteil vom Autorenhonorar. Agenten können auch selbst Konzepte entwickeln und ganze Buchprojekte umsetzen, die sie Verlagen anbieten und, bei Interesse, die geeignete Autorin für ein solches Projekt suchen. In der Regel bedienen sie den belletristischen Bereich sowie Zeitschriften; für Fachbücher finden sich Literaturagenten selten. Meist decken Agenten Spezialbereiche ab, wie Kinder- oder Kochbücher, Fantasy-, Reise- oder deutsche Gegenwartsliteratur. Natürlich setzt dies eine sehr gute Branchenkenntnis sowie Netzwerkarbeit und Wissen um Urheber- und Nutzungsrechte voraus. Um ein breites Portfolio zu entwickeln, Kosten zu sparen und Synergien zu erwirtschaften schließen sich freie Literaturagenten auch zu Literaturagenturen zusammen.

Was können Sie bereits während des Studiums tun?

Erfahrungen sammeln Es liegt auf der Hand und ist unvermeidlich: Sie müssen Praktika oder Aushilfstätigkeiten während des Studiums absolvieren. Weiterhin sollten Sie Ihr Lesen und Schreiben professionalisieren, z. B. durch den Besuch von entsprechenden Angeboten des Studium Generale, Korrekturlesen, ehrenamtliche Begleitung von Lese- und Schreibförderungen (z. B. Stiftung Lesen) – dies können Sie zur Profilbildung tun, vor allem aber sollten Sie es um Ihrer Kompetenzen willen und nicht für eine schöne Bewerbungsmappe leisten. Weiterhin können Sie während des Fachstudiums entscheiden, ob sich der Wechsel in eine Ausbildung oder in spezialisierende Studiengänge für Sie möglicherweise lohnt. Die FH Offenburg, die Hochschule für Technik, Wirtschaft und Kultur Leipzig und Hochschule für Druck und Medien Stuttgart bieten u. a. derartige Ausbildungen an.

Was können Sie im Anschluss an das B.A.-Studium tun?

Hintertreppen? Weiterhin können Sie im Fachstudium bleiben und es nutzen, um Wissen und Erfahrungen zu sammeln. Da nun die Hausarbeiten anspruchsvoller und forschungsnah sein werden, können Sie auch versuchen, über die Hintertreppe einen Einstieg in das Verlagsnetzwerk zu erlangen, etwa, indem Sie ein verlagshistorisches Thema wählen und zu diesem Zweck in einem Verlag recherchieren oder hospitieren. Sie können vielleicht auch um eine Anstellung als Werkstudent verhandeln (dies ist in den Technikwissenschaften verbreiteter, Sie müssen also womöglich Öffentlichkeitsarbeit in eigener Sache leisten). Wenn Sie als studentische

Hilfskraft an der Universität oder anderen Instituten beschäftigt sind, bieten Sie Ihre Mitarbeit an Publikationen an, z. B. die Redaktion, Abbildungsbeschaffung oder das Projektsekretariat. Gleichfalls können Sie sich in Ihrem Umfeld nach freien Anbietern umsehen und zu ihnen Kontakt aufnehmen. Im Internet gibt es darüber hinaus Plattformen, auf denen sie Ihre Dienstleistungen versteigern können, worunter auch die Redaktion von Texten fällt.

Sie können nach einem Fachstudium auch in ein betriebswirtschaftliches, journalistisches oder publizistisches Studium wechseln. Sowohl Master- als auch FH-Studiengänge sowie Aufbaustudiengänge sind mitunter nicht-konsekutiv, so dass Sie mit einem „fachfremden" Bachelor hier weiterstudieren können. Der Verband freier Lektorinnen und Lektoren gibt auf seiner Homepage einen Überblick über Aus- und Fortbildungsangebote (www.vfll.de). Weitere Hinweise finden Sie u. a. unter www.ausbildung-buchhandel.de.

Studienangebote

Weitere Möglichkeiten

Sowohl als Alternative als auch als Ergänzung zum Studium kann eine betriebliche Ausbildung zur Medienkauffrau Digital und Print in Betracht kommen. Wenn Sie bereits über erste Berufserfahrung verfügen oder eine kaufmännische Ausbildung absolviert haben, können Sie eine berufliche Weiterqualifizierung, z. B. zur Medienfachwirtin Digital oder Medienfachwirtin Print anschließen. Die Qualifikationen sind bundesweit einheitlich in der Medienfortbildungsverordnung geregelt.[52]

In Ergänzung zu den Aufbaustudiengängen bietet der Börsenverein des Deutschen Buchhandels einen Überblick über Fortbildungen für Verlag und Buchhandel: www.ausbildung-buchhandel.de.

Medienkauffrau Fachwirtin

Mögliche Schwierigkeiten

Obwohl die Übersetzung der Tätigkeit „Lesen" lautet, lesen Lektorinnen inzwischen während ihrer Arbeitszeit nicht mehr sehr viel. Das Projektmanagement fordert zunehmend Zeit und Konzentration. Insofern hält diese aus einer Passion gewählte Profession nicht mehr grundsätzlich, was ihr Name verspricht.

Keine Zeit zum Lesen

Wirtschaftlicher Druck ist an unterschiedlichen Punkten zu spüren: Zunächst ist das Stellenangebot sehr überschaubar. Entsprechend sinken die Gehälter, steigt die Zahl der freiberuflichen Lektorinnen, steigt aber auch die Arbeitsbelastung der Festangestellten. Die Schwemme der Neuerscheinungen bedeutet für Verlage, zum einen mithalten zu müssen und die Zahl der Projekte zu erhöhen (wodurch mitunter die Qualität sinkt, was wiederum die inhaltliche Arbeit nicht immer beglückend macht). Zum anderen folgt daraus für die Arbeit der Lektorinnen, vielversprechende Autoren zu finden, zu fördern und an den Verlag zu binden. Es herrscht also rege Konkurrenz um Stellen, Informationen, vielversprechende Autoren und Aufträge.

Wirtschaftlicher Druck

Die schönen Seiten

Auch wenn wirtschaftliches Denken und Management im Lektorat zunehmen: Es ist nach wie vor eine stark inhaltlich geprägte Tätigkeit mit einer hohen Nähe zum Buch und ausgeprägter kultur- und bildungspolitischen Bedeutung. Zudem muss auch nicht das Lesen, son-

Inhalt zählt Dynamische Arbeit

dern es kann die Produktion von Büchern, also neuem Wissen Ihre eigentliche Berufung sein. Die Tätigkeit an der Schaltstelle zwischen Inhalt und Produkt, Autorin und Kundschaft, Herstellung und Verbreitung und damit verbunden der anregende Kontakt mit neuen Menschen, neuen Inhalten und neuen Projekten macht die Verlagsarbeit nach wie vor reizvoll. Sie haben es nicht nur mit Ideen zu tun, sondern spielen eine wesentliche Rolle bei deren Umsetzung. Eben diese Veränderungen und Produktionen machen die Tätigkeit um Bücher und andere Informationsträger sehr dynamisch, fordern Lernfähigkeit und bieten mit jedem neuen Projekt auch persönliche Entwicklungs- und Erweiterungsmöglichkeiten. Je nach Verlagsführung und auch bei freien Tätigkeiten ist Heimarbeit möglich, was Vorteile für die Work-Life-Balance bzw. die Kindererziehung bedeuten kann.

Tipps

Kleinverleger Behalten Sie neben den großen Verlagen auch die kleinen, neben den großen Buchmessen in Frankfurt und Leipzig auch die Kleinverlegermesse in Mainz im Blick – Sie erwerben sowohl Branchenkenntnis, Trendgespür als auch Wissen um potentielle Praktikums- und Arbeitgeberinnen.

@ Beginnen Sie bereits während des Studiums mit Bewerbungen: Recherchieren Sie die zu Ihnen passenden Verlage, studieren Sie Verlagsprogramme, abonnieren Sie den Stellenbogen des Börsenblatts.

Neue Vertriebswege Da viele Geisteswissenschaftlerinnen gern im Verlag arbeiten würden, sich jedoch meist nicht spezialisieren, können Sie genau damit punkten. Verlage haben z. B. auch Marketing-Abteilungen, die Jobs anbieten, oder sind just zu klein, um eine eigene Abteilung zu unterhalten und bevorzugen daher geisteswissenschaftliche Fachleute mit professionellen wirtschaftlichen Kompetenzen. Entsprechende betriebswirtschaftliche Qualifikationen können Ihnen hier den Einstieg erleichtern. Sollten Sie über die Gründung eines eigenen Verlags nachdenken, muss betriebswirtschaftliches Wissen ohnehin Element Ihrer Allgemeinbildung sein. Dank EDV und spezieller Software ist es immer einfacher, unterschiedliche Arbeitsprozesse von einer Person ausführen zu lassen. Wenn Sie sich also im Bereich Druckvorlagen, Grafikgestaltung, Lernsoftware, digitale Medien etc. spezialisieren, kann Ihnen dies auch einen Vorteil vor Mitbewerberinnen verschaffen.

@ Andere Vertriebswege werden kommen bzw. schon genutzt: Die Inhalte von Büchern werden verstärkt im Internet verbreitet, Angebote wie „Search-Inside" bzw. „Blick ins Buch" erlauben einen Blick auf das Inhaltsverzeichnis oder Leseproben, auch Volltextsuchen beim Börsenverein des deutschen Buchhandels (www.libreka.de) oder die Digitalisierung von Büchern, Textauszügen, Zeitschriften oder Rezensionen z. B. bei www.books.google.de sind bereits Realität. Der einfachste Weg, sich auf diesen Wandel vorzubereiten, sich zu informieren und Trends aufzuspüren oder zu beobachten ist der der kritischen Nutzung.

Chancen

Spezialisierung Angesichts der Veränderungen in der Medien- und Informationskultur mag sich die Frage stellen, ob der Verlagssektor überhaupt eine Zukunft hat. Sicherlich haben „analoge" Bilder von Verlagsarbeiten ausgedient und die Einstellung auf digitale und interaktive Medien, das Lernen nicht nur von neuen Inhalten, sondern auch vom Umgang mit Technik und Medien sowie Ideen bezüglich neuer Absatzwege sind unumgänglich. Lesen ist als Freizeitbeschäftigung weiterhin beliebt, insofern wird das Buch als Freizeitutensil Bestand haben. Historische Bücher sind sowohl als Roman als auch als populärwissenschaftliche Darstellung oder Fachliteratur beliebt.[53] Auch die kulturelle Einbindung von Bildung und lebenslangem Lernen können Einstiegschancen im Buch- und Lernmedienmarkt bedeuten. Entsprechend ebnet eine Spezialisierung auf Lernmedien oder auf Didaktik (oder auch ein Lehramtsstudium) möglicherweise den Weg in das Verlagswesen.

Es gilt allerdings zu beobachten, ob sich die Extrema halten: Einerseits dominieren internationale Verlagsgruppen wie Springer Science, Weltbild und Random House die Szene, andererseits gibt es derzeit ca. 15.000 Verlage und geschätzte 30.000 freie Lektorinnen im Verlagswesen in Deutschland.[54] Verlagsprogramme werden mittelbar zudem vom Buchhandel bestimmt; wenn Thalia, Hugendubel und die Meyersche nicht bestellen, werden Titel mitunter aus der Programmankündigung wieder herausgenommen.[55]

Extrema

Der Verlagssektor ist beliebt und geschätzt, aber auch sehr eng. Insbesondere wegen der zunehmenden Onlineveröffentlichungen schrumpfen die Verlage oder lagern Tätigkeiten aus. Stellen im Verlag können Sie über ein Volontariat und eine folgende Festanstellung bekommen, über die freie Mitarbeit und anschließende Einstellung oder über direkte Bewerbungen (wobei dies unmittelbar nach Studienabschluss und ohne Erfahrungen kaum zum Erfolg führen wird). Ihre Branchenkenntnis weisen Sie bereits mit dem Wissen um ein freies Volontariat nach. Oft werden diese nicht ausgeschrieben, da es mehr Bewerbungen gäbe, als die wenigen Verlagsmitarbeiter sichten und bewerten könnten. Insgesamt gibt es deutschlandweit ca. 3.000 Lektorenstellen aller Fachrichtungen. Das sind weniger als 10 % aller branchenweit Beschäftigten. Stellenanzeigen werden überwiegend im Börsenblatt des Deutschen Buchhandels veröffentlicht, weniger in den Stellenmärkten der Tageszeitungen.

Hohe Nachfrage

Alternativ bietet sich die Selbstständigkeit als freie Lektorin oder – gewerblich – mit einem eigenen Verlag an, wobei auch hier zu beachten ist: Die Gründung ist nicht schwer, eine dauernde Präsenz auf dem Markt dagegen schon, da viele den Weg über die Selbstständigkeit wählen.

In kleinen Verlagen gibt es aufgrund der geringen Mitarbeiterzahl keine Aufstiegschancen. Auch wenn für den Berufseinstieg die Frage, wo Sie Ihre Erfahrung gesammelt haben, möglicherweise zweitrangig ist, so gilt dies später nicht mehr: Ein Wechsel von einem Publikums- in einen Fachverlag ist nicht ohne Weiteres möglich.

Gehalt

Die Gehälter für Lektorinnen sind sehr unterschiedlich, meistens jedoch nicht sehr üppig, was mit wirtschaftlichen Zwängen, hoher Stellennachfrage und dem weiblich geprägten Arbeitnehmerfeld zu tun hat. Honorarempfehlungen für freie Lektorinnen finden sich auf der Internetseite des Verbands der freien Lektorinnen und Lektoren (www.vfll.de → Honorare). Die Bezahlung in Marketing und Vertrieb kann bisweilen etwas besser sein als im Lektorat.

Wo bleibt die Geschichte im Beruf?

Aus der dargestellten Varietät der Verlagslandschaft können Sie unschwer schließen, dass es sowohl Tätigkeiten mit einer hohen Nähe zur Geschichtswissenschaft gibt, etwa als Fachlektorin, als auch Tätigkeiten, die nichts mehr mit Geschichte zu tun haben oder ein populäres Geschichtsbild bedienen, etwa in einem Publikumsverlag. Der geschilderten Marktsituation können Sie entnehmen, dass zwar die Geschichte sowohl im Fach- als auch im belletristischen Bereich durchaus beliebt und gefragt ist, die Stellenanzahl ist allerdings gering, so dass Ihr Weg immer wieder von eigenen Entscheidungen und dem „Marktdiktat" bestimmt sein wird.

Lektüre @

Becker, Michael: Zum Beruf des Verlagslektors – Historiker in wissenschaftlich-historischen Verlagen, in: Schmale, Wolfgang (Hg.): Studienreform Geschichte – kreativ, Bochum 1997, S. 183-190

Lucius, Wulf D. von: Verlagswirtschaft. Ökonomie, rechtliche und organisatorische Grundlagen, Konstanz 2005

Schönstedt, Eduard/Breyer-Mayländer, Thomas: Der Buchverlag: Geschichte, Aufbau, Wirtschaftsprinzipien, Kalkulation und Marketing, Stuttgart 2010

Journalismus

Natürliche Nähe zur Geschichte?

Den Journalismus gibt es nicht. Ähnlich wie *die* Wissenschaft ist er sowohl das Feld für konkrete Tätigkeiten als auch soziales System mit eigener *Agency* – also der Potenz, aus sich selbst heraus wirksam zu werden. Bei einer nicht-repräsentativen Umfrage unter Stuttgarter Geschichtsstudenten wurde „Journalist" als erstes oder zweites Berufsziel genannt – in allen Studiengängen, auch bei den „Lehrämtlern". Eine Berufsberaterin empfahl in einer Sonderveranstaltung den anwesenden Studierenden, über eine Karriere im Journalismus nachzudenken. Geschichtliche Themen boomen in allen Medienarten, von der genreprägenden Gewalt Guido Knopps im Fernsehen über das preisgekrönte „WDR-Zeitzeichen" im Radio bis hin zum Wissenschaftsjournalismus. Es scheint also auf der Hand zu liegen, dass sich hier Jobchancen für Historiker bieten. Um jedoch gleich die aufkommende Euphorie zu dämpfen: Die Begeisterung für den Journalismus ist in den übrigen geistes- und kulturwissenschaftlichen Studiengängen ebenso groß. Der Weg vom Geschichtsstudium in den Journalismus verläuft zudem weniger direkt als dies suggeriert. Der Journalismus umfasst heute sämtliche Medien: Print, Radio, Fernsehen, Internet. Nicht umsonst gibt es betriebliche Ausbildungen und Studiengänge für den Journalismus, so dass Ihre Qualifikation als Historiker allein für den Journalismus nicht genügen wird, sondern Sie den Weg in diesen Traumberuf über das Fachstudium hinaus planen müssen.

Freier Beruf

Arbeit finden Journalistinnen als Angestellte, zunehmend jedoch als freie Mitarbeiterinnen bei Tages- und Wochenzeitungen, im Rundfunk, in Zeitschriften und Anzeigenblättern, bei Pressestellen, bei Online-Anbietern, in Agenturen und Pressebüros, im PR-Bereich. Die größte Zahl der angestellten Journalisten arbeitet bei den Tageszeitungen. Freie Journalisten schließen sich mitunter zu Journalistenbüros zusammen. Das Feld ist so weit, dass der Journalismus selbst Berufsfelder generiert und bietet (→ Tätigkeitsprofile). Zudem weisen manche Tätigkeiten und auch Stellenprofile Überschneidungen zur → Öffentlichkeitsarbeit, → Wissenschaft oder Werbung (→ Wirtschaft) auf, was die Möglichkeiten für die journalistische Arbeit ebenso ausweitet wie möglicherweise Ihre Stellensuche.

Bezeichnungen

Die umfassende Berufsbezeichnung lautet Journalistin; der Zusatz „frei" weist darauf hin, dass diejenige nicht-angestellt tätig ist. „Journalistin" zählt zu den anerkannt freien Berufen, doch ist die Tätigkeit dann gewerblich, wenn z. B. Erzeugnisse der journalistischen Arbeit auch für Werbung, also gewerbliche Zwecke, genutzt werden. Die Berufsbezeichnung kann weiter differenziert werden und damit schon auf konkrete Tätigkeiten verweisen: Redakteurin, Reporter, Korrespondentin, Moderatorin, Bildjournalist oder Fotografin, Pressereferentin oder Wissenschaftsjournalist; auch PR-Fachleute übernehmen journalistische Tätigkeiten.

Persönlichkeit – Wie sollten Sie sein?

Initiativ
Kommunikativ
Unvorein-
genommen

Stets auf dem
aktuellen Stand

Sie müssen bereit sein, sich ständig mit neuen Themen und Sachgebieten auseinanderzusetzen und selbstverständlich die Vorgänge in der Politik und in Ihrer Umgebung mit Interesse verfolgen. Ihre Persönlichkeit sollte bestimmt sein von Kreativität, Kommunikations- und Kontaktfreude sowie der Bereitschaft, die Initiative zu ergreifen. Sie sollten sensibel sein und Stimmungen Ihrer Gesprächspartner genauso wie das, „was in der Luft liegt", wahrnehmen können. Da der Journalismus von Aktualität lebt, müssen Sie häufig unter Zeitdruck arbeiten. Einen guten Journalisten macht (freundliche) Neugier und Unvoreingenommenheit gegenüber dem Gesprächspartner aus, gleichgültig, ob jener arm oder adelig ist. Hartnäckigkeit benötigen Sie, um an Informationen und Aufträge zu gelangen. Mittlerweile scheint die Freiberuflichkeit die typische Situation für Berufseinsteiger zu sein, kann aber immer wieder und für längere Zeiträume auftreten – dafür müssen Sie mental und organisatorisch gewappnet sein. Damit gehen Orts- und Branchenflexibilität einher: Erfahrungen im Hörfunk verbauen keineswegs die Wege in den Printbereich und umgekehrt. Doch auch eine Festanstellung, z. B mit hohen Reportageanteilen, bedeutet unstete Arbeitszeiten und wechselnde Einsatzorte.

Kompetenzen – Was sollten Sie können?

Schreiben
Sprechen
Fragen

Wichtiges
erkennen

Sie müssen richtig, viel, schnell, unterhaltsam, in unterschiedlichen Textgattungen, für unterschiedliche Zielgruppen und Medienformen schreiben und korrekt wie stilsicher formulieren und sprechen können. Weiterhin können Sie schnell und zuverlässig recherchieren; genau wie in Studium und Wissenschaft müssen Sie im Journalismus redlich arbeiten, das heißt Ihre Quellen nennen und strengen Textregeln gehorchen. Sie brauchen insgesamt Medienkompetenz, müssen schnell bewerten und die daraus folgenden Handlungen ableiten können: Was ist an einer Nachricht sachbedingt, was wird durch das Medium verändert und bestimmt? Ein Zeitungstext etwa wird grundsätzlich anders aufgebaut und unterliegt anderen Gesetzen als ein Beitrag mit Hypertextstruktur. Welche Textart eignet sich für welches Thema – ein Bericht, eine Reportage, ein Kommentar, ein Feature? Wie sind Texte, Quellen, Referenzen zu bewerten? Sie müssen das Wesentliche eines Sachverhalts aus der Materialmasse erkennen und es in eigenen Worten klar formulieren können. Die Grundlagen sind folglich das Beherrschen journalistischer Textformen und Recherchemodi sowie der professionelle Umgang mit Hardware und Programmen zur Text- und Bildbearbeitung. Auch letzteres ist wichtig, da Sie insbesondere bei kleineren Einrichtungen nicht nur die Berichte schreiben, sondern auch die Aufnahmen mitliefern.

Technische
Kenntnisse

Medienkompetenz erstreckt sich nicht nur auf Text und Bild. Crossmediale Kenntnisse und Fähigkeiten werden erwartet, zum Portfolio der Journalistin gehören mindestens Grundkenntnisse der technischen Seite der Medienerstellung. Elektronische Recherchetechniken und technische Kenntnisse in den Bereichen Netzwerk und Multimedia sind für das journalistische Handwerk genauso unabkömmlich wie der kompetente Umgang mit Sprache.[56] Sie sollten in bestimmten Wissensgebieten daher Spezialist sein und über profunde Sachkenntnis verfügen, doch erst das Handwerk erlaubt es Ihnen, diese technisch und sprachlich flexibel umsetzen können. Das alles lernen Sie nicht im Geschichtsstudium? Nachvollziehbares Arbeiten, Quellenkritik, Argumentieren, richtiges Fragen und Medienkompetenz lernen Sie dort sehr wohl, wenn auch auf andere Gegenstände bezogen, für die journalistischen Spezialia gibt es aber nicht umsonst eigene Studiengänge.

Welche Qualifikationen sollten Sie vorweisen können?

Der Königsweg in eine planbare Laufbahn führt nach dem abgeschlossenes Hochschulstudium auf eine Journalistenschule. Letztere hat wiederum bestimmte Aufnahmebedingungen, über die Sie sich online informieren können – bereits geleistete Volontariate oder Textproben gehören meist dazu. Falls Sie dort nicht angenommen werden oder diesen Weg nicht gehen wollen ist gezielte fachliche Fortbildung erforderlich. Noch wichtiger ist allerdings praktische Erfahrung, nachweisbar mittels Arbeitsproben, die zeigen, dass Sie das „Handwerk Schreiben" erlernt haben und beherrschen. Die Alternative führt Sie durch ein zweijähriges Volontariat.

Journalistenschule und Volontariat

Tätigkeitsprofile

Im Journalismus gibt es unterschiedliche Berufsfelder, unterteilt nach Branche und Tätigkeit:

Der Printjournalismus besteht aus Tages- und Wochenzeitungen, Zeitschriften, Stadtmagazinen, Kundenzeitschriften, Anzeigenblättern. Für die Tageszeitungen ist eine hohe journalistische Qualifikation erforderlich, die eine Arbeit in verschiedenen Ressorts ermöglicht. Die Meldungen werden zum Teil von Agenturen oder freien Mitarbeitern eingekauft, zu einem anderen Teil selbst geschrieben. In Fachzeitschriften überwiegt hingegen die Arbeit von Experten, die das Schreiben mehr oder weniger beherrschen; hier steht die fachliche Expertise im Vordergrund.

Printjournalismus

Der Rundfunk umfasst Hörfunk und Fernsehen und beschäftigt sowohl „Allrounder", die über alles berichten, was in ihrer Region geschieht, als auch hoch spezialisierte Wissenschafts-, Computer- oder Kulturredakteure, die über ein tiefes Wissen auf ihrem Spezialgebiet verfügen.[57] Von freien Mitarbeitern wird zunehmend verlangt, dass sie ihre Rundfunkbeiträge sendefertig, also bereits geschnitten liefern. Arbeitsschritte, die noch vor wenigen Jahren oder auch heute noch bei größeren Sendern von verschiedenen Personen ausgeführt wurden, wie die Bearbeitung von Interviewsequenzen, Aufnahme und Schnitt werden heute dank moderner Technik unter Umständen von einer Redakteurin allein bewältigt. Die Nachfrage nach Stellen im Rundfunk ist hoch. Eine Alternative zu den Sendern sind daher die vielen Produktionsgesellschaften in Deutschland, die einen großen Teil der Programme zuliefern. Hier werden ebenfalls komplette Sendungen hergestellt.

Rundfunk

In Nachrichtenagenturen arbeiten Journalisten, die Informationen und fertige Meldungen für Zeitungen und andere Medien liefern. Den etwa 1.500 Festangestellten stehen einige Tausend Freie zur Seite.[58] Die größte Nachrichtenagentur in Deutschland ist die Deutsche Presse Agentur (dpa), die fast 1.000 Journalisten in rund 60 Niederlassungen beschäftigt. Zusätzlich haben etwa 55 dpa-Agenturen ihren Sitz im Ausland. Weitere Agenturen sind Reuters, Agence France Press (afp), der Allgemeine Deutsche Nachrichtendienst (ddp/AND), Associated Press (ap), der Evangelische Pressedienst (epd), die Katholische Nachrichtenagentur (kna) oder die Vereinigten Wirtschaftsdienste (VWD). Texte, die Journalisten für Agenturen schreiben, werden in der Regel nicht unter dem Namen des Autors, sondern unter dem der Agentur veröffentlicht. Da Aktualität hier wesentlich ist muss meist unter hohem

Nachrichten-agenturen

Zeitdruck, zudem natürlich im Schichtdienst bzw. rund um die Uhr gearbeitet werden. Der Akademikeranteil ist höher als in den Medienredaktionen. Sie brauchen breites Allgemeinwissen, Kenntnisse aus der Tagespolitik, für den Auslandseinsatz Englisch und mindestens eine weitere Weltsprache.

Online-Journalismus Der Online-Journalismus kann eine Ergänzung zum Angebot von Zeitungen und Sendern sein oder als reiner Internetdienst funktionieren. Das Angebot ist vielfältig und reicht vom e-paper über Internetseiten mit Nachrichten und Zusatzangeboten (z. B. thematisch geordnet und mit Filmen, Kommentaren, weiterführenden Links versehen) bis hin zu Newslettern und Newstickern, die Ihnen aktuelle Nachrichten auf ein Empfangsmedium wie das Mobiltelefon senden. Diese Formen stellen andere Anforderungen an den journalistischen Text: Kürze und Prägnanz, Untergliederung von längeren Texten in einzelne Dokumente, sinnvolle und übersichtliche Navigation und die Verknüpfung einzelner Elemente über Hyperlinks. Aktualität ist natürlich oberstes Gebot, die Meldungen müssen mehrmals täglich aktualisiert werden. Es gibt keinen Redaktionsschluss. Natürlich ist technisches Wissen eine wichtige Voraussetzung, auch wenn Ihnen Computerfachleute zur Seite stehen; Online-Journalisten brauchen umfassende Computer- und Internetkenntnisse in Recherche und Edition.

Bildjournalismus Falls Sie profunde Kenntnisse in Fotografie und Bildbearbeitung haben, kommt auch der Bereich Bildjournalismus für Sie infrage; hier werden Informationen mit Hilfe von Bildern vermittelt. Bildjournalisten werden auch als Fotoreporter, Pressefotografen oder Bildberichterstatter bezeichnet. Eine fotografische und journalistische Ausbildung sind ideal, aber nicht allein ausschlaggebend: Die Qualität der Produkte zählt.

Öffentlichkeitsarbeit Die Grenzen zwischen Journalismus und → Öffentlichkeitsarbeit sind mitunter fließend. Pressemitteilungen, Broschüren und andere Texte zu verfassen geschieht auf der Grundlage des journalistischen Handwerks. Weitere Aufgaben sind organisatorischer Natur, etwa die Organisation von Pressekonferenzen und -events. Als Ansprechpartner für die Presse versorgen Sie jene mit Informationen, fertigen Texten, Bildmaterial und Zitaten und pflegen Kontakte zu Journalistinnen. Wer als ausgebildete Journalistin in die PR will, hat meist gute Chancen, umgekehrt werden in der Regel weitere Qualifikationen und Praxiserfahrung erwartet.

Freier Journalismus Die Zahl der freien Journalisten ist stark und im Verhältnis zu anderen Erwerbstätigen überproportional gestiegen; mehr als ein Drittel der Journalistinnen sind „Freie", und die Mehrheit ist es unfreiwillig. „Freiheit" bedeutet nämlich nicht die – zumindest theoretische – Möglichkeit zur freien Zeiteinteilung und Auftragswahl, sondern eher die Freiheit der Auftraggeber, sich nicht an Tarifverträge, Kündigungsfristen oder Mindesthonorare halten zu müssen. Angehörige der freien Berufe versichern sich in der Künstlersozialkasse, die die Arbeitgeberanteile zur Sozialversicherung übernimmt. Um als freier Journalist zu bestehen, müssen Sie neben dem journalistischen Handwerk wirtschaftliches Handeln und Denken beherrschen, denn die journalistischen Produkte müssen verkauft werden – und im Textbereich herrscht ein Überangebot. Daher müssen Ideen für Themen entwickelt, Kontakte in die Redaktionen gepflegt und die eigene Kompetenz und Person dargestellt werden können. Freie finden Themen und arbeiten sich in sie ein, lesen aktuelle Meldungen, verfassen Texte, erstellen die zugehörigen Bilder oder Video- und Audiodateien, verwalten ihre eigene Tätigkeit (Buchführung, Akquise, Steuern, etc.), kommunizieren mit Kunden und Informanten. Einige Nachteile der Freiberuflichkeit kann ein Zusammenschluss mit anderen Freien in Form eines Journalistenbüros auffangen: Büro und technische Ausstattung können gemeinsam genutzt werden, was Kosten senkt, psychologisch stärkt und die Qualität verbessert.

Wird man einmal krank oder ist stark ausgelastet, kann ein Kollege einspringen und den Auftrag übernehmen. Vorteile des freien Journalismus sind, dass Neulinge hier oft bereits neben dem Studium erste Praxiserfahrungen und Arbeitsproben sammeln können. Für Eltern kann es bisweilen leichter sein, Familie und Beruf zu vereinen, da in Heimarbeit kleinere Arbeiten möglich sind, mit denen Anschluss gehalten wird.

In allen vorgestellten Bereichen gibt es diverse Tätigkeitsprofile. Reporter sind viel unterwegs, führen Interviews, gehen zu Pressekonferenzen und verfassen Beiträge zu Themen und Ereignissen. Sie können allein oder in Teams mit Fotografen und Kameraleuten arbeiten. Redakteure arbeiten vornehmlich am Redaktionsschreibtisch, lesen Agenturmeldungen, texten, beschaffen und redigieren Beiträge anderer (etwa aus den Presseagenturen) und organisieren z. B. die Vergabe von Themen und Beiträgen an freie Mitarbeiter. Die Recherchen der Reporter spielen sich eher am Ort des Geschehens, die der Redakteure eher am Telefon und im Internet ab. Korrespondenten sind Journalisten im Auslandseinsatz; ihre Tätigkeit besteht sowohl aus Recherchen am Ort als auch aus redaktionellen Arbeiten. Die Gesichter oder Stimmen im Vordergrund des Rundfunk sind die Moderatoren, die vor der Sendung Agenturmeldungen lesen, Texte schreiben, die Programmgestaltung und den Ablauf ihrer Sendung festlegen, diese schließlich präsentieren und abschließend eine Feedbackrunde machen. Ebenso wie alle übrigen Journalisten verbringen sie oft mehrmals täglich ihre Zeit in Konferenzen und Teambesprechungen. In diesen werden z. B. Schlagzeilen, die Verteilung von Meldungen auf eine Sendung bzw. Ausgabe oder der thematische Schwerpunkt festgelegt, Aufgaben verteilt, Zeitpläne erstellt, zudem erfolgt eine Abstimmung mit den „Technikern". *(Reporterin, Redakteurin, Korrespondentin, Moderatorin)*

Der Wissenschaftsjournalismus ist eine eigene Form des Journalismus, die langsam auch für Geisteswissenschaftler immer attraktiver wird. Obwohl dies immer noch einen Domäne der Naturwissenschaftler ist werden zunehmend Geisteswissenschaftler gesucht oder schaffen sich ihre Nischen selbst. Für sämtliche Medienbereiche, vor allem aber für Fach- und populärwissenschaftliche Zeitschriften sowie in den Bereichen PR und Verlagswesen arbeiten Wissenschaftsjournalistinnen sowohl als Angestellte als auch als freie Mitarbeiter; Wissenschaftler können sich hier als Nebentätigkeit ein zweites Standbein aufbauen. Bestimmt erinnern Sie sich an die TV-Sendung „Löwenzahn" – das war Wissenschaftsjournalismus für Kinder. Nun schauen Sie vielleicht eher „Quarks & Co." (WDR-Fernsehen), „Abenteuer Wissen" (ZDF) oder hören „Aula", „Wissen" und „Impuls" auf SWR 2 oder „Forschung aktuell" im Deutschlandfunk. *(Wissenschaftsjournalismus)*

Wissenschaftsjournalisten verfassen, redigieren, lektorieren und designen journalistische Beiträge zu wissenschaftlichen Themen, Erkenntnissen und Diskursen. Sie stellen wissenschaftliche Inhalte so dar, dass sie ein (fachaffines) Publikum ohne besondere Vorkenntnisse sofort versteht, bewerkstelligen also einen Spagat zwischen dem meist komplexen Anspruch des Themas, der wissenschaftlichen Fachsprache und Verständlich- bzw. Unterhaltsamkeit. Bisweilen müssen sie die Visualisierungen – Bilder, Grafiken – selbst erstellen, hier sind also entsprechende EDV-Kenntnisse und die Fähigkeit zur schematischen Übersetzung vonnöten.

Da mehr Angebot als Nachfrage an Texten herrscht, müssen Sie als Wissenschaftsjournalistin Ihre Produkte und Spezialgebiete auch vermarkten und verkaufen können. Hier wie auch in der Aneignung von Themen liegt es an Ihnen die Initiative zu ergreifen und sich für ein Thema zu engagieren; die wissenschaftliche Neugierde sollte Sie leiten, auch zu Themen, die Ihnen persönlich vielleicht befremdlich oder irrelevant erscheinen. Denken Sie hier wie überall daran, dass bei aller Sachlichkeit Menschen hinter den Themen stehen, die mitunter viel Zeit, Mühe und persönliches Engagement in ihre Forschung stecken und sich stark damit identifizieren – Sie benötigen also Sensibilität und ein Maß, um zwischen Forscherenthusiasmus und journalistischer Kritik vermitteln zu können.

Zwar ist Ihr – idealerweise mittels Promotion und Publikationen – nachgewiesenes Spezialistentum gefragt, doch wird gleichfalls Erfahrung im journalistischen Bereich sowie hinreichende Fachkenntnisse für den Gegenstandsbereich des Mediums erwartet.

Was können Sie bereits während des Studiums tun?

Vielseitig studieren
Schreiben üben
Praktika
Arbeitsproben
sammeln

Gestalten Sie Ihr Studium möglichst vielseitig, um ein breites Wissens- und Methodenspektrum zu erreichen. Meist spielen die Noten Ihres Fachstudiums eine untergeordnete Rolle (auch wenn Journalistenschulen aufgrund der hohen Nachfrage durchaus NCs einführen), viel wichtiger sind Ihre Erfahrungen, die Sie nun bereits während und neben dem Studium sammeln können. In Texten, die Sie als Leistungsnachweise für Ihr Studium anfertigen, können Sie am eigenen Stil arbeiten. Auch wenn manche Dozenten Ihnen anbieten, journalistische Texte als Prüfungsarbeit anzufertigen (was Sie natürlich nutzen sollten), bietet eine schnöde wissenschaftliche Hausarbeit ein ebenso ideales Übungsfeld für korrektes, abwechslungsreiches, zielgruppenorientiertes Schreiben und die Entwicklung und Pflege eines eigenen Stils. Da Sie im B.A.-Studium ohnehin ein Praktikum absolvieren müssen, sollten Sie dies bei Printmedien, Rundfunk oder Online-Angeboten absolvieren, denn in der Regel qualifizieren Sie sich über ein Praktikum für das unausweichliche Volontariat. Auch freie Tätigkeiten – haben Sie neben den „prominenten Medien" in Ihrer Region durchaus auch die Pressestellen z. B. Ihrer Hochschule oder von öffentlichen Einrichtungen im Blick – erhöhen die Chancen auf die raren Volontariate. Suchen Sie also ab sofort nach Veröffentlichungsmöglichkeiten, und wenn Sie mit dem Brieftaubenverein hinter den sieben Bergen beginnen müssen, so ist doch ein Anfang gemacht. Da das Studium auch als Zeit zur Profilbildung verstanden und gestaltet werden sollte, lassen Sie sich von Ihren Interessen leiten und übernehmen Sie im Zweifel kostenlos und ehrenamtlich die Pressearbeit oder Texterstellung z. B. für einen Verein, in der Hochschulpolitik, Ereignisse in Ihrem Fachbereich oder an Ihrem Wohnort. Sie können auch an studentischen Projekten im Online-Bereich mitarbeiten und über die Pflege und Gestaltung von informativen Websites Ihre Mappe mit Arbeitsproben füllen.

Was können Sie im Anschluss an das B.A.-Studium tun?

Journalistenschule

Nach dem Fachstudium (B.A. oder M.A.) schließen Sie ein Journalistikstudium an einer Journalistenschule oder ein Volontariat bei der Presse, Rundfunkanstalt oder einem Verlag an. Im Journalistikstudium sind Sie zu vielen (bis zu sechs) Praktika verpflichtet. Die Aufnahmehürden liegen hoch, doch die Vermittlungsquote nach Abschluss (in ein Volontariat oder eine Stelle) liegt bei deutlich über 90 %. Inzwischen sind die Studienangebote im Bereich Journalismus fast unüberschaubar (s. u.).

Der Deutsche Journalistenverband (DJV) bietet eine Checkliste zur ersten Einschätzung von Studienangeboten an. Auch auf der Website www.journalismus.com erhalten Sie unter → Ausbildung eine Übersicht über die Studiengänge an Hochschulen und Journalistenschulen. Renommierte Institute sind die Deutsche Journalistenschule in München und die Kölner Journalistenschule; gleichfalls bilden große Verlagshäuser ihren eigenen Nachwuchs aus wie etwa Gruner+Jahr/Zeit-Verlag in der Henri-Nannen-Schule; gleichfalls der Springer-Verlag, die WAZ, der Burda-Verlag und RTL in je eigenen Schulen. Die Bewerberzahlen sind hoch; in der Regel wird eine Vorauswahl anhand von Lebensläufen und Arbeitsproben, Tests und persönlichen Gesprächen getroffen. Die Schulen bilden zumeist in Jahrgängen aus und schreiben ein Bewerbungsverfahren pro Jahr aus, für das Sie jeweils Bewerbungsunterlagen anfordern müssen.

Die Einführung der M.A.-Studiengänge hat zu einem sehr breiten, ausdifferenzierten Angebot geführt, daher sollten Sie sich sehr genau anschauen, wofür der jeweilige Studiengang qualifiziert. Dies gilt auch für spezielle Journalismusstudiengänge, wie etwa den „Master European Newdesign" an der Hochschule Augsburg oder den „Master Kulturjournalismus" an der Universität der Künste Berlin. **Masterstudiengänge**

Ein Volontariat ist nicht einfach zu ergattern, bietet aber die besten Einstiegschancen und kann, bei entsprechender Erfahrung und Netzwerkarbeit, unmittelbar nach dem Fachstudium aufgenommen werden. Bis zu zwei Jahre dauert die praktische Journalistenausbildung, in denen alle Abteilungen des Unternehmens durchlaufen werden. Neben theoretischen Ergänzungskursen stellt dies hauptsächlich Learning by Doing dar. Nur rund 2.500 Volontariatsstellen stehen in der Bundesrepublik zur Verfügung, die Zahl der Bewerber geht weit darüber hinaus: Rund 50 Bewerbungen kommen im Schnitt auf eine ausgeschriebene Stelle. Wartezeiten von bis zu zweieinhalb Jahren sind deshalb keine Seltenheit. Die Redaktionen können sich ihre Auszubildenden aussuchen und sie auch zuvor testen: Praktikum, Hospitanz oder freie Mitarbeit vor der Anstellung sind hierzu gängige Mittel.[59] **Volontariat**

Daher bleibt bei der – im Verhältnis zu den interessierten Nachwuchsjournalisten – relativ geringen Anzahl an Ausbildungs- und Studienplätzen häufig nur der direkte Einstieg in die Praxis über verschiedene Praktika oder Hospitanzen. Es scheint für einen Einstieg absurd, aber auch hier gilt: Je mehr journalistische Erfahrung Sie bereits mitbringen, desto leichter fallen weitere Schritte. Um Material in der Bewerbungsmappe vorweisen zu können, müssen Sie deshalb schon während des Studiums mit dem Schreiben beginnen.[60]

Weitere Möglichkeiten

Falls der Journalismus für Sie nur eine Option darstellt und Sie sich die Tür dahin offen halten wollen, bieten sich journalistische Weiterbildungen an. Aufbaustudiengänge und Akademien finden Sie als Service bei der Arbeitsagentur gelistet (www.kursnet.arbeitsagentur.de); in die Suchmaschine können Sie z. B. die Stichworte Journalist oder Redakteur eingeben. **Weiterbildungen**

Der Deutsche Journalistenverband hat auch hier Institutionen für die berufliche Weiterbildung ausgewählt, etwa
- den Bundesverband deutscher Zeitungsverleger,
- die Freie Journalistenschule,
- den Deutschen Fachjournalisten-Verband und
- den Deutschen Presserat.

Die FH Darmstadt bietet, ebenso wie die TU Dortmund, einen B.A.-Studiengang zum Wissenschaftsjournalismus an; beide sind allerdings noch stark durch einen natur- und technikwissenschaftlichen Bezug geprägt.

Neben der fachlichen und handwerklichen Vorbereitung und Weiterbildung sollten Sie sich zudem auf Zeiten der Selbstständigkeit vorbereiten und entsprechende Weiterbildungen für Freiberufler belegen. **Zeiten der Selbstständigkeit**

Mögliche Schwierigkeiten

Berufseinstieg
Termindichte
Falsches Berufsbild

Viele Schwierigkeiten folgen bereits aus den vergleichsweise geringen Chancen auf eine Vollzeitstelle. Weitere objektive Schwierigkeiten können aus den unsteten Arbeitszeiten resultieren, die bei Angestellten und freien Journalistinnen anfallen. Insbesondere letztere leben in einer insgesamt unsteten und unsicheren Lage, da das Überangebot im Printbereich die Honorare sinken lässt.[61] Weil gerade der Journalismus wesentlich von Aktualität lebt, herrscht bei den dort Beschäftigten eine hohe Termindichte und Zeitdruck. Insbesondere zu Beginn, wenn Sie noch Erfahrungen und Proben für Ihre Bewerbungsmappe sammeln, werden Sie sich mit unvergüteter Arbeit abfinden müssen. Auch Vertröstungen gilt es auszuhalten, da die Chance zur Übernahme bei etwa 1:600 liegt.[62] Neben diesen vom Markt beeinflussten Schwierigkeiten können auch persönliche Fehleinschätzungen problematisch werden. Medial beeinflusst, bisweilen von Journalisten selbst verbreitet, herrscht ein glamouröses Bild von diesem Berufszweig vor, das die vielen verdeckten Arbeitslosigkeiten ausklammert und in der Folge die Vorbereitung auf diese Situation vernachlässigt. Insbesondere die Notwendigkeit, sich als freier Journalistin immer wieder selbst zu motivieren, neben der eigentlichen Arbeit auch die Bedingungen für ebendiese stets neu zu schaffen und zu bewahren, sich weiterzubilden, Kontakte zu pflegen etc. kann auf Dauer ermüden.

Inkompatible oder
fehlende Kompe-
tenzen

Weiterhin könnte Ihnen Textfixierung zu schaffen machen – der Journalismus ist ein multimediales Berufsfeld, das von Ihnen auch im technischen Bereich Kompetenzen über Anwenderwissen hinaus fordert. Und hier liegt ein großer Stolperstein vieler Geisteswissenschaftler: Vielleicht auch mangels Feedback – ausgerechnet für die wichtigen Schlüsselqualifikationen gibt es im Studium oft weniger Rückmeldung als für inhaltliche Fragen – gehen viele Studierende davon aus, dass sie über Textkompetenz und IT-Kenntnisse verfügen, gar qua Talent eine „gute Schreibe" haben. Der deutsche Geniegedanke dauert eben an. Die Schwierigkeit liegt bereits darin, eine Person zu finden, die Ihnen kompetent und konstruktiv Rückmeldungen gibt. Gehen Sie erst einmal davon aus, dass sowohl Ihre Schreibe als auch Ihr technisches Wissen, die aus Alltag, Schule und einem geisteswissenschaftlichen Studium resultieren, für den Journalismus nicht professionell genug sind – hieran müssen Sie arbeiten.

Die schönen Seiten

Systemrelevanz
Meinung bilden

Journalismus ist ein Traumberuf, da er viele schöne Seiten aufweist: sowohl im konkreten Arbeiten, als auch in der Arbeitsstruktur, der dahinterstehenden systemrelevanten Funktion und den individuellen Gestaltungsmöglichkeiten. Die Produktion von „Nachrichten" und „Meinungen" und deren mediale Umsetzung und Verbreitung sind ein abwechslungsreiches, kreatives, produktorientiertes und kommunikatives Arbeiten, das Ihnen durch viele persönliche Kontakte sowohl in Ihrem Berufsfeld, aber auch darüber hinaus in allen „berichtenswerten Bereichen" noch einmal versüßt wird. Die rasche Publikation des Geschriebenen (insbesondere im Vergleich zur Wissenschaft) erfordert nicht nur Effizienz, sondern befördert auch die Zufriedenheit mit der eigenen Arbeit. Bei guter Recherche verfügen Sie über einen „Informationsvorsprung" vor der Mehrheit der Gesellschaft. Journalisten gestalten öffentliche Meinungen mit; Sie haben als solcher gute Gelegenheiten, Ihre eigenen Einschätzungen und Interessen in der Gesellschaft wirkungsvoll zu positionieren.

Wissenschaftsjournalisten tragen wissenschaftliche Ergebnisse aus den stillen Kämmerlein hinaus und ordnen sie zudem in ihren Kontext ein. Auf diese Weise bleiben Sie nicht nur eingebunden in die historischen Gegenstandsbereiche; Sie leisten einen Beitrag zur öffentlichen Wahrnehmung der Forschung zur Geschichte und können mittels Ihrer Vermittlung von Wissenschaft deren Wahrnehmung steuern.

Public Understanding of the Humanities

Tipps

Verstehen Sie Ihr Studium auch als eine Chance, sich in Schlüsselqualifikationen auszuprobieren; es ist keine Zeit der Bestätigung dessen, was sie ohnehin können, sondern eine Zeit des Werdens und der Entwicklung. Üben Sie daher, durch gelungene Formulierungen, Texte und Auftritte zu überzeugen, variieren Sie, erweitern Sie Ihr Spektrum. Besuchen Sie Schlüsselqualifikationsveranstaltungen zum Texten. Dies muss nicht notwendig „journalistisches Schreiben" sein – die Kurse sind meist ohnehin schnell belegt, und journalistische Textsorten sind sehr heterogen. Besuchen Sie auch Weiterbildungsangebote Ihrer Universität oder in Ihrer Stadt, die die technischen Seiten des Journalismus unterstützen: zu Office-Produkten und anderen Textver- und -bearbeitungsprogrammen, Bildbearbeitung, Tonarbeit, Schnitttechnik usw. Beginnen Sie frühzeitig, mit Medien zu arbeiten und Texte zu verfassen.

Schlüsselqualifikationen

Seien Sie kontaktfreudig! Sprechen Sie Journalisten an, nutzen Sie Vorträge in der Universität um mit „Praktikern" ins Gespräch zu kommen – dies ist auch eine der Funktionen derartiger Veranstaltungen! Warten Sie zu keinem Karrierestadium auf eine Stellenanzeige, die Ihr Schicksal sein soll; zeigen Sie Eigeninitiative! Haben Sie hierbei keine Angst, dass sich Türen schließen: Mit einem breit angelegten Studium und der Einarbeitung in unterschiedliche Textsorten und Medienarten können Sie zwischen den Medien wechseln; ein Praktikum bei einem lokalen Radiosender legt Sie nicht auf das Radio fest. Und auch wenn Sie von FAZ, ZEIT und Spiegel träumen: In kleinen Unternehmen, vielleicht sogar in der gelobten deutschen Provinz lernen Sie das Handwerkszeug genauso und können darüber hinaus die Vielfalt der Medienmöglichkeiten gut austesten. Sie sind nahe an Herstellung, Auftraggebern, Unternehmen, Fragen des Presserechts, aber auch an der Finanzierung und der Betriebsführung.[63]

Kontaktfreude

Fragen Sie so viel wie möglich, und achten Sie auf die Antworten. So erhalten Sie nicht nur wichtige Informationen, sondern können auch Interviewtechniken ausprobieren. Gleichfalls können Sie erste Textübungen anfertigen, indem Sie etwa Berichte über Fachtagungen, Rezensionen oder Forschungsberichte verfassen und über Mailinglisten, Ihre lokale Fachzeitschrift oder die Unizeitung veröffentlichen. Eine eigene Homepage erleichtert Ihnen die schnelle Publikation und trainiert Sie zudem in technischer Hinsicht.

Fragen Sie! Schreiben Sie!

Für den Wissenschaftsjournalismus, aber auch für Ihr Studium als „Bildung" sollten Sie sich frühzeitig angewöhnen, an Fachtagungen teilzunehmen, auch wenn Sie zu Beginn nur Bahnhof verstehen und sich über den Habitus wundern – man sieht ohnehin viel zu wenig Studierende dort. Dies nutzt sowohl Ihrem Netzwerk, als es auch Ihre wissenschaftliche Fachsprache belebt und Sie nach einigen Tagungen Relevantes von Populärem, Redundantem oder völligen Nichtigkeiten unterscheiden können.

Fachtagungen

Da der Wissenschaftsjournalismus für die Geisteswissenschaften in Deutschland nicht allzu stark ausgeprägt ist, können Sie auf zwei Wegen versuchen, dennoch dort unterzukommen: Entweder studieren Sie eine Naturwissenschaft als weiteres Fach oder Sie schauen sich im Ausland um. In Frankreich und Großbritannien etwa gibt es ein sehr viel breiteres Spekt-

Ausland

rum und eine größere Öffentlichkeit für den Wissenschaftsjournalismus – abonnieren Sie Newsletter, schauen Sie in Podcasts. Gerade letztere sind in den USA und in Australien auch im Wissenschaftsbereich weit verbreitet, ganze Vorlesungen können Sie abonnieren oder podcasten. Dies bietet neben dem inhaltlichen Reiz auch Anregungen für neue Wege der Wissenschaftskommunikation.

Teamwork Arbeiten Sie mit Kommilitoninnen und Kollegen zusammen, die zwar eigene Ziele verfolgen, Ihnen aber ein Netz für das nötige Feedback bieten und von denen Sie wissen, dass Sie effizient zusammenarbeiten und sich unterstützen können: Gerade als Absolvent können Sie nicht alle erforderlichen Kompetenzen abdecken, was Ihnen verziehen wird. Nicht verziehen wird allerdings, wenn Sie es bei dieser Feststellung belassen und sich weder Hilfe holen noch Lernbereitschaft zeigen. Später werden Sie immer wieder in Teams arbeiten müssen, etwa in Redaktionen, oder – als freie Journalistin – bei Großaufträgen, Serien, kompletten Zeitschriften oder bei Großveranstaltungen.

Wenn Sie bei den praktischen Seiten des Journalistendaseins angekommen sind: Die Kranken- und Sozialversicherung für freie Journalisten erfolgt in der Regel über die Künstlersozialkasse. Darüber hinaus gibt es auch von anderen Versicherungen Sonderprogramme für Journalisten und Publizisten, informieren Sie sich!

Schauen Sie auch in Rand- und Nachbarschaftsbereiche des Journalismus, etwa in die → Öffentlichkeitsarbeit, die eine Alternative darstellen kann. Keine Partei, Organisation, wichtige Einzelperson, kein Verband oder Unternehmen kann heutzutage auf Öffentlichkeitsarbeit verzichten.

Chancen

Als Historiker konkurrieren Sie nicht nur mit anderen Geisteswissenschaftlern, sondern auch mit Absolventen von Journalistik- und Publizistikstudiengängen oder aus Volontariaten; letztere machen ca. 70 % der im Journalismus Tätigen aus.[64] Das Hochschulstudium allein genügt also in keinem Fall. Im Übrigen hängen die Einstiegschancen stark von wirtschaftlichen und medienpolitischen Entwicklungen ab; überregionale Zeitungen sowie die Internetfachseiten der Journalisten sollten Sie daraufhin beobachten. Insgesamt ist auch im Journalismus ein Trend zur Freiberuflichkeit zu beobachten, der allerdings nicht immer der vollen Berufstätigkeit entspricht, sondern durchaus auch verdeckte Arbeitslosigkeit sein kann. Nach Angaben der Arbeitsagentur sind darunter überdurchschnittlich viele Frauen und Journalisten zwischen 30 und 59 Jahren. Zwar ist die Gesamtzahl der Beschäftigten deutlich gestiegen, doch die Steigerung der Arbeitslosenzahlen liegt deutlich darüber.[65]

Sparten besetzen Die Chancen stehen bei lokalen Medien (Tageszeitungen, Stadtmagazine, Hochschulzeitungen) oder bei Special-Interest-Magazinen aus dem eigenen Interessensbereich deutlich besser als bei ZEIT, Spiegel und FAZ. In den Wissenschaftsjournalismus ist der Quereinstieg häufiger möglich als in den klassischen Journalismus – wenn auch nicht die Regel – da die Fachqualifikation wesentlich ist. Doch auch hier führt der Weg über Volontariat und Journalistenschule. Aufgrund der noch geringen Medienzahl für den geisteswissenschaftlichen Wissenschaftsjournalismus sind die infrage kommenden Stellen rar gesät.

Der gesamte Bereich der Wissenschaftskommunikation, der nicht nur die Printmedien umfasst, ist derzeit im Aufbau begriffen. Warten Sie daher nicht nur auf Stellenanzeigen, sondern ergreifen Sie die Initiative und kontaktieren Sie frühzeitig die Öffentlichkeitsabteilungen wissenschaftlicher Einrichtungen – möglicherweise können Sie hier mit Geduld und guter Arbeit Ihre eigene Stelle schaffen. Wichtig angesichts der Fülle der Angebote, Berufe, Sparten ist, dass Sie sich frühzeitig konkrete Ziele setzen.

Gehalt

Das individuelle Gehalt einer Journalistin kann stark variieren und ist von diversen Faktoren abhängig: Arbeitet sie frei oder angestellt? Gibt es einen Tarifvertrag oder nicht? Hält sich der Arbeitgeber an den Tarifvertrag? Laut Tarif beginnen Volontäre im Printbereich mit einem Brutto-Monatsgehalt von ca. 1.500 Euro; Berufsanfänger erhalten ca. 2.900 Euro, nach einigen Jahren Berufserfahrung steigt es auf bis zu 4.200 Euro brutto an. Im Rundfunk sind die Gehälter etwas höher: Der Einstieg kann bei ca. 3.000 Euro brutto beginnen, die höchste Vergütungsgruppe sieht ca. 4.700 brutto Euro vor. Das Einkommen freier Journalistinnen setzt sich aus Pauschalen, Tages- oder Zeilensätzen zusammen. Der DJV empfiehlt, Tagessätze ab 200 Euro und Zeilenhonorare ab 50 Cent nicht zu unterschreiten; dieser Formulierung können Sie entnehmen, dass dies dennoch vorkommt.[66]

Wo bleibt die Geschichte im Beruf?

Als Historiker können Sie im Journalismus fachaffine oder nicht affine Tätigkeiten ausüben. Affin wären etwa Wissenschaftsjournalismus, Spartensendungen und -programme oder Pressearbeit für Historiker. Der Wissenschaftsjournalismus bedient ein wissenschaftliches Geschichtsbild; zudem können und müssen Sie hier ein Spezialist, kein Generalist der historischen Wissenschaften sein. Nicht affin wären hingegen sämtliche Tätigkeiten im Journalismus, von der Moderation über das Gestalten der vermischten Seite bis hin zur Anzeigenredaktion. Methodisch bereit Ihr Geschichtsstudium Sie auf einige Elemente des Journalismus vor: Sie müssen nachvollziehbar arbeiten und unterschiedliche Belegstrategien einsetzen, insbesondere Ihre Quellen nennen, schlüssig argumentieren, öffnend fragen. Gerade die Quellenarbeit unterscheidet Historiker von anderen Geisteswissenschaftlern.

Lektüre @

Christl, Reinhard/Rudorfer, Silke (Hg.): Wie werde ich Journalist/in? Wege in den Traumberuf, Münster u. a. 2007

Kaiser, Ulrike: Journalist/in werden? Ausbildungsgänge und Berufschancen im Journalismus, Konstanz 2005

Kopper, Gerd: Medienhandbuch Deutschland. Fernsehen, Radio, Presse, Multimedia, Film, Reinbek 2006

Öffentlichkeitsarbeit/Public Relations

PR oder Werbung?   Public Relations (PR) sind sowohl ein Berufsfeld als auch eine Tätigkeit, die im Rahmen anderer Berufe ausgeübt wird. Im Wesentlichen kann hier unter Public Relations Öffentlichkeitsarbeit verstanden werden, auch wenn die Arbeit häufig mehr als jene umfasst und Überschneidungen oder Ergänzungen aus den Bereichen Dokumentation, Marketing, Werbung und Journalismus aufweisen kann. Entsprechend weit können Sie nach potentiellen Arbeitgebern suchen: Es gibt PR-Agenturen, die PR als Dienstleistung anbieten, Abteilungen für PR oder Öffentlichkeitsarbeit in der Verwaltung, in Unternehmen, Regierungs- und Nichtregierungsorganisationen, selbstständige PR-Beraterinnen und -Dozentinnen sowie in all diesen Bereichen Stellen mit einem Anteil von PR-Arbeit – auch in Forschung und Lehre. Insofern muss dies kein grundsätzliches Zielgebiet von Ihnen sein; es kann Sie auch nur mit Kompetenzen für andere Berufe ausstatten oder eine Alternative z. B. zum Journalismus bieten.

Öffentlichkeitsarbeit bzw. PR ist nicht mit Werbung zu verwechseln; Öffentlichkeitsarbeit soll neutral informieren, nicht vermarkten. Da aber PR und Marketing bisweilen in einer Abteilung oder Hand liegen oder sich ähnlicher Medien und Kommunikationsstile bedienen (Broschüren, Flyer, Messeauftritte), sind die Grenzen in der Praxis mitunter fließend.

Bezeichnungen

Die Bezeichnungen Referentin für Presse- und Öffentlichkeitsarbeit (oder für Public Relations), PR-Berater, PR-Managerin, Kommunikationsberater werden alle verwendet, sind aber sämtlich nicht geschützt – das heißt, dass im Prinzip jeder diese Bezeichnung verwenden kann und die Ausbildung zur PR-Beraterin nicht im Rahmen des Berufsbildungsgesetzes geregelt ist. Im Gegensatz dazu muss die gleichfalls in diesem (bzw. benachbarten) Feld tätige Fachwirtin für Marketing und Werbung oder Kommunikations-Fachwirtin eine Weiterqualifizierung durch die Kammern oder Berufsakademien absolvieren, in der Regel aufbauend auf Berufserfahrung oder einer kaufmännischen Ausbildung.

Persönlichkeit – Wie sollten Sie sein?

Glaubwürdig   Public Relations und Kommunikationsberater sind sprechende Bezeichnungen: Sie müssen kommunikations- und kontaktfreudig sein, verbindlich, freundlich, verantwortungsbereit. Der Umgang mit Menschen und Institutionen unterschiedlicher Art und Stimmung erfordert Flexibilität, Kreativität, Service- und Kundenorientierung. Dies alles ist im Übrigen auch bei Öffentlichkeitsarbeit als Werbung gefragt. Im Unterschied zur Werbung sollen Sie jedoch nicht vermarkten, sondern durch Information und Transparenz die Glaubwürdigkeit und das positive Image Ihrer Institution oder Ihres Unternehmens fördern – da macht Ihre persönliche Integrität den Anfang. Sie brauchen zudem ein Gespür für Menschen und Märkte.

Kompetenzen – Was sollten Sie können?

Kommunikation   Im Bereich Public Relations zählen weniger Ihre fachlichen Fähigkeiten als die berühmten Schlüsselkompetenzen. Im Zentrum steht hier natürlich die Kommunikation: Sie brauchen eine hohe Gesprächskompetenz, die sich aller üblichen Medien bedienen kann – dem persönlichen Gespräch, Telefon, Brief, E-Mail. Darüber hinaus müssen Sie schnell und korrekt (formal ebenso wie inhaltlich) Themen finden und analysieren, Konzepte und Texte erstellen. Die Nähe zum Journalismus äußert sich neben der Erstellung von Texten auch in der Bewertung von Inhalten und Nachrichten: Sie müssen den Wert und die Wichtigkeit einer Meldung ebenso identifizieren können wie Informationen mediengerecht aufbereiten. Da die Öffentlichkeitsarbeit ebenso in Projekte eingebunden ist wie selbst in Projekten organisiert, müssen Sie strategisch denken und arbeiten. Auch betriebswirtschaftliche Kompetenzen können bedeutsam werden, vor allem in der Unternehmenskommunikation oder im Marketing. Für Marktforschung und die Erstellung von Konzepten empfiehlt sich eine profunde Kenntnis quantitativer Verfahren (die auch in der Geschichtswissenschaft eingesetzt und vermittelt werden, z. B. in der Sozial- und Wirtschaftsgeschichte).[67] Führungs- und Entscheidungskompetenz ist gefragt, da Sie z. B. Gesprächspartner nicht ständig in die Warteschleife schicken können, um sich von unterschiedlichen Stellen ein „O.K." zu holen – Sie müssen also Hierarchien klären und innerhalb dieser Teamplayer sein. Kommunikation erfolgt in dieser Branche meist nicht linear – von Sender zu Empfänger – sondern netzwerkartig und (so auch die Tätigkeitsbezeichnung) relational. Sie sollten daher Ihr Gedächtnis trainieren um sich Namen, Positionen, Ansprechpartnerin merken zu können. Fließendes Englisch in Wort und Schrift sowie das Beherrschen von gängiger Bürosoftware sollten selbstverständlich sein. Letztens brauchen Sie ein zielgruppenorientiertes Auftreten und gute Umgangsformen – als Vertreterin der Public Relations sind Sie bereits in Ihrem Äußeren der erste Eindruck Ihrer Dienst- oder Arbeitsstelle.

Welche Qualifikationen sollten Sie vorweisen können?

Voraussetzungen sind ein abgeschlossenes Hochschulstudium, für den Einstieg meist erste, für Führungspositionen langjährige Erfahrungen in der Öffentlichkeitsarbeit oder affinen Branchen, z. B. dem Journalismus oder der Werbung. Eine breite Allgemeinbildung wird Ihnen den Alltag erleichtern. Das Fachstudium allein reicht für eine erfolgreiche Öffentlichkeitsarbeit nicht aus.

Tätigkeitsprofile

Die Kernaufgaben der Öffentlichkeitsarbeit werden von der Deutschen Public Relations Gesellschaft e.V. (DPRG) in der Formel AKTION zusammengefasst und beschreiben recht konkret die ausgeübten Tätigkeiten. Allerdings ist zu beachten, dass es auch in der PR Generalistinnen gibt, die all diese Arbeitsschritte ausführen oder „Komplettangebote" erstellen, und Spezialistinnen, die oft für mehrere Abteilungen oder Auftraggeberinnen einzelne Aufgaben übernehmen, etwa den kreativen Part oder die Evaluation:

AKTION

- Analyse, Strategie, Konzeption: Situations- und Meinungsanalysen sowie Stärken/Schwächen-Profile werden erstellt, Ziele und Meilensteine definiert, Strategien und Konzeptionen zum Erreichen der gesetzten Ziele entwickelt,
- Kontakt, Beratung, Verhandlung: Mit allen Prozesspartnern (Vorgesetzte, Teammitglieder, Kunden) wird ein – möglichst konstruktiver – Dialog geführt, mit Dienstleis-

tern verhandelt, mit Multiplikatoren wie z. B. Politikerinnen und Journalistinnen gesprochen und diskutiert,

- Text und kreative Gestaltung: Informationen werden aufbereitet und gestaltet, z. B. in Form von Pressemitteilungen, Broschüren oder Internet-Seiten,
- Implementierung: Entscheidungen treffen, Maßnahmen planen, Kosten kalkulieren, Zeitpläne erstellen,
- Operative Umsetzung: Veranstaltungen und Projekte jeglicher Art werden durchgeführt, aktive Pressearbeit geleistet, Mailing-Listen und Internet-Angebote gepflegt etc.,
- Nacharbeit, Evaluation: Der Erfolg der Maßnahmen muss kontrolliert, Effektivität und Effizienz analysiert werden, so dass schließlich gegebenenfalls Korrekturen vorgenommen werden können.[68]

Pressearbeit
Mediengestaltung

Veranstaltungs-organisation

Interne Aufgaben

Die konkreten Tätigkeiten lassen sich jenseits dieser „Prozessordnung" noch etwas erweitern: Zur Pressearbeit gehören das Schreiben und Verbreiten von Pressemitteilungen. Sie beantworten Presseanfragen, organisieren Pressekonferenzen, führen eventuell Informationsreisen oder Betriebsführungen durch, geben oder vermitteln Interviews und leisten die Betreuung von Internetangeboten (zu denen z. B. Schnellmeldedienste, Mailinglisten und Geschäftsplattformen zählen). Für Ihr Unternehmen erstellen Sie die Pressespiegel. Unverzichtbar ist hierbei eine zuverlässige Kontaktpflege zu Journalisten. Im Rahmen der Mediengestaltung kann Ihnen die Erstellung von Geschäftsberichten, Broschüren, Katalogen, Flyern, Anzeigen und Direct-Mailings, Newslettern, Verbraucherzeitschriften oder Internet-Seiten sowie Produkten des Corporate Designs (Briefpapier, Logo etc.) obliegen. Die Veranstaltungsorganisation umfasst die Planung und Durchführung von Konferenzen, Seminaren, Festen, des „Tags der offenen Tür", Verbraucherveranstaltungen und sonstigen „Events". Bei der *internen* Kommunikation überwiegt die Arbeit mit Unternehmensangehörigen: Für sie können Mitarbeiterzeitschriften erstellt, Veranstaltungen geplant und durchgeführt, Schulungen angeboten werden. Auch das Intranet wird mitunter wegen der Aktualität von Informationen von der PR-Stelle gepflegt. Ihre Kompetenzen können Sie in Trainings weitergeben: PR-Mitarbeiterinnen schulen andere Betriebsangehörige im Umgang mit Medien (z. B. zum professionellen Telefongespräch oder höflichen E-Mail-Verkehr), bieten Argumentationstrainings oder andere Fortbildungen an. Die Verantwortung für Messestände, der Aufbau und die Pflege des (Unternehmens-)Archivs oder das Verfassen von Festschriften sind weitere mögliche Aufgaben (→ Archiv). Dies alles erklärt, warum PR auch „Unternehmenskommunikation" genannt wird: Sie macht das Unternehmen nach außen erkennbar und leistet nach innen Identitätsarbeit.

Werbung

An der Grenze zur Werbung – oder vielleicht auch schon jenseits dieser – liegen Bereiche wie das Erarbeiten von Marketingstrategien und Sponsoringkonzepten, die Organisation von Gewinnspielen und Wettbewerben und die Betreuung von Info-Mobilen. In Unternehmen, in denen Öffentlichkeitsarbeit und Werbung nicht miteinander einhergehen, arbeiten diese beiden Abteilungen eng zusammen.

Was können Sie bereits während des Studiums tun?

Kurse

Eignen Sie sich fachliche Breite, insbesondere in den historischen Gegenstandsbereichen an. Nicht selten werden Sie, trotz Ihres Studienschwerpunktes, außerhalb der Geschichtswissenschaft als „Vollhistorikerin" wahrgenommen. Hinzu kommt: Je mehr Sie Historikerin sind, desto größer ist Ihr Fundus, um auch in geschichtsfernen Abteilungen historische Themen oder Strategien kreativ einzubinden und damit die Chance, Ihr Studium auch inhaltlich zu bewahren. Stärken Sie zudem Ihre Schlüsselqualifikationen: Besuchen Sie Kurse oder Seminare zu PR, Marketing, Kommunikation, Werbung, Presse- oder Internetrecht des Studium Generale oder auch betriebswissenschaftliche Fachveranstaltungen (ja, die Punkte werden vielleicht nicht gezählt, aber das ist auf ein Menschenleben gerechnet auch kein Verlust). Gleichfalls können Sie sich bei den Kammern, dem Arbeitsamt oder lokalen Weiterbildungsdienstleistern nach speziellen Kursen erkundigen. Der Besuch dieser Veranstaltungen kann auch zunächst nur zur Orientierung dienen, daher achten Sie auf eine Kosten-Nutzen-Analyse – fachliche Weiterbildung kann sehr teuer sein!

Betreiben Sie Networking. Vielen Historikern ist nicht bekannt, dass es in den Wirtschaftswissenschaften studentisch organisierte Gruppen wie Campus Consult oder AIESEC gibt. Fragen Sie dort um Teilnahme an oder nutzen Sie deren Vorbild zur Gründung eigener Gruppen. Auch das Ehrenamt, Vereinszugehörigkeit, vielleicht das Engagement in einer Partei sind Möglichkeiten, sich zu informieren, über Kontakte einen Praktikumsplatz oder eine Projektarbeit zu erhalten oder auch selbstständig eigene Erfahrungen zu sammeln. **Networking**

Gleichfalls können Sie sich jenseits der persönlichen Kontakte auf Praktika bewerben; Ausschreibungen für den PR-Bereich finden Sie bei der DPRG (www.dprg.de). Doch auch direkte, gezielte Anfragen bei Unternehmen oder Kultureinrichtungen in der Region können erfolgreich sein. Wenn Sie über theoretische Kenntnisse und Qualifikationen verfügen und Mut haben, können Sie kleineren Unternehmen oder Kultureinrichtungen auch vorschlagen, dass mit Ihrer Praktikumsstelle die Öffentlichkeitsarbeit überhaupt gebündelt und professionalisiert wird. Wenn Sie überzeugt sind, dass in der Öffentlichkeitsarbeit Ihre Zukunft liegt, können Sie auch in einen entsprechenden Studiengang wechseln; zu einem entsprechenden B.A.-Abschluss führen z. B. die Fachhochschulen Hannover und Gelsenkirchen sowie die FU Berlin. **Erfahrung sammeln**
Alternative
Studienfächer

PR und Öffentlichkeitsarbeit sind zudem Bestandteil vieler verwandter Studiengänge wie Kommunikations- oder Medienwissenschaft; auch Journalistik-Studiengänge bieten einen Schwerpunkt oder Studienelemente zur PR an, zudem entstehen derzeit ebenso neue Angebote, wie andere wieder eingestellt werden – halten Sie die Augen offen. Die Internetauftritte der deutschen Universitäten und Fachhochschulen (und auch die der Nachbarländer) bieten aktuelle Informationen und listen zudem gleich die Zugangsvoraussetzungen auf.

Was können Sie im Anschluss an das B.A.-Studium tun?

Mit einem B.A. in Geschichte ist der unmittelbare Wechsel in einen PR-affinen Studiengang nicht immer möglich – oft wird ein Studium im Bereich der Kommunikations- oder Medienwissenschaften vorausgesetzt oder mehrjährige einschlägige Berufspraxis verlangt. Zudem sollten Sie überlegen, was Sie mit einem universitären Master beabsichtigen, da er in der Regel in Theorie und Forschung und nicht in die Berufspraxis einführt. Leichter kann der Quereinstieg in Angebote privater Bildungseinrichtungen fallen, etwa für den Master PR und Unternehmenskommunikation an der BITS Iserlohn, wo Quereinsteiger einen zweiwöchigen Vorkurs belegen. Weitere Angebote sind z. B. das Masterstudium PR und Integrierte Kommunikation oder ein Studium PR- und Kommunikationsmanagement an der Hochschule Fresenius Köln. Diese Angebote sind kostenpflichtig, es gibt aber Stipendien. **Masterstudiengänge**

Wichtig ist jedoch in allen Fällen Praxiserfahrung – sowohl in der Bewerbung um einen Masterstudienplatz, um eine Weiterbildung als auch für den Berufseinstieg. Bereits während **Nochmal:**
Erfahrung sammeln des B.A.-Studiums konnten Sie diese vorbereiten oder beginnen und sollten Sie nun intensivieren. Dies ist unabhängig von einer Stelle möglich, indem Sie „frei" Text- und Arbeitsproben anfertigen (z. B. Pressemitteilungen über studentische Projektarbeit, Vereinstätigkeit, eine durchgeführte Veranstaltung mit Konzept, Ablaufplan und Evaluation dokumentieren, die Pressearbeit für die Fachschaft oder einen Verein übernehmen usw.). Falls Sie als Hilfskraft angestellt sind, bieten Sie an, die Öffentlichkeitsarbeit für die Abteilung oder den Lehrstuhl zu übernehmen. Die Universitätsverwaltung unterhält eine eigene Stelle für die Presse- und Öffentlichkeitsarbeit sowie das Corporate Design – hier können Sie gleichfalls Ihre Mitarbeit für die Herausgabe des Unimagazins, die Pressearbeit oder für die Veranstaltungsorganisation anbieten. Letztens ist auch PR- und Öffentlichkeitsarbeit in eigener Sache eine Variante: Das so genannte Web 2.0 bietet unzählige Möglichkeiten (eigene Homepage, Blogs, Internet-Tagebücher, -ausstellungen-, -publikationen usw.), sich selbst zum Gegenstand Ihrer Arbeit machen. Freilich erfordert dies technisches Können und eine gute Kontrolle über die veröffentlichten Daten, doch können Sie es auch für andere Bereiche als Arbeitsprobe anführen. Eigeninitiative und Ideenreichtum sind gefragt!

Weitere Möglichkeiten

Aus- und Weiterbildung

Die DPRG hat Aus- und Weiterbildungsangebote zum PR-Berater oder PR-Referent (PZOK) zertifiziert. Die meisten Angebote sind berufsbegleitend und haben einen hohen Praxisanteil. Sie können die je aktuelle Liste auf der Seite der DPRG einsehen (www.dprg.de → Ausbildung → Adressliste). Einen ersten Anhaltspunkt, auch über mögliche Kosten der Aus- und Weiterbildung, können Sie bei dem Heidelberger Unternehmen *Öffentlichkeitsarbeit* erhalten.

Fachwirtin

Wenn Sie bereits über erste Berufserfahrung verfügen oder eine kaufmännische Ausbildung absolviert haben, können Sie eine berufliche Weiterqualifizierung, z. B. zur Kommunikationsfachwirtin oder zur Fachwirtin für Marketing und Werbung anschließen.[69]

Mögliche Schwierigkeiten

Fachkompetenz

Vergessen Sie trotz aller wirtschaftswissenschaftlichen oder -praktischen Erweiterung nicht, dass Sie Fachwissenschaftlerin, Historikerin sind. Wie überall gilt, dass nicht die halbherzige oder mittelmäßige Historikerin gesucht wird, die zudem mittelmäßige Betriebswirtin ist, sondern dass Ihre Fachkompetenz einen wesentlichen Teil Ihrer beruflichen Identität ausmacht, die um wirtschaftliche Kenntnisse erweitert wird. Auch wenn Sie sowohl inhaltlich als auch methodisch nicht mehr viel mit Ihren Studieninhalten arbeiten werden: Sie sind Ihre Visitenkarte und machen Ihre Seriosität aus. Zwar werden vornehmlich Ihre Schlüsselqualifikationen zum Einsatz kommen, aber ohne fachliche Basis sind sie wie ein Dach ohne Haus. Eine Studie aus dem Jahr 2009 ergab, dass Experten trotz aller Schlüsselqualifikationen die Fachkompetenz als höchste der „Skills" von Geisteswissenschaftlerinnen einstuften, unabhängig vom konkreten Einsatzgebiet.[70]

Vom Studium zur Praxis

Eine weitere Schwierigkeit kann darin bestehen, in wissenschaftlicher Herangehensweise „kleben" zu bleiben und die Umsetzung in die Praxis nicht zu leisten. Ein Studium der Geschichte ist eben ein wissenschaftliches Studium, keine Ausbildung zum Journalisten oder PR-Referenten. Nutzen Sie daher die Angebote Ihrer Universität zur Vermittlung zwischen Akademie und Praxis, auch wenn sie von anderen Fakultäten oder der Zentralen Studienberatung, der Hochschulstelle der Arbeitsagentur oder von an die Universität angeschlossenen Vereinen angeboten werden. Übernehmen Sie ehrenamtlich PR-Aufgaben, auch wenn es zunächst weder Geld noch Leistungspunkte verspricht – eines Tages können Sie damit eine Mappe zusammenstellen. Überschätzen Sie zudem nicht Ihre Kompetenz im Verfassen von Pressetexten. Es klingt so leicht, eine „flotte Schreibe" zu haben, doch Textgenres unterliegen Regeln, Schreiben ist eine Technik, die es zu erlernen und zu üben gilt, und letztens erfordern die verschiedenen Medien, die mit Texten arbeiten, Anwenderkenntnisse. Hier müssen Sie unbedingt lern- und kritikbereit sein.

Die schönen Seiten

Öffentlichkeitsarbeit ist höchst kommunikativ, abwechslungsreich, sozial, aktuell. Sie sitzen an einer Schaltstelle von Informationen, auf der Sie einen schnellen Zugriff haben, und Sie können das Außenbild Ihres Unternehmens kontrollieren. Dieser Wissensvorsprung kann Sie sowohl persönlich als auch hierarchisch zufrieden stellen. Die Öffentlichkeitsarbeit ist technisch und inhaltlich ein sehr dynamischer Bereich. Entsprechend haben Sie hier die Möglichkeit und die Pflicht, sich selbst fortzubilden, weiterzuentwickeln und Ihren Horizont zu erweitern.

Tipps

Als Historikerin ist bei der Stellensuche dringend Eigeninitiative erforderlich; es gibt so gut wie keine Ausschreibung „Historikerin für PR gesucht"! Daher sollten Sie frühzeitig Stellenanzeigen „fremder Disziplinen" daraufhin lesen, ob sich hinter den beschriebenen Voraussetzungen und Aufgaben eine Tätigkeit verbirgt, die Sie ausführen können. Gleichfalls ist bereits während des Studiums zu empfehlen, Veranstaltungen aus den Wirtschaftswissenschaften, vornehmlich im Bereich Marketing, zu besuchen, evtl. sich bei Organisationen wie „Campus Consult" zu informieren oder einzubringen sowie „Headhunter"-Veranstaltungen anderer Disziplinen zu besuchen, damit Sie Erfahrungen und wichtige Informationen sammeln.

Chancen

Insgesamt steigt der Bedarf, da Unternehmen, Städte/Kommunen und auch Universitäten sich zunehmend als „Marke" definieren. Gleichzeitig differenziert sich das Berufsfeld weiter aus, so dass sowohl Generalisten gesucht werden, die z. B. in einem kleineren Unternehmen für den gesamten Bereich PR – und auch die Werbung – verantwortlich sind, als auch Spezialisten in Agenturen oder im freien Bereich, die sich z. B. auf den Text, eine bestimmte PR-Strategie oder ein bestimmtes Produkt konzentrieren. Die Chancen für Historikerinnen stehen dann nicht schlecht, wenn sie eine interessante Fächerkombination aufweisen.[71]

Wo bleibt die Geschichte im Beruf?

Wenn Sie nicht gerade Öffentlichkeitsarbeit für Einrichtungen mit historischem Bezug (Museen, Universitäten) leisten oder historische Konzept-PR anbieten (siehe → History Marketing) taucht die Geschichte im Beruf eher zufällig, sporadisch und vorwissenschaftlich auf.

Lektüre @

Die Lektüre zum Bereich PR/Öffentlichkeitsarbeit/Marketing ist sehr umfangreich. Daher sei hier wirklich nur Lesestoff zum Einstieg empfohlen:

Deg, Robert: Basiswissen Public Relations: Professionelle Presse- und Öffentlichkeitsarbeit, Wiesbaden 2007

Kunczik, Michael: Public Relations. Konzepte und Theorien, Köln/Weimar/Wien [4]2002

Mast, Claudia: Unternehmenskommunikation. Ein Leitfaden, Stuttgart [2]2008

Politik

unter Mitarbeit von Simon Weißenfels

Ihnen Politik als Berufsfeld zu beschreiben geht mit definitorischen Schwierigkeiten einher. **Öffentlichkeit**
Es gibt eine Fülle an Begriffsbestimmungen, die Politik als Phänomen, wie „Staatskunst"
oder „Öffentlichkeit", beschreiben. Vornehmlich meint Politik aber immer ein Handeln: das
des Staates und das von Menschen in staatlichen Angelegenheiten, die aktive Teilhabe von **Handeln**
Menschen an der Gestaltung der Gesellschaft und die strategische Durchsetzung von Forde-
rungen und Zielen – also Macht –, wozu auch die Ausübung der Regierungsgewalt zählt.[72]
Insofern können (und sollten) Sie in Ihrer Haltung zur Welt politisch sein, Ihre gesellschaftliche Rolle als Teil Ihrer Politik verantwortungsvoll ausüben und natürlich strategisch auf
eine Position hinarbeiten, auf der Sie Ihre Ziele verwirklichen können – und dies mag im
professionellen gesellschaftlichen Handeln und als Teil der Regierung eine berufliche Perspektive für Sie darstellen.

Gesellschaft verantwortlich und nachhaltig gestalten können Sie bereits in der Kommu-
nalpolitik, sprich Politik in Stadt, Kreis und Region, die allerdings fast ausschließlich ehrenamtlich ausgeübt wird und für die Sie nur eine geringe Aufwandsentschädigung erhalten.
Landes-, Bundes- und Europapolitiker sind dagegen hauptberuflich tätig. In der Landespoli-
tik gibt es in der Regel das Modell eines Teilzeitparlaments, was bedeutet, dass die Abgeordneten neben ihrem Mandat meist noch einer anderen beruflichen Tätigkeit nachgehen.

Neben den Mandaten, die von Wahlentscheidungen abhängig sind, bietet die Politik als **Berufsfeld**
Berufsfeld Arbeitsplätze in der Verwaltung, in Fachreferaten, in der administrativen oder re-
präsentativen Vertretung des Staates und in Projektarbeiten. Mögliche Arbeitgeber sind
Bund und Länder, z. B. Ministerien, Parlamente oder auch einzelne Abgeordnete, Internati-
onale Regierungs- und Nichtregierungsorganisationen (IGOs, etwa UN und EU mit ihren
Unterorganisationen, Internationale Finanzorganisationen, OECD, Europarat, NATO,
WEU, ESA und NGOs, etwa Amnesty International oder Greenpeace). Weiterhin bieten
Verbände (Sport-, Wohlfahrts- und Branchenverbände sowie Gewerkschaften und natürlich
politische Verbände), Parteien und Stiftungen Arbeitsplätze an. Auch der Bereich Politikberatung, ein angloamerikanischer Import, wird immer stärker professionalisiert.

Bezeichnungen

Wie Sie sehen sind Berufe in der Politik nicht auf ein Dasein als „Politiker" im Sinne des
Mandatsträgers oder Abgeordneten begrenzt. Jenen und auch den Parteien, Verbänden etc.
stehen (Fach)Referentinnen zur Seite. In der Verwaltung sind unter den Funktionsbezeichnungen Staatssekretär, Ministerialrat, Regierungsdirektor usw. administrativ Verantwortliche
tätig. Im Ausland werden wir durch Botschafter, Gesandte, Konsuln und Attachés (dies bezeichnet auch Anwärter auf den auswärtigen Dienst) vertreten.[73]

Persönlichkeit – Wie sollten Sie sein?

Eine Persönlichkeit

Zunächst einmal ist es im Detail nicht entscheidend, welche Persönlichkeitsfacetten Sie ausgeprägt haben (es sei denn, es treten Extreme auf), solange Sie überhaupt eine besitzen. Diese erlaubt es Ihnen, glaubwürdig für eigene Überzeugungen einzutreten, aber in Diskussion auch auf andere Standpunkte eingehen oder an Sie herangetragene Wünsche nachvollziehen zu können. Jenseits der Mandatsträgerschaft ist gleichfalls eine starke, unverwechselbare Persönlichkeit unabdingbar, ebenso wie grundsätzliches politisches Interesse auch für vermeintlich blasse Themen. Bei Tätigkeiten in Parteien, Stiftungen, Gewerkschaften, NGOs und kirchlichen Verbänden sollten Sie sich persönlich mit den Werten und Tendenzen der Organisationen identifizieren können. Kommunikationsstärke – hier sowohl überzeugend als auch zusammenführend und diplomatisch – und Organisationstalent sind unverzichtbare Wesenselemente, ebenso wie Durchsetzungsvermögen, Erfahrung und ein steter Drang nach Wissen, ohne die Mitarbeiter im politischen Alltag untergehen und keine Rolle in Entscheidungsprozessen spielen werden. Gute, transparente und beliebte Politiker (im Sinne von Mandatsträgern) zeichnen sich dadurch aus, dass sie in allen Institutionen und auf allen Ebenen eigene Ansichten und Anliegen zum Gemeinwohl vertreten, authentisch wirken, Gegenwind aus den eigenen Reihen aushalten und sich auch durch die öffentliche Meinung nicht in ihrem Weg und ihrer Überzeugung beirren lassen. Das wichtigste Rüstzeug für die Mandatsträgerin ist der persönliche und bodenständige Kontakt zu den Wählern. Hier haben Sie auch eine soziale, demokratische Aufgabe, nämlich der Politikverdrossenheit und dem schlechten Ansehen von Politikern entgegenzuwirken.

Internationale Arbeit

Einige Besonderheiten treffen auf weitere Berufsgruppen zu: Angehende Diplomaten müssen uneingeschränkte Versetzungsbereitschaft mitbringen, ebenso wie den Willen, an jedem Platz der Welt und zu jeder Aufgabe ihrer Laufbahn zu arbeiten. Wie Mitarbeiter in internationalen Regierungs- und Nichtregierungsorganisationen auch müssen sie offen für fremde Lebensweisen, Welterklärungen und kulturelle Praktiken sein. Politikberater, Referenten oder Stiftungsmitarbeiter sollten gleichfalls eine weite thematische Flexibilität aufweisen und bereit sein, bisweilen lediglich im Hintergrund zu agieren.

Kompetenzen – Was sollten Sie können?

Wissen über Politik
Expertise
Sprachkenntnisse

Gleichgültig, in welchem Bereich und in welcher Rolle Sie einen „politischen" Beruf ergreifen möchten: Ein breites, fundiertes Wissen über die Institutionen und Strukturen der eigenen und unmittelbar benachbarten Organisation(en), über politische Prozesse sowie die ideengeschichtlichen Grundlagen politischer Systeme sind unabkömmlich – und gerade für letztere sind Sie ja qua Studium Experte! Eine umfassende Allgemeinbildung und rhetorische Fähigkeiten erwarten Sie vermutlich selbst von Entscheidungsträgern. Zu diesen allgemeinen Kompetenzen kommt das Wissen um konkrete Inhalte von Politikfeldern (z. B. Inneres, Umwelt, Regierungslehre ...) und die Fähigkeit, politische Prozesse einschätzen zu können. Hier sind gleichfalls tätigkeitsspezifische Unterschiede festzustellen: Während Diplomaten eher thematische Generalisten sind, werden Referenten oder Politikberater aufgrund ihrer Expertise beschäftigt. Letztere müssen, ebenso wie wissenschaftliche Mitarbeiterinnen etwa in Stiftungen, eine gründliche Recherche- und sprachliche Ausdrucksfähigkeit mitbringen. Möglicherweise stellen Sie fest, dass das Studienangebot Ihrer Universität Ihre beruflichen Interessengebiete nicht ausreichend bedient und Ihnen damit die Kompetenzausbildung nicht ermöglicht – Sie sollten dann einen Universitäts- oder Fachwechsel in Erwägung ziehen.[74] Für die Tätigkeit im diplomatischen Dienst und bei IGOs sind überdurchschnittliche Fremdsprachenkenntnisse erforderlich: Mindestens zwei moderne Sprachen müssen fließend beherrscht werden (in der Regel Englisch und Französisch, wobei Französisch oft auch durch Spanisch, Russisch, Chinesisch oder Arabisch ersetzt werden kann) und Sie brauchen die Fähigkeit zur interkulturellen Kommunikation. Politikberater und Referenten hingegen müssen wissen, welche Themen und Personalentscheidungen momentan hinter verschlossenen Türen der Parteizentralen verhandelt werden, brauchen Expertenwissen für ihr Ressort und natürlich exakte Kenntnisse über das politische System Deutschlands.

Welche Qualifikationen sollten Sie vorweisen können?

Welche konkrete Tätigkeit in der Politik Sie auch anstreben: Es empfiehlt sich natürlich ein abgeschlossenes Studium – das Fach ist oft zweitrangig. Für Abgeordnete und Mandatsträger bedeutet der Hochschulabschluss die Möglichkeit, auch jenseits der Politik eine Beschäftigung finden zu können. Er erlaubt deshalb persönliche Unabhängigkeit von der Partei und von Wahlentscheidungen und somit ein authentisches Verhalten. Für eine Tätigkeit im repräsentativen Bereich, etwa bei Verbänden, ist eine Promotion sehr hilfreich – nicht zwangsläufig allein aufgrund des Nachweises von Fachkompetenz, sondern auch aufgrund des Status. Die Mehrzahl der Beschäftigten im Berufsfeld Politik lebt allerdings von der Spezialisierung auf ein Fachgebiet; auch wenn bei einer Entscheidung für die politische Arbeit grundsätzlich gleichgültig ist, welches Fach Sie studieren, so ist für eine inhaltliche Profilierung und Erfolg wichtig, dass Sie gut auf Ihrem Gebiet sind (und dies auch mittels Zeugnissen, Publikationen und Referenzen nachweisen können).

> **Abgeschlossenes Studium**

Nun scheiden sich allerdings die Qualifikationswege der unterschiedlichen Berufe: „Politiker" im Sinne von Mandatsträger ist kein Ausbildungsberuf. Entsprechend gibt es keine abprüfbaren oder zertifizierbaren Qualifikationen. Politiker wird man durch jahrelange Tätigkeit, Kontakte im politischen Bereich und Erfahrung in politischen Entscheidungsprozessen. Ein gut funktionierendes Netzwerk sowohl im politischen als auch im vorpolitischen Raum ist eine wesentliche Voraussetzung, die jedoch das Grundprinzip des demokratischen Staats nicht überdecken soll: Sie benötigen das passive Wahlrecht.

> **Erfahrung**

Präziser sind die Anforderungen und wird der Karriereweg, wenn Politik unabhängig von Wahlentscheidungen ausgeübt wird. Für den diplomatischen Dienst müssen Sie Deutsche im Sinne des Grundgesetzes sein, einen überdurchschnittlichen Hochschulabschluss (mindestens Master, Magister oder Erstes Staatsexamen etc.) vorweisen können und Englisch sowie mindestens eine weitere Amtssprache der Vereinten Nationen (Französisch, Arabisch, Chinesisch, Russisch oder Spanisch) deutlich über Schulkenntnisse hinaus beherrschen. Derzeit gilt noch eine Altersgrenze für den Berufseinstieg von 32 Jahren. Sie und gegebenenfalls auch Ihre Familienangehörigen müssen die gesundheitliche Eignung und je nach Einsatzort auch Tropentauglichkeit nachweisen. Ein Auslandssemester ist nicht zwingend vorgeschrieben, kann aber im Bewerbungsverfahren einen strategischen Vorteil bedeuten.

> **Deutscher i. S. d. GG**

Für die EU und IGOs durchlaufen Sie in der Regel ein Auswahlverfahren, den sogenannten „Concours". Wenn Sie sich bei einer IGO bewerben möchten, müssen Sie gleichfalls einen überdurchschnittlichen Hochschulabschluss sowie sehr gute Kenntnisse in mindestens zwei Fremdsprachen nachweisen. Hinzu kommt der Beleg über Auslandserfahrung. Die EU unterscheidet in ihren Auswahlverfahren zwischen der Bewerbung auf eine Beamten- oder

> **Concours**

eine Assistentenstelle. Kandidatinnen für den Beamtenstatus müssen Staatsangehörige eines EU-Mitgliedsstaates sein, ein mindestens dreijähriges abgeschlossenes Hochschulstudium (also genügt unter Umständen der B.A.) und je nach Position und Tätigkeit gegebenenfalls eine bestimmte Anzahl von Berufsjahren sowie Sprachkenntnisse (in der Regel drei Amtssprachen einschließlich der Muttersprache) nachweisen. Für Assistenten genügen Nachweise des Abiturs und eines weiteren Bildungsabschlusses, Berufserfahrung und Kenntnisse in zwei EU-Amtssprachen bei der Bewerbung, wobei nach erfolgter Einstellung eine dritte Amtssprache erlernt werden muss.

Tätigkeitsprofile

Abgeordnete Abgeordnete in Bundes- oder Länderparlamenten arbeiten im Parlament, in Gremien, in ihrem Wahlkreis, überregional und oft zusätzlich ehrenamtlich. Dass manche darüber hinaus in ihrer Freizeit Nebentätigkeiten in Unternehmen ausüben, gehört nicht zum eigentlichen Tätigkeits- und Qualifikationsprofil, hat aber selbstredend gewisse Einflüsse. Der Arbeitsrhythmus einer Abgeordneten ist bestimmt von sitzungs- und sitzungsfreien Wochen. In Sitzungswochen tagt das Parlament; im Plenum werden Debatten und Abstimmungen über Gesetzesentwürfe gehalten, „aktuelle Stunden" angesetzt und Regierungserklärungen abgegeben, auf die anschließend Befragungen folgen. Fachlich tätig, z. B. für den Bereich Bildung, werden Abgeordnete in Fachausschüssen und Arbeitsgruppen, wo sie Gesetzesentwürfe erarbeiten, die dem Plenum zur Abstimmung vorgelegt werden. Auch die Vorbereitung von Anträgen und anderen Initiativen sowie die Teilnahme an Fachkonferenzen und Austausch mit Spezialisten gehören zur fachlichen Arbeit. Da Abgeordnete in der Regel einer Fraktion angehören, nehmen sie auch an deren Sitzungen teil. Hier stellen sie eigene Initiativen, Anträge und Gesetzesentwürfe vor und versuchen, sie durchzusetzen, diskutieren Vorhaben der Regierung oder andere aktuelle Themen, bemühen sich um ein einheitliches Abstimmungsverhalten zu Gesetzen und Anträgen und bereiten so die Plenumssitzungen vor. Folglich müssen Abgeordnete viel abstimmen und sind daher auf einen guten Informationsfluss angewiesen: Eigene Fachkenntnisse, ein schnell und sicher recherchierender und Informationen aufbereitender Mitarbeiterstab und die Lektüre ihrer Papiere sowie von Zeitungen und Fachtexten bilden die Grundlage und Begleitung der Sitzungstätigkeit. Abends bietet sich oft Zeit für Veranstaltungen und Gesprächsrunden, in denen informell und über Parteigrenzen hinweg Austausch und Abstimmung erfolgen können.

In sitzungsfreien Wochen arbeiten Abgeordnete in ihrem Wahlkreis. Auch hier bestimmen Sitzungen und Termine den Alltag: Diskussionsrunden und Vorträge, Gespräche mit Bürgern, Bürgermeistern, Vereinsvertretern und Kommunalpolitikern, Darstellung und Umsetzung der politischen und programmatischen Vorstellungen der Partei, repräsentative Aufgaben wie Besuche und Ortstermine und schließlich auch Wahlkampf. Die ehrenamtliche (Vorstands)Arbeit im Ortsverband der eigenen Partei und in Vereinen einschließlich der Vorbereitung und Durchführung der Versammlungen, Mitgliederbetreuung, Veranstaltungsorganisation und schließlich wiederum des Wahlkampfes auch für Entscheidungen, die den Abgeordneten selbst nicht betreffen, werden vom Ortsverband vorausgesetzt. Schließlich ist der Abgeordnete einerseits „Flaggschiff" des Ortsverbandes, andererseits aber auch dem Wahlkreis und kommunalen Verband verpflichtet. Mit dieser Tätigkeit gehen erneut Termine für Gespräche mit Vereinen, Verbänden, Initiativen, Bürgerinnen und Bürgern zu kommunalen Themen einher.

Unabhängig von einer sitzungs- oder sitzungsfreien Woche müssen Abgeordnete natürlich ihre Verwaltung koordinieren, Bürgeranfragen beantworten, für Interviews, Pressegespräche und Fernsehtermine zur Verfügung stehen. Letztens schreiben sie Konzept- und Positionspapiere sowie Reden, um ihre Ideen und Vorlagen in Diskussionen und Abstimmungsrunden zu platzieren.

Die Aufgaben eines Referenten sind wesentlich konzentrierter. Er ist zuständig für bestimmte Sachfragen und bereitet einzelne Themen für den politischen Entscheidungsprozess auf. Für Abgeordnete, Parteien oder in Abteilungen von IGOs und NGOs erstellt er Konzepte und Vorlagen, die er zu festen Terminen oder, wenn es ein brisantes, aktuelles Thema betrifft, auch in Form eines „Informationstickers" bereitstellt. Er schreibt Reden für einzelne Mandatträger oder übernimmt z. B. die Lieferung bzw. Überprüfung der Fakten oder die textliche Ausarbeitung der vom späteren Redner vorgegebenen inhaltlichen Leitlinien. Auch die Pressearbeit, Wahlkampforganisation und -ausstattung, die Organisation von Veranstaltungen, Lobbyismus und fachliche Projektarbeit gehören zu seinen Aufgaben. Seine kommunikativen Fähigkeiten setzt er in der Betreuung von Ehrenamtlichen und der Beziehungspflege der Mitarbeiter ein. Hinzukommen können allgemeine Managementaufgaben oder auch das Fundraising. **Referenten**

Diplomatinnen vertreten ihren Staat im Ausland oder in internationalen Organisationen. Die Bundesrepublik unterhält Botschaften in fast allen Ländern. Hier gibt es unterschiedliche Funktionsbezeichnungen: Attachés sind Anwärter oder deutsche Beamte bei ausländischen Dienststellen, Botschafter sind die persönlichen Repräsentanten des Staatsoberhaupts und leiten die ausländische Vertretung, ähnlich wie Konsuln, die dies allerdings eher im administrativen (nicht: repräsentativen) Bereich erfüllen. Zu den Aufgaben gehören die Pflege und Förderung der auswärtigen Beziehungen mittels politischen Handelns, wirtschaftlicher, kultureller und wissenschaftlicher Kooperation, Entwicklungszusammenarbeit, Abstimmungen und Austausch zu Umwelt und Sozialem. Neue Herausforderungen stellen die Europapolitik und Mitarbeit in anderen IGOs, Nord-Süd-Zusammenarbeit, Kooperation mit neuen Demokratien in Mittel- und Osteuropa, Terrorismusbekämpfung und humanitäre Hilfe dar. Presse- und Öffentlichkeitsarbeit über die Kulturpolitik bis hin zur politischen Lagebeurteilung der jeweiligen Staaten, die Pflege dienstlicher Kontakte und Dienstleistungen für Landsleute im Ausland komplettieren das Tätigkeitsportfolio. Dies alles geschieht auf der Grundlage des Konsular- und Völkerrechts. Die Ausbildung für den höheren Auswärtigen Dienst wird beim Auswärtigen Amt in Berlin absolviert. Es gibt keinen vorgezeichneten Karriereweg; Tätigkeiten in der Zentrale des Auswärtigen Amtes in Berlin sind vorgesehen, die Dauer des Aufenthalts im Ausland ist variabel, beträgt aber durchschnittlich zwei Drittel der gesamten Dienstzeit. Die Kenntnis einer schwierigen oder seltenen Sprache kann von Anfang an den häufigeren, aber keineswegs ausschließlichen Einsatz in dem entsprechenden Sprachraum bedeuten. Es gilt das Generalisten- und Rotationsprinzip: Alle Beamten sollen grundsätzlich auf jedem Posten einsetzbar sein. Nach einigen Berufsjahren ist jedoch meist eine Spezialisierung auf fachliche Schwerpunktbereiche oder -regionen erfolgt. **Diplomatinnen**

Eine noch recht neue Berufsgruppe bilden die Politikberater. Sie bieten entweder Fachberatung, etwa zu speziellen wissenschaftlichen Bereichen, oder kommunikative Beratung etwa für Wahlkampf oder Öffentlichkeitsarbeit. Politikberater arbeiten sowohl allein als auch in Expertenkommissionen, bei Stiftungen oder in sogenannten Think Tanks. Potenzielle Kunden der Beratung sind die Abgeordneten des Bundestages oder der Landtage und Senate, Stiftungen, Unternehmen und natürlich IGOs und NGOs. **Politikberater**

Was können Sie bereits während des Studiums tun?

Mitgliedschaft
Ehrenamt

Der beste Einstieg ist die Parteilaufbahn sicher eine Mitgliedschaft in einer politischen Jugendorganisation. Hier erlernen Sie das notwendige Handwerkszeug, vom Diskutieren, Anträgeschreiben, Wahlkampf bis hin zu politischen Auseinandersetzungen und der Selbstpositionierung bei der Verteilung von Verantwortung und Posten. Es empfiehlt sich zudem, Kontakt zu verschiedenen Ebenen zu bekommen, damit Sie an Bekanntheit und Reputation gewinnen. Unmittelbar jetzt können Sie sich auch hochschulpolitisch engagieren.

Absolvieren Sie Praktika bei Ihren lokalen Abgeordneten, Parlamenten, in Parteizentralen, beim deutschen Institut für Entwicklungshilfe, beim Goethe-Institut, bei IGOs und NGOs. Falls sich die Möglichkeit zu einem Praktikum nicht ergibt, bietet sich oft eine ehrenamtliche Mitarbeit an.

Schlüssel-
qualifikationen

Besuchen Sie Veranstaltungen, die Ihre Schlüsselqualifikationen in Rhetorik, aber auch in den Fremdsprachen stärken und schärfen, belegen Sie vielleicht Kurse in der Politikwissenschaft, die Ihnen Kenntnisse zu unserem politischen System vermitteln. Im Geschichtsstudium können Sie, je nach Angebot an Ihrer Hochschule, Veranstaltungen zur Verfassungs- oder Parteiengeschichte belegen; auch die Sozial- und Wirtschaftsgeschichte hat deutliche Bezüge zum politischen Handeln und Denken. An einigen Universitäten gibt es inzwischen Debattierclubs u. ä., die Ihnen neben Kompetenzen auch Kontakte bescheren können.

Klassikertexte
Studien-
schwerpunkte

Lesen Sie Klassikertexte von Platon über Machiavelli bis hin zu John Stuart Mill und Max Weber. Profitieren Sie daher auch politisch von Ihrem Studium, indem Sie nicht allein auf Zeitgeist und ein populäres Verständnis von Politik und Demokratie setzen, sondern den jeweiligen Ursachen und Traditionen nachgehen, nach Alternativen fragen, Organe und Vorgänge kritisch hinterfragen. Je nach Ihrer persönlichen Überzeugung können Sie auch von den Erfolgsgeschichten, vulgo den Geschichten alter, weißer Männer, Abstand nehmen und sich auf die Geschichte der Frauen, sozialen Minderheiten, Randgruppen, Migranten, auf Phänomene, die in historische Sackgassen führten, auf Jugend- und Subkulturen spezialisieren. Bereits diese Entscheidung ist eine politische.

Was können Sie im Anschluss an das B.A.-Studium tun?

Master-
studiengänge

Idealerweise führen Sie Ihre Anstrengungen und Ihr Engagement weiter und konzentrieren sich auf Ihre Profilbildung. Sie haben nun auch die Möglichkeit, in Masterstudiengänge zu wechseln, die Sie auf Berufe in der Politik vorbereiten. Einige dieser Studiengänge haben Zulassungsvoraussetzungen, die Sie allein mit einem B.A. in Geschichte nicht erfüllen – vielleicht haben Sie aber ein qualifizierendes Zweitfach, einen solchen Studienschwerpunkt oder können andere Qualifikationen nachweisen.

Traineeprogramme

Ein spezielles Ausbildungsprogramm, das zwischen Traineeprogramm und einem weiterführenden Studium angesiedelt ist, bietet das Deutsche Institut für Entwicklungspolitik. Es umfasst einen neunmonatigen Ausbildungsgang, der auf eine Tätigkeit im Bereich nationaler und internationaler Entwicklungshilfeorganisationen vorbereiten soll. Absolventen verschiedener Fachrichtungen können sich hierfür bewerben, wobei neben zwei Fremdsprachen auch Auslandserfahrungen bei der Auswahl von Bedeutung sind (www.die-gdi.de).

Auch Verbände und Stiftungen bieten eigene Traineeprogramme an, z. B. die IG-Metall für angehende Gewerkschaftssekretäre. Bundesministerien stellen vornehmlich Juristen, Volkswirte und Verwaltungswissenschaftler ein, daher lohnt sich ein solcher Aufbaustudiengang, falls Sie eine Laufbahn dort in Erwägung ziehen, z. B. an der Verwaltungsfachhochschule Speyer.

Auch beim Internationalen Institut für Verwaltungswissenschaften in Brüssel können Sie Studien- und Weiterbildungsangebote nutzen. Gleichfalls können Sie Studien- und Weiterbildungsangebote beim Internationalen Institut für Verwaltungswissenschaft in Brüssel nutzen.

Weitere Möglichkeiten

Das Auswärtige Amt stellt jährlich etwa 35 bis 40 Hochschulabsolventen zur Attaché-Ausbildung (höherer Auswärtiger Dienst) ein und führt dazu jährlich einen Eignungstest durch. Nach bestandener Prüfung und einem Vorbereitungsdienst erfolgt der weltweite Einsatz. Um den Einstieg deutscher Absolventen in den diplomatischen Dienst/Vertretung für IGOs zu erleichtern gibt es spezielle Programme wie das Carlo-Schmid-Programm (DAAD) oder das Stiftungskolleg für internationale Aufgaben der Robert-Bosch-Stiftung in Kooperation mit der Studienstiftung und dem Auswärtigen Amt.

Auswärtiges Amt

In den USA ist die Ausbildung zum Politikberater schon lange professionalisiert, in Deutschland allerdings häufig noch ein Feld für Autodidakten oder Networker. Daher handelt es sich weder um eine „planbare" Karriere noch um eine geschützte Bezeichnung. Der Einstieg kann über Praktika bei einer Landtagsfraktion, im deutschen Bundestag, in einer Public-Relations-Abteilung oder einer Lobbyvereinigung erfolgen. Ein Studium im Ausland kann zudem weiterhelfen und Ihnen die nötige Fachkompetenz vermitteln (z. B. Washington Graduate School of Political Management). Die Deutsche Gesellschaft für Politikberatung hält Informationen bereit, Aus- und Weiterbildungsangebote gibt es z. B. beim Deutschen Institut für Public Affairs oder der Erfurt School of Public Policy.

Public Affairs

Der Weg in eine Beamtenlaufbahn in Internationalen Regierungsorganisationen führt über Concours; über die jeweiligen Termine und Anforderungen können Sie sich auf den Webseiten informieren. Das „Büro Führungskräfte zu Internationalen Organisationen" (BFIO)[75] – angegliedert an die Arbeitsagentur Bonn – ist die Schaltstation zwischen Bewerbern und einer der 200 Organisationen in denen die Bundesrepublik Mitglied ist.

Concours

Mögliche Schwierigkeiten

Die fehlende berufliche Absicherung kann für Mandatsträger, die außerhalb der Politik keine berufliche Erfahrung gesammelt haben, ein – zunächst psychologisches, später auch soziales – Problem darstellen. Zwar garantiert ein Berufsmandat einen Wiedereinstieg in den Beruf, doch ohne Abschluss und Referenzen in Ihrer „Primärbildung" kann jener sich schwierig gestalten. Die Schwierigkeiten im Politikerleben liegen natürlich auch in einer sehr hohen psychischen und physischen Belastung aufgrund von Terminen, Gesprächen, Reden samt ihrer Vorbereitungszeit, die Freizeit (und damit auch Zeit für Freunde und Familie) stark schrumpfen lassen kann. Auch eine ständige Habachtstellung gegenüber parteiinternen oder -externen Konkurrenten, das Gefühl, permanent beobachtet zu sein oder Rechtfertigungs-

Belastungen

Rechtfertigungs-druck

druck können eine enorme Belastung darstellen. Umgekehrt werden Sie schnell feststellen, dass Lobbyismus nicht nur eine Erfindung der linken Presse ist, sondern Ihr „politischer Körper" Nutzen bringen soll, so dass Sie eventuell schnell die Grenze nicht mehr sehen, an der Ihr individuelles Wohl oder das eines Unternehmens als Gemeinwohl verstanden wird. Hier brauchen Sie unabhängige Freunde oder Familienmitglieder, die Ihnen klare Rückmeldungen geben. Als Historikerin provoziert Sie vielleicht, dass historische Ereignisse und Forschungsergebnisse politisch instrumentalisiert oder aber ignoriert werden und es so zu verzerrenden Reduktionen kommt.

Ortswechsel Aufgrund der häufigen Umzüge können sich für Diplomaten und andere international Tätige darüber hinaus Schwierigkeiten ergeben (auf die in den Auswahlverfahren jedoch mehrfach deutlich hingewiesen wird). Die Entfernung von der Heimat, eventuell schwierige klimatische oder politische Bedingungen, andersartige Lebensumstände, wiederholte Schulwechsel für die Kinder, eventuell Probleme, die in geschlechtlich definierten Rollenvorstellungen begründet sind und die unsichere berufliche Situation für den Lebenspartner stellen eine hohe Belastung für die Familie dar. Hinzu kommen das Gefühl der Einschränkung Ihrer persönlichen Freizügigkeit und die intensive Verschränkung von privaten und beruflichen Tätigkeiten, etwa, wenn Sie Fremde zu sich nach Hause zum Essen einladen.

Die schönen Seiten

Vielfalt Die schönen Seiten der Politik liegen vor allem in der Vielfalt des Berufsbildes. Nirgendwo sonst bekommen Sie einen Einblick in alle Bereiche des Lebens, können Menschen aus allen **Gestaltungs-** Schichten, Berufen und Altersklassen kennenlernen. Es streichelt sicherlich auch das Ego, **möglichkeiten** wenn Sie zum Mitglied der gehobenen Gesellschaft oder zumindest als mächtig und einflussreich angesehen werden – womit sich die Türen zu Kenntnissen und Kontakten öffnen, die „normalen Bürgern" verschlossen sind. Sie haben viele Gestaltungsmöglichkeiten, deren Erfolg (oder manchmal auch Misserfolg) Sie sehen können und zu dem Sie unmittelbares Feedback erleben. Daher ist eine hohe Identifikation mit Ihrer Tätigkeit nicht nur nötig, sondern wird immer wieder erneuert. Arbeiten in politikaffinen Bereichen bedeutet ein breites und vielseitiges Arbeitsfeld, keine Routine und eine Horizonterweiterung auch für die Familie und das Umfeld.

Tipps

Offenheit Bleiben Sie Sie selbst, offen, bürgernah und verstellen Sie sich nicht. Suchen Sie sich einen politischen Mentor, der Ihnen bei wichtigen Entscheidungen hilft, Sie ernsthaft positiv und negativ kritisiert und bisweilen auf neue gedankliche Schienen setzt. Schaffen Sie sich ein stabiles berufliches und privates Umfeld. Lernen Sie, „Nein" zu sagen, sei es bei Terminanfragen oder bei vereinnahmenden Bitten. Konzentrieren Sie sich auf Themenschwerpunkte und versuchen Sie nicht, alles bedienen zu können. Besuchen Sie Seminare verschiedener Stiftungen; schaffen Sie sich Zusatzqualifikationen oder -kenntnisse, die für Ihre Schwerpunkte relevant sind. Falls Sie sich als Geisteswissenschaftler z. B. für Umweltpolitik interessieren, sollten Sie über einige technische und statistische Grundlagen zur Energiegewinnung etc. verfügen.

Politisches Handeln oder ein ehrenamtlicher Einstieg z. B. in Parteien oder NGOs, sollte **Kontakte** selbstverständlich sein. Darüber hinaus kann Ihr Engagement in der Partei durchaus ein Sprungbrett in andere Berufe sein – Sie haben die sozialen Netze, Bühnen, auf denen Sie auf sich aufmerksam machen konnten und nachweislich Durchsetzungsvermögen. Wenn Sie an einem Praktikum bei den Bundesbehörden oder im Parlament interessiert sind gehen Sie nicht nach Berlin, um sich von dort aus zu bewerben – die meisten Abgeordneten fühlen sich eher ihrem Wahlkreis verpflichtet. Nehmen Sie daher zu jenem Kontakt auf. Einige NGOs, z. B. Greenpeace, haben deutlich mehr Anfragen nach Praktika, als sie Plätze bereit stellen können. Informieren Sie sich daher gut, ob Ihr Portfolio und auch Ihre Studienordnung zur Organisation passen, um sich gezielt bewerben zu können. Eine Alternative zu Praktika stellen auch der Zivildienst oder ein freiwilliges ökologisches oder soziales Jahr dar.

Lesen Sie regelmäßig große europäische Tageszeitungen sowie bei Interesse für Europapoli- **Zeitungslektüre** tik den im Internet zu findenden *Midday Express*, eine tägliche Zusammenfassung wichtiger **Nachrichten** europapolitischer Themen.[76] Beobachten Sie zudem die Veröffentlichungen der Bundeszentrale für politische Bildung (BPB) sowie die von den politischen Stiftungen herausgegebenen Materialien, z. B. indem Sie regelmäßig auf die Websites schauen oder den Newsletter abonnieren.

Chancen

Für den internationalen Bereich sind praktische Erfahrungen in der internationalen Politik ein Pluspunkt gegenüber Mitbewerbern. Chancen in der Mandatspolitik abzuschätzen ist schwierig, was natürlich vor allem am Wählerwillen liegt. Der Nachteil an großen Volksparteien ist deren hohe Mitgliederzahl, welche bedingt, dass es viel mehr Interessenten an Mandaten, Posten und Jobs gibt – aber eben auch mehr Posten. Dies gilt ebenso für die Jugendorganisationen, bei denen schon auf niedriger Ebene ein regelrechter Machtkampf um günstige Posten entbrennen kann. In kleinen Parteien und Jugendorganisationen können Sie sich umgekehrt durch Engagement und Interesse relativ schnell in Entscheidungspositionen bringen, doch stehen insgesamt weniger Posten und Stellen zur Verfügung.

Jenseits der Parteien gibt es bundesweit ca. 8.000 hauptamtlich geführte Verbände unterschiedlicher Größe – entsprechend ist dies ein für Geisteswissenschaftler nicht zu vernachlässigender Arbeitsmarkt, zumal einer Statistik der Bundesagentur für Arbeit zufolge ein Fünftel der im Jahr 2007 gemeldeten offenen Stellen für Geisteswissenschaftler aus Interessensvertretungen und Verbänden stammten.[77]

Für den diplomatischen Dienst sind ein Drittel der Auszubildenden Juristen, dann folgen Wirtschaftswissenschaftler, Historiker und Politologen. Beim Auswahlverfahren steht eher die Persönlichkeit des Bewerbers als dessen Fachwissen im Vordergrund; dies soll jedoch nicht darüber hinwegtäuschen, dass es sehr anspruchsvoll ist. Von den meist 2.000 Bewerbern werden schließlich 35 bis 40 Kandidaten angenommen.[78]

In IGOs herrscht eine hohe Konkurrenz mit Bewerbern aus allen Fachbereichen und vor allem exzellenten Bewerbern aus vielen anderen Nationen. Weltweit gibt es ca. 48.000 Stellen, von denen weniger als zehn Prozent von Deutschen besetzt sind: Etwa 5.400 Deutsche arbeiten in internationalen Organisationen, davon ca. 2.000 in den EU-Institutionen.[79]

Bei Nichtregierungsorganisationen gibt es gleichfalls mehr Bewerbungen als Stellen, zudem funktionieren sie überhaupt nur über viele ehrenamtliche Mitarbeiter. Informieren Sie sich am besten direkt bei der Organisation, für die Sie sich interessieren. Als Hochschulabsolvent sollten Sie sich jedoch nicht um pauschale Mitarbeit bewerben, sondern über Ihre Fachkompetenz anknüpfen. Bei Greenpeace z. B. arbeiten Menschen mit unterschiedlichen Berufen: Chemikerinnen, Biologen, Journalistinnen, Soziologen usw. Stellenausschreibungen finden sie jeweils direkt auf den Webseiten der jeweiligen Organisationen, wo Sie gleichfalls Angaben zu den Bewerbungsverfahren, Anforderungen, Karrieremöglichkeiten und zum Aufbau der Organisation finden.

Gehalt

Mandatsträger erhalten Abgeordnetenentschädigungen, die so genannten Diäten zuzüglich Kostenpauschalen und anderer Vergünstigungen, deren Höhe und Struktur immer wieder in der öffentlichen Diskussion stehen. Für Bundestagsabgeordnete sind dies derzeit 7.668 € (die zu versteuern sind, aber nicht der Rentenabgabe unterliegen) zuzüglich einer Kostenpauschale von 3.868 €.

Wenn Sie als Beamter bei einer IGO oder einer Einrichtung von Bund oder Ländern tätig werden, unterliegen Sie der Beamtenbesoldung. Wenn Sie auf www.auswaertiges-amt.de „Gehalt" in die Suche eintippen, bekommen Sie detaillierte Informationen zu Gehaltsstufen, Grundgehältern und Zuschlägen.

Wo bleibt die Geschichte im Beruf?

Politik ist, wie oben definiert, wesentlich Handeln, nach Möglichkeit verantwortungsvoll, nachhaltig und gesellschaftsformend. Insofern gestalten Sie in Ihrem politischen Handeln Geschichte mit. Neben dieser banalen Einsicht bietet Ihnen dieses Berufsfeld jedoch auch verschiedene Anknüpfungen für Ihr im Studium erarbeitetes wissenschaftliches Geschichtsbild, dem Sie sich über Fragen nähern können: Sehen Sie die Geschichte als Erzählung von Fortschritt und Entwicklung? Dann wird dies auch Ihr politisches Denken und Handeln, z. B. zu Wirtschaftsfragen bestimmen. Sind Sie durch große nationale Erzählungen geprägt? Dann wird dies Ihre Haltung zu internationalen Vorgängen bestimmen. Sehen Sie die Geschichte als Lehrmeisterin des Lebens? Dann bietet sie Ihnen immer wieder Gründe und Beispiele, die für oder gegen Entwicklungen und Entscheidungen sprechen. Sind Sie von einem postmodernen, fragmentierten Geschichtsverständnis geprägt? Dann haben Sie vermutlich auch ein relationales, ambiguitätstolerantes Verständnis der Welt. Verfolgen Sie eher ein populäres oder ein wissenschaftliches Verständnis von Geschichte? Dies hat einen Einfluss darauf, ob Sie eher grundsätzlich oder aufgrund Ihrer Expertise politisch tätig sein wollen. Wie Sie sehen, wird Ihnen ein einziges Geschichtsbild hier nicht genügen; für Historiker ist ihre Auffassung von Geschichte, Tradition, historischer Bedingtheit jedoch wesentliches Merkmal ihrer öffentlichen Persönlichkeit, wie es auch ihr politisches Denken und Handeln bestimmt.

Lektüre @

Catón, Matthias/Leininger, Jutta/Stöver, Philip/Zilla, Claudia (Hg.): Politikwissenschaft im Beruf. Perspektiven für Politologinnen und Politologen, Münster 2005

Weber, Max: Politik als Beruf [1919], Stuttgart 1992

Schule und Lehre

Lehramt…

Das öffentliche Schulwesen bildet die Grundlage der dominanten westlichen Geschichtskultur.[80] Entsprechend ist es auch der größte Arbeitsmarkt für Absolventen eines Geschichtsstudiums. Als Geschichtslehrer prägen und gestalten Sie die Geschichtskultur an einer Schlüsselposition mit und erfüllen eine wichtige gesellschaftliche Aufgabe. In der Regel entscheiden Sie sich schon bei der Aufnahme Ihres B.A.-Studiums gegen das Lehramt, doch überlegen viele mindestens einmal während des Studiums – und vor allem gegen Ende – ob es nicht doch eine Alternative sein könnte. Leider zeigte meine Erfahrung, dass Studierende in einen Lehramtsstudiengang „flüchten" wollten, da die Studienberatung, ein Professor, die Eltern oder andere Autoritäten dazu rieten. Schnell stellte sich meist heraus, dass mit diesem Rat entweder eine grundsätzliche Ablehnung des Bolognaprozesses oder des B.A.-Abschlusses verbunden war oder die Kreativität für andere Lösungen fehlt und Orientierungslosigkeit nicht nur bei Studierenden auftritt. Haben Sie Verständnis; wenn man lange Zeit an der schützenden Brust der Alma Mater verbringt, kann einem die Welt auch fremd werden. Auch wurde die vermeintliche Sicherheit dieses Wechsels als Pro verkauft. Doch so einfach ist es nicht; das Lehramtsstudium ist keine Jobgarantie, erst recht nicht, wenn Sie es nur um der Sicherheit Willen (oder um weiteren klugen Ratschlägen zu entgehen) wählen. Lassen Sie sich daher nicht vorschnell verunsichern. Weder muss das Lehramtsstudium in ein Lehramt führen, noch verschließen sich endgültig die Türen in einen Lehrberuf, wenn Sie im B.A./M.A.-Studium bleiben und dies erfolgreich absolvieren.

… und
Alternativen

Das Berufsfeld Lehre bietet nicht nur Tätigkeiten in staatlichen Schulen, sondern auch in anderen Einrichtungen zur Aus- und Weiterbildung (dies meint in der Regel den betrieblichen Bereich) und zur Erwachsenenbildung (dies meint meist den sozialen Bereich). Von der öffentlichen Hand werden z. B. die Angebote der Agentur für Arbeit, der Universitäten (die ja neben den einzelnen Studiengängen auch andere Qualifizierungsmaßnahmen wie Sprachunterricht oder Akademiestudien anbieten) und Fachhochschulen finanziert. Volkshochschulen, Bildungswerke und Musikschulen können zumindest teilweise in enger Anbindung an die Kommunen organisiert sein, es gibt jedoch auch private Träger. Weiterbildungsakademien, Bildungszentren der Kammern (IHK), Telekollegs, Akademien, Sprachschulen, Förderschulen und Nachhilfeinstitute befinden sich meist, ebenso wie Angebote von Vereinen, freien Bildungsträgern und privaten Unternehmen (Abteilungen Personal, Qualitäts- oder Bildungsmanagement) in freier, unternehmerischer Trägerschaft. In all diesen Einrichtungen wird unterrichtet, doch das Berufsfeld Lehre umfasst auch Tätigkeiten, die Lehre reflektieren, organisieren, erforschen und entwickeln, also etwa Bildungsforschung oder -management. Letztens hat das Berufsfeld Lehre auch Behörden, die es beaufsichtigen – z. B. das Schulamt –, oder Gewerkschaften, die die dort Tätigen vertreten – z. B. die Gewerkschaft für Erziehung und Wissenschaft. Hier sind gleichfalls Stellen zu finden, auch wenn die eigentliche Lehrtätigkeit in den Hintergrund gerät.

Bezeichnungen

Lehrer, Coach, Dozent?

Der allgemeine Begriff ist Lehrer. Schullehrer werden je nach Schulform (z. B. Hauptschullehrer), nach Amtsbezeichnung (z. B. Oberstudienrat) oder nach Lehrbefähigung (Facultas, z. B. für Musik, *missio canonica* für katholische Religion) unterschieden. Bei Lehrern, die nicht in Schulen unterrichten, spricht man oft von Dozenten. Im Bereich der betrieblichen Aus- und Weiterbildung werden Lehrer auch als (Fach-)Trainer bezeichnet. Davon zu unterscheiden ist der Coach, eine (Selbst-)Benennung, die sich derzeit ausgesprochener Beliebtheit erfreut und genauso wenig wie die anderen Berufsbezeichnungen geschützt ist: Jeder kann sich Coach nennen. Im engeren Sinne meint dies eine Lernbegleitung; Coaches beraten mehr als sie unterrichten. Daher sei bereits an dieser Stelle darauf hingewiesen, dass seriöse Coaches über Berufs- und Lebenserfahrung verfügen sollten. Den vorwiegend reflexiven und organisatorischen Teil der Lehre bedienen Bildungsmanager, Bildungsreferenten und wissenschaftliche Angestellte im Bereich Bildungsforschung.

Persönlichkeit – Wie sollten Sie sein?

Eigenschaften und Menschenbild

Gleichgültig, welchen Beruf Sie im Bereich Lehre ergreifen möchten: Sie müssen ausreichend Selbstbewusstsein und Präsenz haben, um eine Gruppe leiten zu können. Darüber hinaus brauchen Sie Interesse an Pädagogik und der didaktischen Aufbereitung von Fachwissen in unterschiedlichen Medienformen und für verschiedene Zielgruppen. Da Sie, gemäß der Ausrichtung von der Fachwissenschaft hin zur Pädagogik, nicht Geschichte unterrichten werden, sondern mehr oder weniger historisch interessierte Menschen, müssen Sie Sozialkompetenz ebenso mitbringen wie Kommunikationsstärke, Durchsetzungsvermögen und psychische Belastbarkeit. Für alle Tätigkeiten, die mit der Lehre verbunden sind, brauchen Sie zudem unendliche Geduld, Verantwortungsbewusstsein und -bereitschaft, Einfühlungsvermögen und eine gute Organisation. Damit Sie erfolgreich und zufrieden arbeiten können, müssen Sie das Gut „Bildung" schätzen – auch im Sinne des eigenen Lernens –, und von einem wohlwollenden Menschenbild geprägt sein, das *jedem* Menschen individuelle Bildungsfähigkeit, Entwicklung und Potential zugesteht – auch „Kevin"[81].

Kompetenzen – Was sollten Sie können?

Übersetzen, Präsentieren, Bewerten

Der Kompetenzmix von Lehrern bedient sich fachlicher, pädagogischer und Schlüsselqualifikationen. Auf der fachlichen Seite brauchen Geschichtslehrer ein fundiertes Grundwissen über alle Epochen. Sie müssen wissen, was in Ihren jeweiligen Curricula vorgesehen ist und neben den Inhalten auch die Lernziele kennen. Damit jene erreicht werden können, ist ein Methodenkoffer, der Lehr- und Lernmethoden ebenso wie Medienkenntnisse und kommunikative Techniken enthält, unabdingbar. Sie müssen mit seiner Hilfe den Unterricht angemessen für den behandelten Gegenstand und vor allem für die Lerngruppe strukturieren und gestalten, darüber hinaus müssen die gewählten Methoden auch Ihnen entsprechen. Der erste Schritt zum Verstehen und Lernen besteht darin, dass Lerngegenstand und Lehrer von der Gruppe angenommen werden – Sie müssen also die Themen aus der wissenschaftlichen Erkenntnis übersetzen, angemessen aufbereiten und präsentieren können. Sie sollten unterschiedliche Kommunikationsformen beherrschen und nach Möglichkeit auch professionalisieren, vornehmlich Vortrag, Gesprächsführung, Feedback und nonverbale Kommunikation. Unterschätzen Sie die Bedeutung von gesprochener Sprache nicht: Sie müssen präzise und verständlich Aufgaben und Fragen formulieren sowie angemessen Feedback geben können.

Im Zentrum des schulischen Geschichtsunterrichts steht die Quellenarbeit. Daher benötigen Sie gute Kenntnisse in den Hilfswissenschaften, vor allem aber in der Heuristik, denn Sie müssen didaktisch geeignete Quellen zunächst einmal finden und anschließend lerngruppengerecht aufbereiten.

Das Ziel von Unterricht ist immer ein Lernerfolg, entweder fremdbestimmt, wie z. B. in der Schule, oder selbstbestimmt, wie im Bereich der individuellen Bildung. Damit Sie dem entsprechen können und zudem Ihre Schülerinnen angemessen fördern und bewerten, müssen Sie Lernvereinbarungen treffen, Lerndiagnosen stellen, kontrollieren, ob Lernziele erreicht wurden und Leistungsbeurteilungen abgeben können. Letztens ist moderne Bürokommunikation inkl. dem Erstellen professioneller Unterlagen inzwischen nicht nur im wirtschaftsnahen Bereich oder in der Selbstständigkeit unverzichtbar; auch im Schuldienst wird dies zunehmend als selbstverständlich angesehen.

Welche Qualifikationen sollten Sie vorweisen können?

Die geforderten Voraussetzungen sind sehr unterschiedlich; bereits unmittelbar nach dem Studium können Sie den Unterschied sehen: Lehrer, die an die Schule gehen möchten, benötigen in der Regel das Erste und Zweite Staatsexamen. An die universitäre Bildung schließt sich mit dem Referendariat noch eine praktische „Ausbildung" an. In geringem Maße und stark reglementiert sind Seiten- und Quereinstiege möglich. Hier sei auf die Notwendigkeit des Latinums hingewiesen, das B.A.-Studierende nicht überall nachweisen müssen. In einem Nichtmangelfach sind überdurchschnittliche Noten erforderlich.

Staatsexamen

Absolventen der Magister- bzw. Masterstudiengänge werden hingegen bisweilen ohne jede weitere Ausbildung unmittelbar in der universitären Lehre eingesetzt (z. B. in Tutorien oder als Co-Dozent).[82] Für die Lehrtätigkeit an Fachhochschulen ist neben dem fachlich qualifizierenden Hochschulabschluss einschlägige Berufserfahrung Voraussetzung. Für Bildungsträger werden Sie interessant, wenn Sie die je geforderten Spezialkenntnisse mittels Fortbildungen, Referenzen und Berufserfahrung nachweisen können; die Frage, ob Sie mit dem Staatsexamen oder einem Master abgeschlossen haben, ist bei nachgewiesener Unterrichtspraxis zweitrangig. Es gibt auch keine einheitlichen Ausbildungsrichtlinien für Dozenten, Coaches, Trainer und Bildungsmanager oder -referenten. Langsam finden sich die ersten Ausschreibungen von Unternehmen, die einen Master in Bildungsmanagement oder ein betriebswirtschaftliches Studium mit dem Schwerpunkt Personalwesen wünschen – hier ist der Markt weiter zu beobachten. Für leitende Funktionen sowohl in Unternehmen als auch im Schuldienst werden neben der eigentlichen Unterrichtspraxis auch Teamleitungserfahrung und -training (z. B. „Train the Trainer"), manchmal auch schon entsprechende Fortbildungsmaßnahmen vorausgesetzt.

Lehrerfahrung

Tätigkeitsprofile

All diese Berufe beschäftigen sich mit der Gestaltung, Begleitung und Prüfung individueller Lernprozesse. Daher zählt zu den übergreifenden Tätigkeiten die Lehre selbst samt ihrer

Vorbereitung und Prüfung, Verwaltung (auch für Selbstständige) und selbstredend das eigene Lernen. In der Regel erstellen Lehrende auch das Unterrichtsmaterial: Präsentationen, Arbeitsmappen, Arbeitsblätter, Folien usw. – tun sie es nicht selbst, müssen sie es zumindest auswählen. In eigentlich allen Lehrbereichen ist derzeit eine Wende von der Lehr- zur Lernzentrierung, also vom Fokus auf den Lehrer hin zum Fokus auf die Lernenden zu beobachten, auch wenn Sie in Ihren Universitätsseminaren nicht immer den Eindruck haben mögen. Lehrtätigkeiten sind mit einer hohen Verantwortung verbunden: Lehrer, auch die Dozenten erwachsener Lerner, tragen eine Mitverantwortung für die persönliche Entwicklung, als Vorbilder (und sei es Vorbild im Lernen), Gestalter von Lernprozessen und Feedbacker.

Was machen Lehrer eigentlich nachmittags?

Schullehrer

Lehrerinnen an staatlichen Schulen verbringen ihre Arbeitszeit hauptsächlich mit Unterricht, dessen Vor- und Nachbereitung, Konferenzen, Verwaltungsaufgaben und Korrekturen. Je nach Ausrichtung der Schule und auch eigenen Vorlieben können Projektarbeit, die eigene Fort- und Weiterbildung, die Begleitung und die Konzeptionierung von Lehre und Lernprozessen samt Erstellung von Unterrichts- und Lernmaterial (Bücher, Skripte, E-Learning) hinzukommen. Die meisten Schulbücher werden von Lehrern verfasst; Schulbuchverlage verlangen im Übrigen auch von Redakteuren oder Abteilungsleitern das Zweite Staatsexamen (also findet sich auch im → Verlag ein Betätigungsfeld für Lehrer). Lehrerinnen können neben dem Schuldienst auch in der Lehrerausbildung aktiv werden und im Studienseminar Referendare betreuen, schulen und prüfen oder an der Hochschule im Bereich Fachdidaktik oder Pädagogik unterrichten. Neben den allgemeinen Persönlichkeitsmerkmalen brauchen Sie Verständnis für Ihre Zielgruppe – Kinder und Jugendliche – und müssen in der Lage sein, Schüler, Eltern, Kollegen und ggf. andere Stellen (Schulamt, Sozialpädagogen, usw.) miteinander ins Gespräch zu bringen. Ihre Geduld wird mehr als einmal strapaziert werden; dennoch sollten Sie Freundlichkeit und Sympathie mit der Fähigkeit, Grenzen zu setzen, vereinbaren. Neben der Sorge um den Gegenstand des Unterrichts müssen Sie stets auch die Frage stellen, *wie* die Schüler lernen, und methodisch flexibel darauf reagieren. Ihre Anleitung trägt wesentlich zum Lernerfolg bei.

Dozenten

Für Dozenten an der Universität, so sie zum akademischen Personal zählen (wissenschaftliche Mitarbeiter, Assistenten, Professoren, akademische Räte), ist der Anteil an Lehre meist in den Arbeitsverträgen geregelt; es gibt Stellen mit einem hohen Lehranteil (über 20 SWS) und einem geringen (zwei SWS → Wissenschaft). Den anderen Teil der Stelle machen die eigene Forschungstätigkeit und die akademische Selbstverwaltung aus. Zur Lehre gehören der Unterricht samt seiner Vorbereitung, Prüfungsaufgaben, Beratung und die Erstellung von Unterrichts- und Lehrmaterial. Da zumindest theoretisch immer noch das humboldtsche Ideal besteht, nach dem Forschung und Lehre einander befruchten sollen, ist die eigene Weiterbildung identisch mit der individuellen Forschung. Darüber hinaus wird die Lehre des akademischen Personals durch Hochschuldidaktikprogramme der Länder professionalisiert – kontinuierliche didaktische Fortbildung nimmt zu und ist ein Konkurrenzfaktor bei der Stellenvergabe. Im Rahmen der akademischen Selbstverwaltung müssen die Institutsangehörigen auch die Curricula, Lehrplanung, Studien- und Prüfungsordnungen selbst erstellen und verwalten. Dies können, je nach Stellensituation, zunehmend Aufgaben für das → Wissenschaftsmanagement sein.

Lehrbeauftragte werden ausschließlich für den Unterricht engagiert; sie haben „Lehraufträge", die sich an der Universität oder Fachhochschule meist über zwei SWS erstrecken und von Semester zu Semester erneuert werden müssen. Sie werden aufgrund ihrer fachlichen Qualifikation beauftragt und bekommen nur die Unterrichtszeit vergütet (Vorbereitungs-

und Prüfungszeit nicht). Sie sind nicht angestellt, sondern über Honorarverträge eingebunden. Aufgaben in der Forschung oder akademischen Selbstverwaltung fallen für sie nicht an. Meist handelt es sich um freie Historiker, die neben der Lehrtätigkeit im Bereich Geschichtswissenschaft weitere Projekte verfolgen. Die oft geringe Bezahlung kann ausgeglichen werden durch den Vorteil, an die Institution angebunden zu bleiben und Lehrpraxis zu erwerben (→ Wissenschaft). Für sie gelten die allgemeinen Anforderungen für die Lehre, darüber hinaus jedoch auch die Persönlichkeitsmerkmale und Kompetenzen der → freien Tätigkeiten.

Ähnlich wie an der Universität handelt es sich bei Dozenten und Trainern in anderen Einrichtungen ebenfalls sowohl um Angestellte als auch um freie Mitarbeiter bzw. Honorarkräfte. Neben dem eigentlichen Unterricht samt Vorbereitung sind sie häufig in die Konzeptionierung von Lehre und Lernprozessen eingebunden. Falls die Tätigkeit zu staatlichen Prüfungen oder genormten Zertifikaten, etwa im Handwerk oder im Sozialwesen führen soll, müssen Sie natürlich deren Anforderungen kennen und erfüllen und die Kommunikation mit allen beteiligten Stellen gewährleisten (Schüler, Einrichtung, Prüfungseinrichtung). Eine andere Möglichkeit ist die Entwicklung maßgeschneiderter Lernangebote z. B. für Unternehmen, aber auch für einzelne Personen etwa mit Lernschwierigkeiten oder mit der Konzentration auf einen einzigen Gegenstandsbereich. Da Sie häufig „Spezialbildung" anbieten, ist neben einem allgemeinen historischen Wissen auch Spezialwissen erforderlich. Insbesondere im unternehmerischen Bereich müssen selten staatlich vorgegebenen Curricula befolgt werden. Das Unternehmen legt selbst die Lernziele fest, so dass hier auch konzeptionelle und (lern)methodische Fähigkeiten gefragt sind.

Coaches unterrichten im eigentlichen Sinne nicht, sondern bieten Lernbegleitung und -beratung sowie individuell maßgeschneiderte Lernprogramme an. Von Historikerinnen werden hier in aller Regel nicht Fachkenntnisse, sondern ihre Schlüsselqualifikationen Lernfähigkeit, Kommunikation, Analyse- und Konzeptionsfähigkeit gefordert. Aufgrund der unklaren Grenzen des Coachings, das mitunter auch Lebensberatung umfassen kann, tummeln sich hier schwarze Schafe; dringend erforderlich sind daher ein klares Angebotsprofil, eigene Lebens- und Berufserfahrung sowie der Nachweis professioneller Gesprächsführungskompetenzen.

Coaches

Bildungsreferenten finden ihren Arbeitsplatz in der Erwachsenen-, Aus- und Weiterbildung. Sie unterrichten selbst, organisieren und planen Lehre und Lernprozesse oder gestalten das Lernprofil einer Einrichtung. Meist erstellen sie zugleich das erforderliche Lernmaterial oder wählen es aus. Mögliche Arbeitgeber sind sowohl große Unternehmen, die eine eigene Abteilung für die betriebliche Aus- und Weiterbildung unterhalten, als auch Einrichtungen der Erwachsenenbildung wie Volkshochschulen, Verbände, Parteien, Stiftungen und wissenschaftliche Institute. Zusätzlich zu Ihrem Geschichtsstudium (das nicht zwingend zum Staatsexamen führen muss) benötigen Sie einen Abschluss in Pädagogik. Sie brauchen gute Kenntnisse in Lernmethoden und Didaktik, organisatorisches Geschick sowie Wissen um die Medien, die im Unterricht eingesetzt werden können. Hier genügt es z. B. nicht, historische Filme zu kennen, sie müssen auch mediendidaktisch sinnvoll kontextualisiert werden. Gleichfalls sollten Sie sich in Evaluationsmethoden sowie in Verfahren zur Bestimmung und Messung von Lernzielen auskennen. Bildungsreferenten arbeiten nicht nur hinter verschlossener Tür, sondern tragen sowohl vor Lerngruppen als auch vor Vorgesetzten und Fachleuten vor und leisten Öffentlichkeitsarbeit – daher ist Präsentationskompetenz unabdinglich. Da der gesamte Bildungsbereich derzeit im Umbruch ist, kommen Sie um eigenes Lernen, Be-

Bildungsreferenten

obachten und Bereitschaft zur Veränderung nicht herum. Bisweilen müssen Sie mit Gruppen arbeiten, die das Lernen nicht gelernt haben oder wieder lernen müssen; daher sollten Sie sich auch auf informelles Lernen vorbereiten, sich entsprechende theoretische Grundlagen aneignen und Lösungen für die Praxis entwickeln können. Natürlich gehört auch Verwaltung zu den Aufgaben von Bildungsreferenten: vom Führen der Teilnehmer- und Dozentenlisten, der Ausstellung von Zertifikaten über Akquise und Publikation von Projektergebnissen bis hin zum eigenen Rechenschaftsbericht.[83]

Bildungs-wissenschaftler Bildungswissenschaftler arbeiten in Hochschulen oder an außeruniversitären Forschungsinstituten sowie in der Forschungs- und Bildungsförderung. Sie identifizieren, analysieren und reflektieren Entwicklungen in Erziehung, Bildung und Unterricht im Kontext der Einrichtungen und der Gesellschaft. Derzeit werden z. B. Studien zu Evaluationen und zur Leistungsmessung durchgeführt.[84] Die Ergebnisse können als Empfehlungen an Ministerien und Bildungsinstitutionen weitergegeben werden, sie fließen ein in die Erstellung von Lernmaterial (Bücher, Skripte, E-Learning), die gleichfalls von Bildungswissenschaftlern erstellt werden. Für Historikerinnen führt der Weg in die Bildungswissenschaft entweder über das Zweitfach Pädagogik oder über einen individuellen Schwerpunkt in der Fachdidaktik. Entwicklungs- und Professionalisierungspotential steckt auch in einigen Bereichen der Hochschul- bzw. Hochschulfachdidaktik.

Bildungsmanager Schulräte nehmen gemeinsam mit Verwaltung und Juristen die staatliche Schulaufsicht wahr und unterstehen den Kultusministerien (in manchen Bundesländern auch Bildungsministerien). Je nach Bundesland sind sowohl die Organisation der Schulaufsicht als auch die Amtsbezeichnungen unterschiedlich: In Nordrhein-Westfalen z. B. ist das Ministerium für Schule und Weiterbildung die oberste, die Bezirksregierung die obere und das Schulamt die untere Schulaufsichtsbehörde. Die Schulen werden zum einen fachlich (z. B. Einhaltung der Lehrpläne), zum anderen dienstlich (z. B. Personalangelegenheiten) kontrolliert, mit dem Ziel, jedem Schüler die seinen Fähigkeiten entsprechenden Bildungsmöglichkeiten zu eröffnen. Schulräte evaluieren, z. B. durch Unterrichts- oder Seminarbesuche oder durch Unterstützung von Evaluationen anderer Stellen, beraten und sind weisungsbefugt. Mit dem Angebot von Fort- und Weiterbildungsmaßnahmen sind sie an der Personalentwicklung beteiligt. Je nach Schwerpunkt sind Jugendsozialarbeit, Begabtenförderung, Öffentlichkeitsarbeit oder Implementierung neuer Lernmethoden und -inhalte weitere Tätigkeiten. Vorausgesetzt werden daher sowohl eine Qualifikation für das Lehramt (Staatsexamen), Berufs- und Führungserfahrung und Verwaltungskenntnisse (u. a. zum Bildungsrecht). Auch hier ist möglicherweise in den kommenden Jahren eine Veränderung des Berufsbildes zu erwarten, insofern die „Kontrolle" zugunsten einer „Qualitätssicherung" zurücktreten soll. Die Schulaufsicht zählt heute gleichfalls in den Bereich des Bildungsmanagements, ebenso wie Tätigkeiten in Ministerien oder Bildungsverbänden wie z. B. dem Deutschen Philologenverband.

Wie können Sie vorgehen?

Zieldefinition Falls Sie sich sicher sind, dass Sie in die Lehre gehen wollen, kann ein Wechsel in einen entsprechenden Studiengang ratsam sein. Allerdings sollten Sie sich genau überlegen, was Sie damit bezwecken, denn Sie müssen andere Dinge lernen als im Fach-B.A./M.A.: Sie müssen Pädagogik und Fachdidaktik studieren und in manchen Bundesländern auch sozial-ethische Veranstaltungen besuchen. Nicht zuletzt ist das Latinum erforderlich. Falls der Weg in den staatlichen Schuldienst für Sie Priorität hat, gibt es keine ernsthaft anzuratende Alternative.

Falls Sie jedoch überlegen, in einem weiteren Sinne in der Bildung tätig zu werden, wäre der erste Schritt, zu überlegen, wo und wen Sie unterrichten wollen, und sich dann über die Anforderungen zu informieren. Unter Umständen sind Professionalisierungen und Erfahrungen in der Erwachsenenbildung, im professionellen Erstellen von Lernunterlagen, in der Bildungssozialarbeit oder ein Studienschwerpunkt in der Bildungsgeschichte oder -theorie eine bessere Zeitinvestition neben dem Fachstudium als das Absitzen von Pädagogikpflichtkursen.

Was können Sie bereits während des Studiums tun?

Wechseln Sie nicht einfach den Studiengang, wenn Sie im B.A.-Studium verunsichert sind und Ihnen schnell zum Staatsexamen geraten wird. Letzteres ist auch nur dann eine sichere Bank, wenn die Einstellungsbedingungen und Ihre Noten sehr gut sind. Ansonsten stehen Sie später erneut vor der Frage, was Sie mit Ihrem Abschluss tun können. Daher sollten Sie sich hier nicht täuschen und die notwendige Profilbildung unterlassen, im Gegenteil: Üben Sie während des Studiums das Unterrichten möglichst in unterschiedlichen Gruppen. Möglicherweise wird es nicht leicht gelingen, einen Praktikumsplatz an einer staatlichen Schule zu bekommen, aber es gibt Alternativen, s. o. Sie sollten auf jeden Fall früh herausfinden, ob Sie sich vorstellen können, 30 Jahre lang täglich vor einer mehr oder weniger motivierten Gruppe zu stehen und sie zum Lernen anzuleiten. Wenn Sie feststellen, dass Ihnen die Lehre liegt und gefällt, sollten Sie sie professionalisieren. Auch, wenn Sie mit dem Ziel Staatsexamen studieren, sind gezielte Weiterbildungen in den Bereichen Gesprächsführung, Lernberatung, Umgang mit Konflikten, vielleicht Zeitmanagement, Sprech- und Atemtechnik, Präsentationstechniken etc. sehr zu empfehlen; dies lernen Sie selten im Fachstudium oder in den pädagogischen Ergänzungsbereichen.

> **Erfahrung sammeln**

Sie können auch überlegen, nach dem Fach-B.A. in einen M.A.-Bildungsmanagement zu wechseln. In einigen Bundesländern steht Ihnen zudem der Weg offen, nach dem Bachelor mit einem Master of Education im gleichen Fach weiter zu studieren.[85]

> @

Was können Sie im Anschluss an das B.A.-Studium tun?

Führen Sie die gezielte Weiterbildung neben dem Fachstudium fort. Arbeiten Sie gezielt mit Lernsoftware und erweitern Sie Ihren medialen Radius. Suchen Sie nach Jobs, in denen Sie Unterrichtserfahrung sammeln können: an Förderschulen, in der Volkshochschule, als Tutor, ehrenamtlich im Verein usw. Legen Sie Wert auf Feedback, durchaus auch in größeren Abständen in schriftlicher Form. Wenn Sie unterrichten, aber auch während Ihrer Referate in der Universität bitten Sie Kommilitonen, anhand eines Feedbackbogens (→ Übungen) Ihre Präsentation zu begutachten. Geben Sie sich nicht mit einem „war schon ok" zufrieden. Legen Sie Sammlungen mit Unterrichtsmaterial an – wenige Dinge sind während der ersten Lehrveranstaltungen so zeitintensiv wie die Suche nach dem richtigen Material.

> **Professionalisierung**

Weitere Möglichkeiten

Die Ausbildung zum Gymnasiallehrer befindet sich im Zuge der Umstellung auf Bachelor- und Masterstudiengänge im Umbruch. Gleichwertig zum Staatsexamen haben sich bereits Masterstudiengänge etabliert. Unverändert bleibt allerdings, dass Sie im Anschluss an das

> **Staatsexamen und M.Edu.**

wissenschaftliche Studium ein Referendariat absolvieren müssen, wenn Sie in den staatlichen Schuldienst möchten. Das Referendariat umfasst praktische Tätigkeit an der Schule und Theorieblöcke im Studienseminar. Es endet mit dem Zweiten Staatsexamen; anschließend können Sie sich für den Schuldienst bewerben. In der Regel enden die Prüfungen so, dass zwischen letzter Prüfung und Dienstbeginn etwa ein Monat vergeht, so dass Sie keine große zeitliche Lücke, aber auch wenig Zeit zum Umzug haben, falls dies nötig wird.

Was dozieren?   Für eine Tätigkeit als „Dozent" im weitesten Sinne sollten Sie sich ein Portfolio an Themen zulegen, zu denen Sie Veranstaltungen anbieten können. Es gibt „klassische Themen", die immer und überall angeboten werden und sowohl aus dem Spezialisten- wie Generalistentum erwachsen können: Für Historikerinnen zählen z. B. hilfswissenschaftliche Themen, Abiturvorbereitung oder die immer beliebten Gegenstände Mittelalter, Nationalsozialismus und Illuminaten & Co. dazu, aber auch Bereiche der Schlüsselqualifikationen wie Recherche, Schreibwerkstätten oder Rhetorik. Andere Angebote unterliegen Moden; Historiker erleben dies z. B. bei Themen, die an Jubiläen gebunden sind (20 Jahre Wiedervereinigung, Goethes 250. Geburtstag usw.), aktuelle Wichtigkeit aufweisen (z. B. das „Aussterben" der Zeugengeneration des Zweiten Weltkriegs und des Holocaust) oder aufgrund anderer Faktoren „in" sind (z. B. infolge eines sensationellen Romanerfolgs, etwa „Die Päpstin" oder „Der Name der Rose"). Falls Sie in Erwägung ziehen, in diesem Bereich tätig zu werden, ein banaler Hinweis: Auch Lehrveranstaltungen brauchen organisatorischen Vorlauf, je nach Anbieter von bis zu zwei Jahren. Schauen Sie also nach zukünftigen Jubiläen. Kurz: Um sich auf dem Markt zu etablieren und zu halten sollten Sie sich ein breites Portfolio aneignen, das Ihre Kenntnisse und Neigungen ebenso berücksichtigt wie allgemein nachgefragte Schlüsselqualifikationen, „Dauerbrenner" und Themen des Zeitgeists.

@   Für das Bildungsmanagement gibt es einige Studienangebote; aktuelle Entwicklungen sind unter dem Menüpunkt „Bildungsmanagement" auf www.bildungsserver.de zu beobachten.

Mögliche Schwierigkeiten

Latinum   In vielen B.A./M.A.-Studiengängen Geschichte ist der Nachweis des Latinums nicht mehr Pflicht. Für das Staatsexamen jedoch schon. Falls Sie also während des Studiums den „regulären Weg" zum Lehramt wählen, bedenken Sie, dass Sie evtl. die Latinumsprüfung nachholen müssen.

Alter   In vielen Bundesländern gibt es eine Altersgrenze für die Verbeamtung. Sie können sich darüber auf den Websites der Kultus-/Bildungsministerien informieren. Falls Sie zu alt sind, können Sie unter Umständen „nur noch" als angestellter Lehrer an die Schulen gehen, mit erheblich niedrigerem Gehalt, geringeren Aufstiegschancen und Konsequenzen für die Kranken- und Sozialversicherung.

Lehrfrust   Jenseits dieser formalen Nadelöhre mögen Sie in der Unterrichtspraxis frustriert werden: Sie stellen fest, dass Sie mit einigen Gruppen sehr gut klarkommen (z. B. Studierenden), mit anderen jedoch sehr schlecht (z. B. 9. Klassen). Anders als während Ihrer Ausbildung, als Ihre Erfolge und Befindlichkeiten möglicherweise stark „vom Lehrer abhingen" kann nun die Gruppe Erfolg und Befindlichkeit beeinflussen. Sie müssen sich folglich eine Strategie aneignen, die Ihre eigene Position klärt. Dennoch kann die Arbeit mit einzelnen Gruppen immer wieder extrem frustrierend sein. Gerade, wenn Sie viel von Ihrer Persönlichkeit (und nicht nur von Ihren Kompetenzen) in die Lehre einfließen lassen, kann dies verunsichern, verletzen, verärgern. Lehrer gehören nicht grundlos zu der Gruppe, die häufig von vorzeitigem Ausscheiden aus dem Erwerbsleben betroffen ist.

Nach der universitären Freiheit und vielen Inspirationen, die Sie im Studium erlebt haben, empfinden Sie möglicherweise die Bindung an Curricula und Lernmaterialen als einengend und wenig sinnvoll. Umgekehrt erleben wir bereits in der Universität immer stärker die Forderung von Studierenden, Veranstaltungen zu Inhalten anzubieten, die den Schulcurricula entsprechen. An pädagogischen Hochschulen wird dies durchaus gemacht; das Lehramt für das Gymnasium ist jedoch ein wissenschaftliches Lehramt, das Studium daher auch Element wissenschaftlicher *Bildung* und nicht beruflicher *Ausbildung*. Sie sollen in die Lage versetzt werden, sich Gegenstände selbst anzueignen, und nicht, Vorgearbeitetes an die nächste Gruppe weiterzugeben. {.column-margin Curricula}

Auch aufgrund des landläufigen und in Politik wie Comedy immer wieder bemühten Bildes der Lehrerin, die vormittags arbeitet, nachmittags Kaffee trinken geht und zwölf Wochen im Jahr Urlaub hat, kann der tatsächliche Arbeitsaufwand insbesondere in den ersten Berufsjahren unterschätzt werden und damit Frustration bis Verzweiflung oder gar Krankheit auslösen. Im Referendariat sind dank Theorieblöcken und Lehrprobenvorbereitung, während des Dienstes dann aufgrund von Konferenzen und Korrekturphasen 60-Stunden-Wochen nicht ungewöhnlich; Teile der Ferien werden zudem in Konferenzen und Fortbildungen investiert. Die grundsätzlich vorhandene Vereinbarkeit von Familie und Beruf erfordert daher durchaus organisatorisches Geschick. {.column-margin Arbeitsbelastung}

Die schönen Seiten

Das Lehramt bietet vielen Geisteswissenschaftlern Orientierung, materielle und soziale Sicherheit und einen richtigen „Beruf". Wenn Sie neben diesen Vorteilen auch noch die Berufung zum Lehrer haben, ist es eine schöne Erfahrung, Menschen in ihrer individuellen Entwicklung zu begleiten, Erfolge zu sehen, Begeisterung und Interesse zu wecken. Da sich nun ja auch am begrifflichen Wandel zeigt, dass anstelle der Lehre das Lernen im Zentrum der Tätigkeit steht, erleben Sie stete Synergien zwischen eigenen und fremden Lernprozessen. Wunderbarerweise müssen Sie sich immer neue Gegenstände, Methoden und Gruppen erarbeiten. Darüber hinaus sind in der Universität Forschung und Lehre zumindest dem Grundsatz nach frei und auch in den modularisierten Formen immer noch gering curricular gebunden. {.column-margin Ein Beruf!}

Gleichgültig, in welchem Bereich Sie in der Lehre tätig sind: Wenn Sie ein Studienfach gewählt haben, das Sie wirklich interessiert und das Sie mögen, und dies anschließend unterrichten, arbeiten Sie zu attraktiven Themen und können oft mit den Schülern/Studierenden/Kursteilnehmern darüber diskutieren und sich austauschen. Ja, es ist eitel: Sie haben eine Bühne und in der Regel mehr Wissen als Ihre Zuhörer.

Oben waren die Probleme in der Vereinbarkeit von Familie und Beruf bereits angesprochen; dank des Beamtenstatus haben jedoch zumindest verbeamtete Lehrer meist keinen Karriereknick nach der Familienpause zu befürchten. {.column-margin Karriere}

Tipps

Erfahren und entscheiden

Klären Sie früh, ob Sie dozieren können, wollen und ob dies für alle Gruppen und alle Gegenstände gilt, etwa mithilfe von Schulpraktika, an Nachhilfeinstituten, bei Museumsführungen, als Tutor. Sammeln Sie früh Erfahrungen im Unterrichten, etwa in der Übernahme von Vertretungsstellen, als Tutor, in Mentoringprogrammen, im Nachhilfeunterricht.

Lehrvorbereitung im B.A.?

Der Beruf „Lehrer" und auch der Studiengang mit dem Ziel Staatsexamen scheint häufig, gerade in den „berufsorientierten" Studiengängen B.A. und M.A., eine verlockende Alternative zu sein, insofern sie eine Sicherheit zu bieten scheinen. Auch Eltern und viele B.A.-Skeptiker an den Universitäten reagieren meist positiv auf derartige Wechselabsichten und bestärken Sie darin. Überlegen Sie vor einem Wechsel jedoch genau, ob das Lehramtsstudium der richtige Weg ist. Sollten Sie außerhalb der Schule tätig sein wollen, benötigen Sie vor allem Lehrerfahrung bzw. Erfahrung in der Konzeption von Unterricht, Lernmaterialen etc., vielleicht gute Kenntnisse im E-Learning usw. Es kann sinnvoller sein, im B.A./M.A.-Studium zu bleiben und die Schlüsselqualifikationen, Praktikumsphasen und Selbststudienzeiten zur praktischen und theoretischen Ausbildung eines Lehrprofils zu nutzen.

Unterrichtsfächer

Falls Sie sich die Option auf einen Seiteneinstieg in den Schuldienst offen halten möchten, bedenken Sie, dass Sie *zwei* Schulfächer benötigen. Falls Sie z. B. Geschichte und Ethnologie studieren, brauchen Sie ein drittes Fach. Da Geschichte selten ein Mangelfach ist, noch weniger in Kombination mit Deutsch, haben Sie bessere Chancen in Kombination mit einer Naturwissenschaft oder Fremdsprache. Weiterhin ist es möglich, dass Sie als Seiteneinsteiger nur in der Sekundarstufe 1 eingesetzt werden; daher sollten Sie auch bei einer Kombination mit Philosophie oder Pädagogik über ein drittes Fach nachdenken.

Alternativen

Beobachten Sie die Einstellungspraxis der Länder während des Studiums. Überlegen Sie sich Alternativen zum Schuldienst: Suchen Sie gezielt nach Privatschulen, die Ihrem Profil entsprechen, sammeln Sie Informationen über deutsche Schulen im Ausland und deren Anforderungen, informieren Sie sich über die Veröffentlichungen und Berufschancen bei Schulbuchverlagen oder beim Schulamt, halten Sie die Augen im Bereich Bildungsmanagement offen. Letztlich kann auch die (ehrenamtliche) Arbeit im sozialen Bereich, etwa das Angebot von Deutsch- oder Geschichtsunterricht für Migrantenkinder, ein Türöffner zu einer Stelle sein.

Mut zur Innovation!

@

Mehr als einmal berichteten ehemalige Kommilitonen davon, dass sie mit folgenden Worten im Referendariat begrüßt wurden: „Vergessen Sie alles, was Sie an der Universität gelernt haben." Ohne die Abhängigkeit von einem wohlwollenden Prüfer ignorieren zu wollen: Falls Sie sich daran halten, wäre es fatal. Dass unser Schul- und Bildungssystem neue Ideen und Strukturen braucht, ist evident, dass es sich damit sehr schwer tut, auch. Dozenten sind Multiplikatoren, nicht nur hinsichtlich der vermittelten Sachebenen, sondern auch als Erfolgsbeispiel für Lernen, als Moderatoren für Lernprozesse sehr unterschiedlicher Natur. Sie können auch Impulsgeber für neue Wege sein. Blicken Sie daher z. B. auf erfolgreiche, reformbereite Schulen (etwa die mit dem Schulpreis ausgezeichneten http://schulpreis.boschstiftung.de) oder alternative Lernkonzepte in Projekt-, Waldorf- und Montessori- und freien Schulen.

Methodenvielfalt

In der Erwachsenenbildung und insbesondere in der Fort- und Weiterbildung ist die Abkehr vom Frontalunterricht weitgehend vollzogen. Formen sind z. B. der Fernunterricht, E-Learning, Training on/off/near the Job, Coaching und Begleitung beim selbstorganisierten Lernen. Ziel ist die Förderung der eigenen Handlungsfähigkeit der Teilnehmer, nicht so sehr die „Anhäufung von Wissen". Daher ist diese Lehre (oder korrekter: dieses Lernen) stark von Handlungsbezügen gekennzeichnet, individuelle Erfahrungen werden integriert, lebenspraktische Erwartungen thematisiert. Als Methoden werden z. B. Coaching, handlungsorientierter Unterricht, Planspiel, Projektarbeit, Zukunftswerkstatt, Lernen durch Lehren, kollegiale Fallberatung oder Mediation eingesetzt. Informieren können Sie sich über diese Methoden mittels Fachliteratur. Oft bieten die Hochschuldidaktikzentren oder Einrichtungen für Schlüsselqualifikationen an den Universitäten auch entsprechende Kurse an, denn gerade im Bereich Unterricht ist es wichtig, Methoden auszuprobieren – auch wenn es eine große Auswahl an aktivierenden Methoden gibt, so ist doch nicht jede für jeden Gegenstand und Lehrenden geeignet. Zudem sollten Sie Erfahrung in der Anleitung derartiger Unterrichtsformen sammeln.

Bilden Sie sich gezielt weiter, etwa im Bereich Hochschuldidaktik, außerschulisches und informelles Lernen, E-Learning, Erstellen von Lernmaterialen, Elternarbeit, Pädagogische Psychologie, Schulsozialarbeit – finden Sie hier Schwerpunkte, professionalisieren Sie sie und entwickeln Sie ein eigenes Lehrprofil.

Weiterbildung

Auf eine Besonderheit für selbstständige Dozenten oder Lehrer sei hingewiesen: Sie unterliegen, obwohl selbstständig, der gesetzlichen Rentenversicherungspflicht.

Achtung!

Chancen

Für den Einstieg in die Schullaufbahn sind immer wieder Konjunkturen zu beobachten; mal gibt es Lehrermangel, mal einen Absolventenüberschuss. Sie sollten sich daher nicht nur vor Aufnahme des Lehramtstudiums über die Einstellungsprognosen (siehe Links) informieren, sondern dies in regelmäßigen Abständen wiederholen. Bedenken Sie jedoch, dass die Prognosen zwar eine Tendenz für die Zukunft ausdrücken, doch auf der Basis gegenwärtiger Schulstrukturen wie Pflichtstundenzahl und Schülerverteilung; bei einer Veränderung dieser Bedingungen wird sich auch die Einstellungssituation verändern. Falls Sie als B.A./M.A.-Studierender mit einem Wechsel in die Schule liebäugeln, gilt, dass die Chancen für einen Quereinstieg in das Lehramt insbesondere am Gymnasium mit der Fächerkombination Deutsch und Geschichte generell nicht gut sind. Alternativen wären eine Kombination mit Latein, Englisch, Informatik, Musik oder Physik etc., durchaus auch als drittes Fach sowie die Bewerbung auf Stellen an „unpopulären" Schulen, insbesondere Haupt- oder Förderschulen sowie Einrichtungen auf dem Land.[86] Bisweilen gibt es die Möglichkeit, Qualifikationen für ein Fach außerhalb des Hochschulstudiums nachzuweisen, etwa mittels Übersetzertätigkeiten o. ä. Am besten informieren Sie sich bei den Bildungs- oder Kultusministerien der Länder über die jeweiligen Anforderungen und freien Stellen.

Konjunkturen

Dank des Paradigmas vom „lebenslangen Lernen" gibt es jenseits der Schule mehr und mehr Betätigungsfelder für Hochschulabsolventen, die ihre didaktischen Fähigkeiten professionalisiert haben. In der „freien Wirtschaft" arbeiten Trainer häufig als Honorarkräfte oder Angestellte bei Bildungsdienstleistern, nicht unmittelbar bei den Unternehmen oder Bildungsträgern. Möglich ist hier ein Einstieg aus der Selbstständigkeit heraus; auch das Ehrenamt kann insbesondere im sozialen Bereich einen Einstieg erleichtern. Sie sollten für Lehrtätigkeiten, die keine stark formalisierten Zugangsregelungen haben, ein deutliches Lehrprofil erkennen lassen; es empfiehlt sich, ein „Lehrportfolio" anzufertigen, sich fortzubilden, die eigene Lehre zu professionalisieren oder auf bestimmte Branchen zuzuschneiden sowie Erfahrungen zu sammeln und zu dokumentieren. Natürlich sind Historiker nicht die einzigen Geisteswissen-

Bildung hat Konjunktur!

schaftler, die sich für Berufe mit Lehrtätigkeit interessieren; sie konkurrieren nicht nur mit anderen Geisteswissenschaftlern, sondern auch mit „Lehrfachleuten", nämlich Pädagogen und Sozialpädagogen. Auch daher ist ein klares Profil, das sowohl Ihre Lehr- als auch Ihre Fachkompetenz ausweist, unabdinglich.

Gehalt

Bei „regulärem" Einstieg in das Lehramt ist eine Verbeamtung und damit Beamtenbesoldung möglich (im Referendariat Anwärterbezüge, anschließend meist A13). Bei Seiten- und Quereinstieg erfolgt meist ein Verhältnis zur Anstellung.

Die Spanne bei freien Tätigkeiten ist sehr weit; für einen Workshoptag bei kleineren Trägern bekommen Sie bisweilen nur ca. 100 Euro (oder das Honorar richtet sich nach der Zahl der Anmeldungen), wenn Sie Erfahrungen vorweisen können und eigene Konzepte vorlegen (inkl. der Materialien) liegt der Satz zwischen 600 und 1.000 Euro pro Tag. Vor- und Nachbereitungszeit werden nicht mitgerechnet, Reisekosten dagegen häufig schon. Die Universität vergütet Lehraufträge mit ca. 600 bis 1.000 Euro pro Semester (inkl. Vor- und Nachbereitung sowie ggf. Korrekturen). Natürlich brutto.

Als Angestellter bei einem Bildungsdienstleister kann sich das Gehalt am öffentlichen Dienst orientieren. Tendenziell wird der soziale Bereich schlechter bezahlt als der betriebliche (Fort- und Weiterbildung), die Vermittlung allgemeiner Kenntnisse schlechter als die von Spezialwissen.

Wo bleibt die Geschichte im Beruf?

Didaktische Reduktion   Geschichte im Unterricht ist keine Geschichtswissenschaft. Meist überwiegt eine chronologische Darstellung historischer Strukturen und Ereignisse nach dem Schema Ursache – Verlauf – Wirkung, wobei einige Schulcurricula inzwischen auch vergleichende oder problemorientierte Herangehensweisen fördern (etwa unter dem Schlagwort „Revolutionen" einen diachronen Vergleich der französischen, russischen und kubanischen o. ä.). Die Quellenarbeit besitzt einen hohen Stellenwert. Geschichte wird in der Regel als Nebenfach unterrichtet. Entsprechend ist didaktische Reduktion erforderlich; stellen Sie sich vor, dass Sie 45 Minuten Zeit für die Kriegsschuldfrage des Ersten Weltkriegs haben, und neben der Quellenarbeit noch die Anknüpfung an die letzte Stunde und die Sicherung der aktuellen unterbringen müssen. Die Reduktion kann schnell verzerrend oder stark vereinfachend werden. Sobald Sie in die Unterrichtspraxis eintauchen, müssen Sie sich der pädagogischen Seite Ihres Tuns zuwenden und sich weitgehend von der wissenschaftlichen Prägung Ihres Studiums verabschieden. Dies bedeutet jedoch vornehmlich eine veränderte Haltung zu dem, was Sie tun.

Lektüre @

Hucht, Margarete/Kunkel, Andreas: Karrieren unter der Lupe: Lehramt und Alternativen, Würzburg 2003

Humboldt, Wilhelm von: Schriften zur Politik und zum Bildungswesen, Darmstadt ⁶2002

Wirtschaft

Die „freie Wirtschaft" als Betätigungsfeld für Geisteswissenschaftler ist unüblich, kaum statistisch erfasst und nimmt doch mehr Absolventen auf, als gemeinhin angenommen wird. Ebenso wie in den anderen Bereichen, jedoch auch aufgrund der schieren Unbegrenztheit der „Wirtschaft" als Arbeitsfeld kann kaum von klaren Berufen, Anforderungen, einheitlichen Tätigkeiten gesprochen werden. Als Historiker arbeiten Sie entweder fachaffin (zu historischen Gegenständen und Themen) oder aufgrund von Schlüsselqualifikationen (Kommunikation, Recherche, Analyse, Textarbeit). Manchmal werden Sie auch angefragt und eingesetzt wegen angeblich historischer Vorbilder (Machiavelli für Manager, das Caesar-Konzept o. ä.) oder im Rahmen internationaler Kooperationen (z. B. mit Israel oder der Türkei um den historischen Hintergrund für Verhandlungen aufzuarbeiten) sowie im Kulturbereich.

Exoten?

Eine seltsame Lücke klafft zwischen Wirtschaft und akademischer Geschichtswissenschaft. Die Absolventen, die dorthin gehen, scheinen für die hehre Wissenschaft verloren, durchaus wird auch die Nase gerümpft über die „Brotgelehrten", die das differenzierte, freie Arbeiten um einer Erkenntnis willen aufgeben, um im Dienste eines Konzerns oder eines Beraterunternehmens Auftragsarbeiten zu erledigen – oft zu deutlich besseren Gehaltskonditionen, als sie die Wissenschaft bieten kann. Umgekehrt herrschen auch bei Arbeitgebern Vorurteile über Geisteswissenschaftler, die von mangelnder Motivation über einen Hang zur Schwafelei bis zu Theorielastigkeit unterschiedlichste Störungen für den Arbeitsablauf vermuten lassen.[87] Es können und müssen für Geisteswissenschaftler in Deutschland noch viele Bereiche erschlossen werden, was Schwierigkeit und Chance zugleich ist. Ein Blick z. B. in englischsprachige Länder kann Impulse bieten: Dort arbeiten Geisteswissenschaftler als Consultants beim Denkmalschutz, in der Archäologie, in der Architekturgeschichte und Stadtplanung, in der Landschaftsgestaltung und in der Rechtspflege. Hierzulande kann eine Tätigkeit als Selbstständiger (siehe dort bzw. unter → History Marketing und → PR) oder als Angestellter erfolgen, etwa bei großen Unternehmensberatungen (wie Boston Consulting Group, Roland Berger Strategy Consulting, McKinsey), bei Werbe- oder Marketingagenturen und in den Personalabteilungen großer Unternehmen.

Brotgelehrte?

Bezeichnungen

Hinter den Begriffen Projektmanagerin oder wissenschaftliche Dienstleisterin können sich viele unterschiedliche Tätigkeiten, Berufswege und Anforderungen verbergen. Auch die Tätigkeit von Unternehmensberatern oder Consultants ist nicht immer identisch, wird aber meist mit den großen Beraterunternehmen verbunden und dank ihres Markteinflusses auch von ihnen weitgehend definiert. Historiker können weiterhin auf Ausschreibungen, die (Werbe)Texter, mit entsprechenden Zusatzqualifikationen auch Personaler, Personalreferenten oder Personalverantwortliche, Wissens- oder Kulturmanager oder -referenten suchen, reagieren.

Persönlichkeit – Wie sollten Sie sein?

Souverän und charismatisch

Erfolgsbereit

Unternehmerische Persönlichkeit

Um in diesem Bereich einen Job erfolgreich ausüben und aufsteigen zu können, sollten Sie ein kommunikativer, durchsetzungsstarker, kostenbewusster, teamfähiger, aber eigenständig handelnder, entscheidungsfreudiger, erfolgswilliger Mensch sein; „souverän" und „charismatisch" lautet die Beschreibung in einer Stellenanzeige. Da Sie Menschen miteinander arbeiten lassen werden, brauchen Sie soziale Fähigkeiten, eine gute Menschenkenntnis und persönliche Reife, Organisationstalent und Koordinationsfähigkeit. Erst Ihre geistige Flexibilität eröffnet anderen die Möglichkeiten zur Problemlösung, Ihre Begeisterung motiviert andere, Überzeugungskraft und Rhetorik erlauben es Ihnen, Kompromisse herbeizuführen. Thematische Offenheit – im Zweifel auch gegen eigene Vorstellungen und Überzeugungen – ist zur Akquise und Realisation so mancher Projekte unabdingbar, wobei inzwischen aber auch immer mehr Unternehmen Ethik, Nachhaltigkeit und Wertkonservatismus nicht nur als Teil ihrer „Marke" verstehen und einen authentischen dem kalkulierenden Mitarbeiter vorziehen. Sie brauchen ein Gespür für Menschen, Trends und Märkte und müssen eine Neigung zu systematischem Denken, planvollem Vorgehen, beratenden und überzeugenden Tätigkeiten haben. Dass Sie bei einer Tätigkeit in der freien Wirtschaft grundsätzliches Interesse an wirtschaftlichen Fragen und unternehmerischen Prozessen mitbringen sollten, versteht sich von selbst. Damit Sie die Produkte wirklich verkaufen und davon leben können, brauchen Sie natürlich Verhandlungsgeschick. Um in diesem Umfeld durchzuhalten, brauchen Sie und auch Ihre Freunde und Familien eine ausgeprägte Belastbarkeit, Reisebereitschaft und schnelle Regenerationszyklen.

Kompetenzen – Was sollten Sie können?

Fachkompetenz

Betriebswirtschaftliches Wissen

Da Sie sich als Historiker bewerben wollen, müssen Sie ein guter Fachwissenschaftler und mit der Arbeit im Archiv, der Recherche, Bewertung und Aufbereitung von wissenschaftlichen Ergebnissen vertraut sein. Sie brauchen betriebswirtschaftliches Grundwissen über die Allgemeinbildung hinaus: Kenntnisse im betrieblichen Ablauf, Marketing, arbeits- und betriebsrechtliches Grundwissen sowie Sicherheit in der wirtschaftlichen Fachsprache. Konkret können dies Fähigkeiten im Controlling, der Finanzwirtschaft, im Rechnungs- oder Personalwesen, in der Rationalisierung oder, für Geisteswissenschaftler eigentlich die erste Option, der Unternehmensberatung sein. Da Sie als Geisteswissenschaftler beschäftigt werden wollen, müssen Sie die berühmten Schlüsselqualifikationen vorweisen: sich gut (und korrekt) in Wort und Schrift ausdrücken können, Konzepte entwickeln, gut analysieren und diagnostizieren sowie Projekte und Produkte überzeugend verkaufen können.

Welche Qualifikationen sollte ich vorweisen können?

Für eine Karriere in der Wirtschaft brauchen Sie exzellente Noten, sehr gute Englisch- und ggf. weitere Sprachkenntnisse sowie einschlägige Praktika bzw. erste Berufserfahrungen. Auch Auslandserfahrung wird gern gesehen. Für Führungspositionen können eine Promotion oder mehrere Jahre Berufserfahrung vorausgesetzt werden. Manchmal wird der Master of Business Administration (MBA) nachgefragt; er ist zudem bei Gehalts- und Positionsverhandlungen hilfreich. Als gängiges Aufbaustudium für Nachwuchsführungskräfte hat er den Vorteil, nicht konsekutiv zu sein, d. h. auch Absolventen aus anderen Fächern als BWL etc. offenzustehen. Viele Kurse werden auf Englisch gehalten und geprüft. Die Kosten für einen MBA können mehrere Tausend Euro betragen, die sich, gemessen am Lebenseinkommen, nicht immer rechnen. Auch eine kaufmännische Ausbildung, ein Wirtschaftsstudium oder – bei entsprechenden Voraussetzungen – die Weiterbildung zum Fachwirt können den Einstieg erleichtern.

Tätigkeitsprofile

Da Geisteswissenschaftler in der Wirtschaft oft wegen der sogenannten Schlüsselqualifikationen eingestellt bzw. beauftragt werden, entfällt ein großer Teil der Tätigkeit auf „geistige" Arbeit, die der gleichen Form wie in der Wissenschaft folgt, sich jedoch einer anderen Fachsprache, anderer Methoden (z. B. Marktanalysen, Statistik) und anderer Inhalte bedient. Insofern ist der gesprochene und geschriebene Text, gleichgültig, ob Sie fachaffin arbeiten oder nicht, Ihr „Hauptprodukt". Sie müssen mit unterschiedlichen Textarten arbeiten und diese auch erarbeiten können: Konzepte, (wissenschaftliche) Poster, Präsentationen, Flyer, Berichte, Expertisen, Gutachten, Aufsätze, Protokolle, Websites, Evaluationen, Bibliographien, Korrekturen, Reden (z. B. zu Jubiläen) etc. Weiterhin arbeiten auch alle vorgestellten Berufe verbal über Unterricht (Seminare oder Kurse), Präsentationen, Beratungen, Vorträge etc.

Eigentlich ist History Marketing kein Berufsfeld, sondern ein Trend, der in unterschiedlichen Bereichen Einzug hält und verschiedene Chancen bietet. Es meint z. B. den Einsatz von Geschichte und Ergebnissen der historischen Forschung in der PR, Werbung, der Unternehmens- und Markenidentität (etwa bei der Aufarbeitung der NS-Vergangenheit oder Nostalgie). Es bedient sich des Konzepts der Public History, das die Vermittlung von Geschichte im populärwissenschaftlichen Bereich meint. Dies bedeutet, dass Sie im History Marketing die Balance zwischen Wissenschaft und Populärem finden und wahren müssen: Seriosität ebenso wie der Erklärungs- oder gar Wahrheitsanspruch der Wissenschaft werden gewünscht und „miteingekauft", ihre Theoriefreude, Unvollständigkeit und vielleicht auch Relativität jedoch selten. History Marketing ist angewiesen auf „Geschichten", Eindeutigkeit und Produkte (Texte, Visualisierungen), im emotionalen Bereich auf Nostalgie, Tradition und Wertkonservatismus – die allerdings auf der Grundlage wissenschaftlicher Methoden erarbeitet werden müssen.

History Marketing

History Marketing wird insbesondere bei der Außendarstellung von Unternehmen, Institutionen oder Personen eingesetzt. Die Tätigkeit besteht im Allgemeinen aus Recherche und dem Vermitteln historischer Inhalte, umgesetzt z. B. in Unternehmensgeschichte(n), für Jubiläen oder kleine Ausstellungen, Werbestrategien und Marketing mit historischen Bezügen oder Designs, gleichfalls Webdesign, Stadt- und Museumsführungen, genealogische Services, Medienarbeit bis hin zur Betreuung der gesamten Public Relations und Öffentlichkeitsarbeit sowie der Organisation von „historischen" Events oder Ausstattungen. Unterschätzen Sie letztere nicht; wenn Sie ein gutes Auge und viele Ideen haben für Requisiten, Kleidung, Essen und Trinken, kann dies so manches sachliche Faktum in den Hintergrund drängen.

History Marketing bieten derzeit vornehmlich kleine Unternehmen (bundesweit ca. 30 bis 50) oder Freiberufler an, daher ist kaum mit Angestelltenverhältnissen zu rechnen. Aufträge werden über Projekt- oder Werkverträge vergeben, vornehmlich von Unternehmen, Medien oder Kultureinrichtungen. Wegen der Offenheit und der unklaren Berufszuordnung ist gut ein Quer- oder Früheinstieg möglich (durchaus auch schon während des Studiums). Allerdings können Sie sich in einem Konkurrenzverhältnis zu anderen Dienstleistern befinden. Insbesondere die Historischen Institute der Universitäten tummeln sich auf dem Markt: Für Unternehmen kann der Kontakt Prestige bedeuten, für die Universität das Unterbringen von Werkstudenten, die Weiterbeschäftigung von Angestellten mittels Werkverträgen, damit das Einwerben von Drittmitteln und folglich eine bessere Position in den Verteilungskämpfen um Haushaltsmittel. Es erfordert also offene Augen und Ohren, eine gute Vernetzung, selbstverständlich das Abonnement von Mailinglisten. Tätigkeit und Produkten entsprechend brauchen Sie hervorragende Textkompetenz, gute Recherchefähigkeiten (sowohl hinsichtlich Informationen als auch hinsichtlich potentieller Aufträge), Bewertungskompetenz, EDV-Anwenderkenntnisse in den Bereichen Textverarbeitung, Grafik, Druckvorlagen, Datenbanken, eventuell auch Webdesign, Ideen zum Medieneinsatz, Marketingkenntnisse (und nach Möglichkeit auch -erfahrung), Erfahrung und Kenntnisse im Vermitteln historischer Zusammenhänge an unterschiedliche Adressatengruppen sowie – dringend! – Kenntnisse zum Dasein als Freiberufler bzw. Selbstständiger. Ihre Marketingkenntnisse stellen Sie z. B. schon unter Beweis, wenn Sie Ihre Dienstleistung sinnvoll „am Markt" platzieren und einem Kunden vermitteln können, warum Ihre Tätigkeit ihm nutzt und ihren Preis wert ist – History Marketing beginnt in eigener Sache! Klären Sie, worin der Wert Ihrer Arbeit besteht.

Ausland   Neben Ihrem Fachstudium, das unerlässlich ist, lohnt ein Blick ins Ausland. Insbesondere in Großbritannien, in den USA und in den Niederlanden ist die Kluft zwischen der akademischen und der populären Geschichtsbearbeitung nicht so groß wie in Deutschland; hier können Sie viele Anregungen, Beispielunternehmen, Literatur finden. Ähnliches gilt für Frankreich.

Sie sollten früh Netzwerke zu anderen History Marketern aufbauen und pflegen. Fortbildungen zu einem wissenschaftlich fundierten, aber an der populären Vermittlung ausgerichteten Geschichtsverständnis, der Public History, sind in gleichnamigen M.A.-Studiengängen der Freien Universität Berlin und der Universität Luzern möglich. Als Beispiel für ein erfolgreiches Unternehmen wird oft die „Vergangenheitsagentur" von Alexander Schug und Holger Sack in Berlin angeführt; sie bietet eine Fülle von Dienstleistungen mit historischem Bezug und professionalisierte ihre Tätigkeit dank Aufgabenverteilung, da ein Historiker eben vornehmlich Historiker und nicht Grafikdesigner ist: Geschichte, PR, Web-/Grafikdesign und Verlagswesen sind entsprechend personell verteilt (www.vergangenheitsagentur.de).

Auch wenn es also neben dem Fachstudium viel zu lernen gibt und wirtschaftlicher Druck herrscht: History Marketing als neues Tätigkeitsfeld erlaubt Experimentierfreude im Umgang mit Medien, methodisch-rationale und vermittelnd-sinnliche Anteile, ein Geschichtsverständnis, das nicht vereinfachen darf und dennoch laienorientiert ist und Geschichte sinnlich, intellektuell, sachlich, nostalgisch, emotional und unter Ansprache der Erinnerungslust aufbereitet. Dies bietet Platz für viel Psychologie. Erkenntnis wird im Gegenzug zur Ware.

Unternehmensberater   Geisteswissenschaftler als Consultants leisten hauptsächlich Strategieberatung für Unternehmen. Andere Beratungsbereiche betreffen Organisation, Führung oder Marketing eines Unternehmens. Als Strategieberater müssen Sie Handlungsfelder diagnostizieren können, erkennen, wo Dynamiken und Potentiale liegen und Menschen zur selbstständigen Problemlösung anleiten. Dies geschieht in Gesprächen, mittels Präsentationen, der Aufarbeitung und Aufbereitung von relevantem Datenmaterial und mündet in Konzepten. Sie arbeiten eng mit dem Kunden zusammen; dies ist einer der Gründe für die hohe Reisefrequenz. Eine Beratung folgt meist einem festgelegten Ablauf: In einem ersten Schritt wird der Ist-Zustand analysiert und eine Zielformulierung (Soll-Zustand) erstellt. Auf dieser Grundlage kann der benötigte Beratungsaufwand abgeschätzt werden (Kalkulation). Es folgen die Konzeptentwicklung, die -präsentationen und ggf. die Mithilfe bei der Umsetzung im Unternehmen (Implementation). Da Erfolg messbar sein muss, ist es wichtig, „Meilensteine" und Kontrollinstrumente in das Konzept einzuplanen, so dass stets überprüft werden kann, ob es aufgeht und die gewünschten Ziele erreicht werden oder ob Korrekturen erforderlich sind. Ein letzter Schritt im Beratungsprozess ist eine abschließende Evaluation bzw. ein Maßnahmencontrolling. Consulting setzt Kenntnisse und Erfahrungen im Projektmanagement voraus sowie ein hohes Maß an eigener Organisation.

Aufgrund der deutlichen Ausdifferenzierung der Unternehmensberatungsbranche können diese Schritte inhaltlich sehr unterschiedlich gefüllt sein: Manche Consultants sind „Generalisten" und bieten eine thematisch und methodisch breite Beratung, andere haben sich auf bestimmte Branchen oder Fachbereiche spezialisiert (z. B. IT oder auch Kulturbetriebe). Da Sie sich immer wieder auf neue Themen, Menschen und Situationen einlassen müssen, besteht ein großer Teil Ihrer Arbeit auch aus Lernen und Fortbildung. Wenn Sie als Unternehmensberaterin bei einem Beratungsunternehmen angestellt werden, starten Sie unmittelbar nach dem Studium zunächst als Junior Consultant und bleiben dies in der Regel drei Jahre lang, bis Sie ausreichend Erfahrung vorweisen können. Wenn Sie eigenverantwortlich beraten wollen, wird gleichfalls eine Berufserfahrung von mindestens drei Jahren vorausgesetzt. Als selbstständiger Berater gelten Sie u. U. als Freiberufler, nämlich wenn Sie eigenverantwortlich, leitend und aufgrund Ihrer eigenen Fachkenntnisse tätig werden (gem. § 18 EStG).

§ **Laufbahn**

Unternehmensberater haben generell keinen besonders guten Ruf; ein Witz beschreibt sie so, dass sie dem Kunden die Armbanduhr abnehmen, um ihm dann zu sagen, wie spät es ist. Da „Unternehmensberater" auch keine geschützte Bezeichnung ist, tummeln sich hier einige schwarze Schafe. Der Berufsverband der Unternehmensberater hat daher eine Art „Ehrenkodex" für die Beratungsarbeit erstellt. Demnach muss der Berater unabhängig von externen Faktoren arbeiten, z. B. von Marktpartnern des Kunden. Er ist zu Objektivität verpflichtet, berät nur in Feldern, in denen er seine Kompetenz auch nachweisen kann (z. B. durch Referenzen, Zeugnisse, Publikationen) und arbeitet selbstverständlich vertraulich.

§ **Ehrenkodex**

„Projektmanagement" ist heute eine Tätigkeit, die sich in allen Branchen findet und sogar die Organisation eines Kindergeburtstags umfassen kann – ohne die Komplexität und Nachhaltigkeit einer solchen Veranstaltung hier schmälern zu wollen. Entsprechend vielfältig können auch die Projekte sein, die es zu managen gilt – Ihr Fachwissen ist ebenso gefordert wie Ihre sozialen Schlüsselkompetenzen und Analysefähigkeit. Da Sie unterschiedliche Agenten des Projekts zur Zusammenarbeit bewegen können müssen, ist Teamfähigkeit unabdingbar. Als Projektmanager müssen Sie neben dem Inhalt des Projekts die Terminplanung, die Kosten und das eigentliche Projektziel im Blick haben.

§ **Projektmanager**

Als Teil der strategischen Unternehmensplanung, das sich heute immer mehr als „Human-Ressource-Management" begreift, gehen die Tätigkeiten im Personalwesen inzwischen deutlich über das Einstellen (Recruitment, Head-Hunting), Verwalten und Entlassen hinaus. Das Personalwesen ist kein klassischer Anfänger-, dafür aber ein Quereinsteigerjob, da eigene Berufserfahrung insbesondere im Durchlaufen von längeren Projekten bis zu deren Abschluss und Evaluation empfehlenswert ist. In langfristigen Projekten widmen sich Personaler z. B. der Reorganisation von Unternehmen, Qualifizierungs- und Weiterbildungsmaßnahmen sowie der Laufbahnplanung von Mitarbeitern. Nahe am Consulting sind Tätigkeiten wie die Unterstützung und Beratung der Führungskräfte im Unternehmen oder die Entwicklung

§ **Arbeiten im Personalwesen**

und Implementierung von neuen Ideen. Selbstverständlich zählen auch Basisprozesse wie allgemeine Mitarbeiterfragen oder die Präsentation des Unternehmens nach außen, etwa auf Jobmessen, zu den Tätigkeiten in diesem Fachbereich. Als Personalverantwortlicher in einem Unternehmen bedienen Sie oft viele dieser Felder; Personalagenturen, die Dienstleistungen für Unternehmen anbieten, spezialisieren sich dagegen eher, z. B. auf das Recruitment, Personalkonzepte, Weiterbildung oder das High Potential Development. Neben der Arbeit in einer Abteilung innerhalb eines Unternehmens gibt es eigenständige Personalberatungen, die entweder All-Rounder sind – also durch ihre Größe und ein breites Feld an geeigneten Kandidaten unterschiedliche Märkte bedienen – oder „Boutiquen", die einen bestimmten Markt sehr gut kennen und ausschließlich hier tätig werden, etwa zur Vermittlung von Sekretärinnen oder Führungskräften. Innerhalb von Personalagenturen gibt es weitere Tätigkeitsbezeichnungen, etwa Berater (Consultants), Researcher und Assistenten (Sekretäre). Geisteswissenschaftlerinnen kommen auf Grund ihrer Recherchekompetenz meist als Researcher infrage. Als solche sammeln sie alle Informationen über Unternehmen und Kandidaten, werten sie aus, erstellen Profile, stellen Kontakt her und prüfen.[88] Neben einer Schwerpunktsetzung auf „Personal" in einem betriebswirtschaftlichen M.A.-Studiengang besteht gerade für Quereinsteiger aus den Geisteswissenschaften die Möglichkeit, z. B. an Berufskollegs eine Weiterbildung zum staatlich geprüften Betriebswirt mit dem Schwerpunkt Personal zu absolvieren und auf diesem Weg auf den Posten eines Personalreferenten oder -verantwortlichen zu kommen. Ein gutes Informationsmanagement, zu dem die Pflege von Datenbanken und auch Netzwerken gehört, ist ebenso unabdinglich wie sehr gute Englischkenntnisse und PC-Anwenderwissen. Natürlich müssen Sie professionell Gespräche führen können; hierzu zählen die Gesprächssteuerung, das Stellen von Prüfungsfragen und Feedback sowie eine gute, stilvolle, zielgerichtete Kommunikation via Telefon und E-Mail.

Fundraiser   Ein Fundraiser erwirbt für nicht-kommerzielle Organisationen nicht nur direkte finanzielle Mittel, sondern auch Sachwerte, Wissen, neue Ideen oder gewinnt das Engagement ehrenamtlicher Mitarbeiter. Fundraising ist also eine Tätigkeit im sogenannten Non-profit-Bereich; hohe Gehälter werden nicht gezahlt. Da insbesondere der soziale und Kulturbereich von einer latenten Geldnot betroffen sind, haben Sie hier als Geisteswissenschaftler die Möglichkeit, sehr fachaffin tätig zu werden – wenn auch nicht wissenschaftlich, so doch als Förderer von Wissenschaft. Zielgruppen sind z. B. Archive, historische Museen, Institutionen im Denkmalschutz-Bereich, Universitäten oder Bildungsinstitute. Hauptaufgabe eines Fundraisers ist es, Beziehungen zu möglichen Spendern aufzubauen und über einen langen Zeitraum zu pflegen. Dies kann als Selbstständiger ebenso erfolgen wie als Projektmitarbeiter bei Unternehmen oder öffentlichen Einrichtungen oder als Angestellter einer Marketingagentur, die sich auf diesen Bereich spezialisiert hat. Natürlich darf es Ihnen nicht unangenehm sein, Menschen um Spenden zu bitten (hier kann ehrenamtliche Erfahrung sich im wahrsten Sinne des Wortes auszahlen). Sie sollten von den betreuten Projekten selbst überzeugt sein, um in anderen die Überzeugung zu wecken, eine Investition werde sich lohnen. Sie brauchen kommunikative Fähigkeiten und müssen Menschen zusammenführen können. Die Arbeit als Fundraiser ist kreativ, selbstorganisiert und „bescheiden", da Sie, wenn Sie erfolgreich waren, im eigentlichen Projekt nicht mehr zu sehen sind – natürlich tauchen Sie aber im „Dank" der Eröffnungsrede oder im Vorwort des Bandes auf. Neben ersten Erfahrungen im Non-Profit-Bereich, etwa im Ehrenamt oder über Werkverträge während oder nach dem Studium können Sie über Fundraisingakademien theoretische Qualifikationen erwerben. Neben allgemeinen wirtschaftlichen Kenntnissen sollten Sie sich in das Spenden- und Sponsorenrecht einarbeiten.

Zu den kreativsten Bereichen in der Wirtschaft gehören Werbung und Marketing. Auch hier ist die Spanne der möglichen Auftrags- oder Arbeitgeber breit: Kommunikations-, Marketing- oder sogenannte Full-Service-Agenturen kommen als „Generalisten" in der Werbewirtschaft in Frage, spezialisierte Anbieter arbeiten z. B. an Event-Marketing – auch der Bereich des → History Marketing gehört hierher. In der Werbebranche wird zwischen den „Kreativen" (Texter oder Grafiker) und den Mediaexperten (zuständig für Beratung und Medienanalyse) unterschieden, doch muss dies nicht in jeder Werbeagentur trennscharf verwirklicht sein. Geisteswissenschaftler kommen zunächst meist als Texter unter. Einen ersten Einblick in die Arbeitsweisen und -felder bietet der „Copytest", den Sie bei Werbeagenturen anfordern oder im Internet unter diesem Stichwort recherchieren können und in dem unterschiedliche Facetten der Werbearbeit erprobt werden müssen. Der Copytest kann auch ein Element im Einstellungsverfahren einer Werbeagentur sein; eine kreativ gestaltete Arbeitsmappe und eine besonders einfallsreiche Bewerbung zeigen dem potentiellen Arbeitgeber darüber hinaus, dass Sie für den Beruf motiviert und qualifiziert sind.

Werbung und Marketing

Weiter als „Werbung" ist „Marketing" gefasst und beschreibt im Wesentlichen (je nach Definition) eine unternehmerische Denkhaltung. Im Zentrum steht hier nicht das einzelne Produkt oder die Dienstleistung, sondern die Platzierung eines gesamten Unternehmens auf dem Markt. Marketing umfasst die Entwicklung und Betreuung einer Unternehmens- und Produktidentität, die Werbung, Marktplatzierung und den Verkauf. Mögliche Arbeitgeber sind Marketing- und Werbeagenturen, große und mittelständische Unternehmen mit eigener Marketingabteilung oder Unternehmensberatungen mit dem Schwerpunkt Marketing. Auch selbstständige Tätigkeiten kommen in Frage. Da Sie in der Regel nicht den Königsweg über ein wirtschaftswissenschaftliches Studium mit dem Schwerpunkt Marketing gegangen sind, müssen Sie die Quereinsteigerwege wählen. Dies kann, ähnlich wie bei den Personalern, über die Weiterbildung zum staatlich geprüften Betriebswirt mit dem Schwerpunkt Marketing erfolgen.

Marketing

Als Historikerin haben Sie Schlüsselkompetenzen in der Recherche nach Informationen und der Verwaltung von Wissen; zudem können Sie aufgrund Ihres Fachstudiums den Prozess der Entstehung von Wissen und die Bedingungen, unter denen Wissen zur „Wahrheit" wird, kritisch reflektieren. Dies sind gute Voraussetzungen, um sich auf das Wissensmanagement zu spezialisieren, das den bewussten und systematischen Umgang mit Wissen als Ressource und dessen zielgerichteten Einsatz in Unternehmen oder Institutionen wie Bildungseinrichtungen meint. Vermutlich haben Sie schon bei der Lektüre dieses Bandes gemerkt, dass es unzählige Informationen sind, von denen Sie nicht wissen, welche für Sie wichtig sind oder werden können. Wenn Sie sich auf die Suche nach einzelnen Schlagworten, z. B. „Wissensmanagement" in Internet-Suchmaschinen machen, erleiden Sie schnell einen „Information Overload" – Sie bekommen zu viele Informationen, um aus ihnen Handlungsstrategien ableiten zu können. Wissensmanager steuern – schematisch dargestellt – einen 5-schrittigen Prozess, der eigentlich problemlos auf Studium und Forschung zu übertragen ist:

Wissensmanagement

1. Die Ziele für ein Projekt oder ein Unternehmen müssen festgelegt werden, um überhaupt entscheiden zu können, was „wichtig" ist – es gibt kein „objektives Wissen".
2. Sie analysieren auf dieser Grundlage, welches Wissen im Team bereits vorhanden, aber vielleicht versteckt ist. Wenn Sie feststellen, dass wichtige Elemente fehlen, initiieren Sie den Erwerb von neuem Wissen, etwa durch Ankauf entsprechender Medi-

en, Fortbildung durch externe Experten oder das Anwerben neuer Mitarbeiter. Sie können auch auf eine Wissenslücke stoßen, für die die Entwicklung neuen Wissens notwendig ist – das heißt Forschung initiieren.

3. Das neue Wissen muss anwendergerecht aufbereitet werden, z. B. in Datenbanken, Klassifikationen, Publikationen, Erschließungsmedien zu Dokumentbeständen oder auch Wikis, Schulungsunterlagen und anderen Medien, die prozesshaft angelegt werden.

4. Auf dieser Grundlage geht es nun an die Verteilung des neuen Wissens (z. B. mittels Schulungen), an die Nutzung (z. B. mittels Implementierung neuer Arbeitsabläufe), an das Bewahren (z. B. in Kooperation mit einem → Archivar oder Dokumentar) und an die Aktualisierung, denn die Halbwertzeit von Wissen sinkt.

5. Letztens wird das Projekt evaluiert und bewertet: Wurden die Ziele erreicht? Woran muss noch gearbeitet werden? Haben sich die Ziele verändert?

Wissensmanager können derartige Prozesse leiten und begleiten, sich auf einzelne Methoden spezialisieren oder Unternehmen in konkreten Fragen beraten. Dies ist einerseits ein sehr dynamisches Arbeiten mit hohem Innovationsgehalt und sicherlich auch viel persönlicher Befriedigung, insbesondere, wenn es Ihnen gelingt, verschüttete Potentiale freizulegen. Andererseits mag es verblüffen und verärgern, dass an die Stelle von Neugierde, einer fördernden Unternehmenskultur und all dem Guten, das die neuen Medien bescheren, funktionale Analphabeten treten. Eine Ökonomisierung kulturellen Gedankenguts, die suggeriert, dass es genüge, Wissen zu managen um innovativ zu sein, entspricht gleichfalls nicht der im Studium entwickelten Denkweise.

@

Wie immer gilt, dass Sie viele Kompetenzen für das Wissensmanagement aus Fachstudium und Schlüsselqualifikationen mitbringen, sich aber dennoch professionalisieren sollten; möglich ist dies z. B. im M.A.-Studiengang Wissensmanagement der TU Chemnitz oder im Weiterbildungsstudiengang Informations- und Wissensmanagement der FH Hannover.

Kulturmanagement

@

Das Kulturmanagement war lange ein Feld der Halbheiten: Entweder waren dort Kulturwissenschaftler tätig, die nicht wirtschaftlich dachten, oder Betriebswirtschaftler, die außer einer Affinität für die Oper keine kulturwissenschaftliche Qualifikation vorweisen konnten. Sie mussten in der beruflichen Praxis Pionierarbeit leisten und sich allein die Kompetenzen aneignen, für die es inzwischen eine Reihe von – teilweise stark spezialisierten – Studiengängen gibt, z. B. an der PH Ludwigsburg, der FU Berlin oder der Universität für Musik und darstellende Kunst Wien.

Wenn Sie allein weiterrecherchieren, werden Sie feststellen, dass Sie sich für einzelne Sparten von „Kultur" entscheiden können: Event-, Konzert-, Theater-, Museumsmanagement, Messe- und Kongressmanagement, Sporteventmanagement, Kulturmanagement bei Radio, TV und Film, Kulturtourismus oder Internationales Veranstaltungsmanagement zählen dazu.

Kultur gilt als Wachstumsmarkt; entsprechend steigt die Bereitschaft, Profis einzustellen, die an der Schnittstelle von Kultur, Wirtschaft, Politik und Verwaltung tätig werden. Potentielle Arbeitgeber sind die öffentliche Kulturverwaltung, Kunst- und Kulturvereine, freie Kulturträger, Einrichtungen der Erwachsenenbildung, Kommunalverwaltungen, Banken, Versicherungen, Museen, Theater, Messen, Fernseh- und Rundfunkanstalten oder auch spezialisierte Dienstleistungsunternehmen, etwa für das Eventmarketing. Die Aufgaben können entsprechend vielfältiger Natur sein; meistens setzen sie sich aus inhaltlichen und organisatorischen Elementen zusammen. Kulturmanagerinnen machen aus Ideen Projekte – dazu entwickeln sie das Konzept, steuern die einzelnen Schritte bzw. bearbeiten sie selbst, setzen die Idee um, leisten die Öffentlichkeitsarbeit und evaluieren es. Je nach Position und Profil der Stelle obliegt ihnen nicht nur die Realisation einzelner Projekte, sondern auch die Entwicklung von langfristigen Maßnahmen oder die Konzeption von übergreifenden Kulturprogrammen, die z. B. zur Vermarktung einer Region beitragen (wie „Ruhr 2010").

Konkret umfasst das Kulturmanagement Tätigkeiten wie Konzepte entwickeln, Anträge formulieren und vor Gremien vertreten, Kooperationen initiieren, Kontakt zu Sponsoren aufbauen und pflegen, Finanzpläne erarbeiten, Marketingstrategien entwickeln, Forschung fördern oder für einzelne Projekte in Auftrag geben, Daten analysieren und Statistiken auswerten, Teamarbeit koordinieren und im Zweifel bei der Umsetzung Hand anlegen.

Ihr Geschichtsstudium allein wird Sie all das nicht lehren; Sie brauchen eine Zusatzqualifikation, die Ihnen rechtliche und betriebswirtschaftliche Kenntnisse vermittelt, ggf. eine Vertiefung in empirische Methoden und Evaluationstechniken, vor allen Dingen aber erste Erfahrungen. Wenn Sie zudem eine Persönlichkeit mit starken Nerven, planerischem Geschick, Verständnis für gesellschaftliche Zusammenhänge, ein guter Networker und Vertreter Ihres Studienfachs sind, dann können Sie durchaus auch mit einem Bachelor-Abschluss Chancen haben. Sie sind oft jünger als die Kommilitonen, die noch einen Fachmaster durchlaufen haben, und – Ihnen zum Nach-, der Institution zum Vorteil – im öffentlichen Dienst können Sie in eine niedrigere Gehaltsstufe eingruppiert werden (E9 bis E11 TV-L).[89]

Zu den beruflichen Exotika in mehr als einer Hinsicht zählt der historische Reiseführer. **HisTourismus**
Für eine Spezialisierung auf diese Branche spricht, dass der Tourismus einer der größten Wirtschaftszweige weltweit ist. Bisher arbeiteten hier fast ausschließlich Touristikfachleute, Betriebswirte und Juristen, die für Reiseveranstalter oder Fremdenverkehrsämter die Reiseleitung, das Produktmanagement und auch PR, Text und Lektorat übernehmen – als Historikerin können Sie also vor allem aufgrund Ihrer Fachkompetenz erfolgreich sein. Neben der reinen Reiseleitung von Studien- oder Bildungsreisen können Sie auch – vielleicht sogar im Rahmen einer Unternehmensgründung – ganze Touren konzipieren, die dazu passenden Unterlagen erstellen, Reiseführer schreiben oder bei der Planung und Förderung touristischer Projekte in Ihrer Region mitwirken. Neben der Fachkenntnis brauchen Sie Sprach- und Ortskenntnis für das bereiste Gebiet, müssen Sie gut mit Menschen umgehen können und, je nach Ausrichtung der Touren, diese auch körperlich durchstehen. Sie sollten sich jedoch auch über die Schwierigkeiten im Klaren sein: Wenn Sie viel reisen, können Sie familiäre Verpflichtungen nicht immer wahrnehmen, auf soziale Veränderungen schlecht reagieren und müssen gesundheitlich sehr stabil sein. Da gerade bei historischen Themen viele Nebenberufler ihre Dienste anbieten, ist die Bezahlung recht gering. Viele Reiseleiter sehen ihre Tätigkeit zwar als vorübergehend an, verzichten dann auf den Absprung oder schaffen ihn nicht mehr. Leichter wird Ihnen dies vermutlich fallen, wenn Sie es professionalisieren. Der deutsche Reiseleiterverband z. B. bietet Ausbildungen zum Reiseleiter an, viele Reiseveranstalter haben zudem eigene Schulungsprogramme.

Was können Sie bereits während des Studiums tun?

Wie stets sind auch hier einschlägige Praktika der erste Schritt, um einen Einblick in das für **Erfahrungen**
Geisteswissenschaftler doch noch fremde Feld zu erhalten und erste Erfahrungen zu sam- **Sich Be-Werben**
meln. Allerdings konkurrieren Sie bereits um die Praktikumsplätze mit Studierenden anderer **BWL**
Fachrichtungen und müssen Überzeugungsarbeit leisten. Dabei zeigen Sie gleich, dass Sie
„verkaufen" oder „bewerben" können, nämlich sich. Auch eignet sich die Studienzeit zum

Sammeln von Auslandserfahrung. Hier kommt sowohl ein Auslandssemester in Betracht als auch z. B. die Arbeit im Ausland während der Semesterferien. Der DAAD an Ihrer Universität und auch die Arbeitsagentur bieten Ihnen hierzu Informationen. Anhand von Kursen, Zeitungs- bzw. Internetlektüre und ggf. auch Auslandszeiten bietet es sich nun an, Ihr gesprochenes und geschriebenes Englisch zu perfektionieren. Zur Aneignung von betriebswirtschaftlichen Grundlagen oder für Bewerbungstrainings sollten Sie in einem ersten Schritt die Angebote Ihrer Universität nutzen, etwa offene Veranstaltungen der Wirtschaftswissenschaften, des Studium Generale oder der Studienberatung. Selbststudium von Einführungswerken oder der Besuch von Lehrveranstaltungen anderer Institute, z. B. Fernstudienkurse oder Online-Angebote, können dies ergänzen. Auch Ihr Netzwerk können Sie nun aufbauen, indem Sie z. B. bei studentischen Organisationen wie Campus Consult oder bei Headhuntertagen der Universität mitwirken.

Was können Sie im Anschluss an das B.A.-Studium tun?

Masterprogramme

@

Grundsätzlich können Sie die Maßnahmen aus dem B.A.-Studium auch im M.A.-Fachstudium fortführen. Unmittelbar auf einen ökonomischen Einsatz historischen Wissens bereitet der M.A. Public History an der FU Berlin vor. Dank der Ausdifferenzierung der Masterangebote bietet sich je nach Studienordnung eventuell auch ein Fachwechsel an: An manchen Universitäten können Sie mit einem geisteswissenschaftlichen B.A. in einen wirtschaftswissenschaftlichen M.A. wechseln und sich z. B. auf „Personal" oder „Marketing" spezialisieren. Falls Sie der Bereich Werbung interessiert, eignet sich die Masterphase oder die Zeit unmittelbar nach dem B.A.-Abschluss für die Arbeit an einer Mappe mit Arbeitsproben, den Besuch von Veranstaltungen, die kreative Bewerbungen vermitteln oder den „Copytest". Sie sollten nun Bewerbungserfahrungen sammeln, indem Sie sich auf Ausschreibungen oder initiativ bewerben, Ihr Profil in Internetbörsen wie monster.de oder xing.com einstellen, Headhunting-Veranstaltungen oder Bewerbermessen besuchen.

Weitere Möglichkeiten

MBA

@

Als ein Weg zum Erfolg gilt die Ergänzung des Fachstudiums durch einen Master of Business Administration (MBA). Dieses meist viersemestrige Studium ist nicht konsekutiv, kann also studiert werden, ohne dass Sie ein grundständiges wirtschaftswissenschaftliches Studium absolviert haben. Der Haken: Es ist kostenpflichtig; der Durchschnittspreis in Deutschland beträgt 17.000 Euro. Den Ausweg bieten Stipendien. In einem MBA-Programm lernen Sie als Geisteswissenschaftler viel Neues und zunächst viel Theorie: Mikro- und Makroökonomie, Wirtschaftsrecht, Rechnungswesen, Finanzwirtschaft, Vertrieb, Marketing, Produktionsmanagement, IT, Personalmanagement, strategisches Management, wissenschaftliche Methoden. Da der MBA auf Führungsaufgaben vorbereitet, bieten die Programme auch Module zu Führungsverhalten, unternehmerischem Denken, Verhandlungsgeschick und Kommunikationsfähigkeit. Die Seite www.mba-studium.net hält Informationen über das Was?, Wo? und Wie? von MBA-Programmen bereit.

Für die Unternehmensberatung können Sie sich professionalisieren, indem Sie z. B. einen post-graduellen Studiengang (also einen solchen, den Sie nach einem B.A.-Abschluss belegen können) absolvieren. International Management Consulting können Sie an der FH Ludwigshafen mit Abschluss MBA studieren. Die Hochschule Wismar (mit Standorten in Wismar, Frankfurt a. M. und München) bietet einen berufsbegleitenden Fernstudiengang mit dem Abschluss „Master of Business Consulting" an. Für das Projektmanagement bieten gleichfalls verschiedene Universitäten und Fachhochschulen berufsbegleitende Studiengänge an, etwa die FH Gießen-Friedberg, die FH Reutlingen-Ludwigsburg, das Fundraising-Institut Wien oder die Universität Freiburg (Schweiz).

An vielen Universitäten werden inzwischen Mentoringprogramme, oft auf Frauen zugeschnitten, angeboten. Hier leiten berufserfahrene Frauen den Nachwuchs an. Die persönliche Betreuung und die oft lange Phase der gemeinsamen Arbeit stellen eine gute Möglichkeit und große Chance dar, um selbst Erfahrungen zu sammeln, Kontakte zu knüpfen und Feedback zu erhalten. Informationen erhalten Sie bei den Fachstudienberatern, der zentralen Studienberatung oder der Mentoringstelle der Universität (am besten gehen Sie über die „Suche" der Uni-Homepage).

Wenn Sie bereits über erste Berufserfahrung verfügen oder eine kaufmännische Ausbildung absolviert haben, können Sie eine berufliche Weiterqualifizierung anschließen, z. B. zum Wirtschafts- oder Handelsfachwirt, für den Bereich Personal zum Fachwirt für Arbeitsstudium und Betriebsorganisation oder für das Kulturmanagement zum Veranstaltungsfachwirt.[90]

Mögliche Schwierigkeiten

Gemeinsam ist allen Arbeitsbereichen in der Wirtschaft die hohe Arbeitsintensität einschließlich Wochenend- und Reisetätigkeit, die insbesondere zu Beginn der Karriere und in Führungspositionen vorausgesetzt wird. Dies kann neben der eigenen Belastung auch zu Schwierigkeiten im persönlichen Umfeld führen – hier ist also bereits im Vorfeld zu empfehlen, eine derartige Karriereplanung mit der Familie abzustimmen. Insgesamt kann es irritieren, nach der hohen persönlichen Freiheit im geisteswissenschaftlichen Studium sich nun um des Erfolgs Willen anpassen zu müssen. Je nach Typ und Gemüt kann es belastend sein, das eigene Studium in einer Rechtfertigungsposition hinsichtlich Notwendigkeit und Bezahlung zu finden und gleichzeitig einen von den Fachwissenschaftlern verpönten Weg eingeschlagen zu haben. Sie müssen verkaufen können und hier möglicherweise persönliche Werte hintanstellen. Sie betreiben eine Dienstleistung und müssen ein Produkt liefern; Ihre analytische Arbeit ist nicht frei. Auch eine Anpassung an die Gepflogenheiten im Wirtschaftssektor sowohl hinsichtlich der Argumente (Zahlen und Bilanzen) als auch hinsichtlich der eigenen Außendarstellung (z. B. mittels Kleidung, Sprache und Statussymbolen) entspricht möglicherweise nicht dem Ich-Bild. Frauen schneiden in Gehaltsverhandlungen schlechter ab als ihre männlichen Kollegen und müssen sich auf ein männlich dominiertes Spielfeld mit entsprechenden Regeln einrichten; ob diese Einrichtung als Anpassung, Opposition oder komplementär vonstattengeht, ist wiederum eine Typfrage.

Die Karriere ist oft nur auf dem Papier planbar. Viele Projektmanager bleiben selbstständig, ohne es zu wollen, da sie nicht übernommen werden; für Unternehmensberater sind anhand der hohen Personalfluktuation schnelle Zyklen von Auf- und Ausstieg zu verzeich-

Weitere
Studienangebote

Fachwirt

Hohe Belastung

Anpassung an den
Wirtschaftssektor

nen. Sie müssen also einen Umgang mit dem Erfolgs- und Arbeitsdruck und der doch latent vorhandenen beruflichen Unsicherheit finden können.

Die schönen Seiten

Gestaltungs-
möglichkeiten
Einstiegsgehälter
Sprungbrett

Da Arbeit in der Wirtschaft in aller Regel Projektarbeit ist, treffen Sie hier auf ein sehr abwechslungsreiches Tätigkeitsfeld, das stets neue Herausforderungen, neue Menschen, neue Themen bereithält. Die Flexibilität, die von Ihnen verlangt wird, können Sie oft auch ausleben und insbesondere in der Arbeit mit historischen Themen kreativ umsetzen – kein Fachzwang hält Sie. Gerade weil die Tätigkeit von Historikern im Wirtschaftssektor noch undefiniert ist, haben Sie die Möglichkeit, einerseits den Markt mit zu gestalten, andererseits auch neue Arten historischen Arbeitens zu erproben und damit das „akademische Monopol" auf historische Erkenntnis in Frage zu stellen. Je nach Tätigkeit und Branche sind die Einstiegsgehälter exorbitant hoch, kann der berufliche Aufstieg sehr zügig erfolgen und Ihre Fähigkeiten nehmen rasch zu (allerdings gibt es auch das Gegenteil). Dass damit der eigene Status geschmückt werden kann und sich dies positiv auf das Selbstwertgefühl auswirkt, ist evident. Insofern kann die Tätigkeit z. B. bei einer Unternehmensberatung insbesondere zu Beginn des Berufslebens als Sprungbrett in eine „ruhigere" Karriere gesehen werden, bietet Sie Ihnen möglicherweise die Erfahrung und finanziellen Rücklagen, die Ihnen den Einstieg in ein „Herzensgebiet" ermöglichen.

Tipps

Assessment
Center

Auch wenn Stellen auf konventionellem Wege (Beziehungen bzw. schriftliche Bewerbung und Vorstellungsgespräch) vergeben werden, ist gerade in diesem Arbeitsfeld die Kenntnis von unterschiedlichen Bewerbungsverfahren notwendig. Insbesondere mit dem Assessment Center sollten Sie sich auseinandersetzen, wenn möglich, nicht nur mittels Lektüre, sondern auch in speziellen Vorbereitungsseminaren, die z. B. vom „Studium Generale" (o. ä.) Ihrer Universität angeboten werden. Ein Blick in das Kursangebot der Wirtschaftswissenschaften lohnt sich.

Campus Consult

Arbeiten Sie früh an Netzwerken, die das geisteswissenschaftliche Spektrum überschreiten. Insbesondere für die Bereiche, in denen Sie aufgrund Ihres Studienfaches nicht firm sind, kann der Zusammenschluss mit Wirtschaftswissenschaftlern, Juristen, Grafikern etc. sehr gewinnbringend sein. Sie lernen z. B. durch Verbindungen wie Rotary, Campus Consult oder Mentoringteams viel über Karriereförderung, Kontaktbörsen, „Moden", vielleicht können Sie auch auf Kontakte zurückgreifen, etwa für eine Auslandzeit oder ein Praktikum.

Initiative!

Gerade in der Wirtschaft können Sie sich gut initiativ bewerben. Allerdings müssen Sie beachten, dass Sie bereits in Ihrer Bewerbung Schlüsselkompetenzen zum Ausdruck bringen. Ihre Bewerbung verrät, ob Sie sich gut informiert haben und folglich über Recherchekompetenz verfügen. Schummeln Sie nicht im Lebenslauf, da vermutlich ein Personaler ihn lesen wird – und der ist Profi für das Lesen von Lebensläufen.[91]

Lesen Sie!

Lesen Sie viel. Sie sollten sowohl als Historikerin erkennbar bleiben, also einen Überblick über jüngste Forschungen haben, als auch durch die Tagespresse und Fachzeitschriften (z. B. „Jahrbuch für Kulturmanagement") über das wirtschaftliche Geschehen informiert sein. Auch wenn aus nicht immer identifizierbaren Quellen und in vielen Ratgebern eine Stromli-

nienform gepredigt wird und diese sicherlich ihre Vorteile bietet: Authentizität und Persönlichkeit sind Kapital, mit dem sich oft erfolgreicher arbeiten und zufriedener leben lässt. Sei-
en Sie nicht opportunistisch und legen Sie sich eine Haltung zu – durchaus eine kritische,
auch zu wirtschaftlichen Themen. Dies ist mit Arbeit, Lektüre und Diskussionsbereitschaft
verbunden.

Chancen

Pauschal ist in einem solchen Werk mit mittlerer Halbwertszeit gerade für den Wirtschaftssektor kaum zu prognostizieren, wie die Chancen stehen. Da Historiker und andere Geisteswissenschaftler diesen Markt gerade erst für sich erschließen, stehen die Chancen, hier einzu-
steigen, sicherlich nicht schlecht. Falls Sie dies planen, sollten Sie jedoch bedenken, dass Sie
mit Wirtschaftswissenschaftlern, Juristen und anderen Geisteswissenschaftlern um die Stellen, Aufträge und Ressourcen konkurrieren. Sie müssen also auf den „technischen" Feldern
(EDV, Sprache, betriebswirtschaftliche Grundkenntnisse) selbstverständlich dasselbe bieten
können; Ihr Fachstudium hebt Sie von der Masse ab. Hinzu kommt, dass Sie als B.A. bzw.
M.A. mehr als ein Fach studiert haben sollten. Ihre Kenntnis unterschiedlicher Themenbe-
reiche und Methoden sowie die professionalisierte Lernfähigkeit sind gute Ausgangspunkte,
die Ihnen die Einarbeitung in weniger vertraute Bereiche erleichtern werden und gleichzeitig
die Auswahl von und somit Chancen auf Beschäftigungen steigen lassen.

Bis zu 10 % der Stellen in der Unternehmensberatung sind von Geisteswissenschaftlerinnen besetzt.[92] Als Historikerin können Sie sich bei den bekannten großen Beratungsunternehmen über die Bewerbungsformulare, die meist online auszufüllen sind, offen bewerben.
Weiterhin gibt es Unternehmen, die im geschichtsaffinen Bereich (z. B. für den historischen
Kontext bei Auslandsverträgen) Beratung benötigen oder selbst „geschichtsnah" sind. Wenn
Sie projektbezogen, analytisch und teamorientiert arbeiten können und dazu noch „typisch
geisteswissenschaftliche" Schlüsselqualifikationen, wie soziale Kompetenz und Kommunikationsstärke, einsetzen, können Sie Arbeits- und Auftraggeber überzeugen, dass Sie ein Projekt
sowohl methodisch-fachlich als auch organisatorisch hinsichtlich Gestaltung, Budget und
Steuerung erfolgreich verwirklichen werden.

Generell werden auch die Arbeitsmarktchancen für Projektmanager als recht gut eingeschätzt, doch ist dies mit Vorsicht zu genießen. Da eine gute Begriffsarbeit durchaus auch
Hausfrauentätigkeit unter Projektmanagement fasst, ist das Spektrum der bezeichneten Arbeitsplätze und somit auch Profil, Verantwortung und Bezahlung der Stellen sehr breit. Weil
immer mehr Tätigkeiten als Projektmanagement bezeichnet werden, steigen natürlich die
Chancen, eine eben solche zu übernehmen, auch wenn dies die konkreten Aufgaben nicht
definiert. Um eine Beschäftigung zu finden, die Ihrer Qualifikation, Ihrem Entwicklungspo-
tential und Ihren Gehaltsvorstellungen entspricht, müssen Sie sehr genau auf die Stellenbe-
schreibungen schauen. Sie sollten Ihre Netzwerke nutzen, um sich im Vorfeld über frei wer-
dende Positionen, geplante Projekte und den Hintergrund der Vorhaben zu informieren.
Meist werden Projektmanager für ein konkretes Projekt angestellt und haben daher oft befristete Verträge.

Für eine Tätigkeit im Bereich Personal kommen neben dem öffentlichen Dienst große Unternehmen mit mehr als 1.000 Mitarbeitern bzw. einer eigenen Personalabteilung, Zeitar-
beitsunternehmen oder „Personalbörsen" in Frage. Mit einschlägiger Erfahrung, etwa mittels
Praktika oder Projektarbeit, dem (selbstverständlichen) Beherrschen der notwendigen theo-

retischen Grundlagen besteht für Geisteswissenschaftler mit ausgewiesener Kommunikations-
kompetenz und sozialen Fähigkeiten hier durchaus Einstellungspotential. Allerdings stellen
Wirtschaftswissenschaftler, die sich im Haupt- oder Masterstudium auf den Bereich „Personal" spezialisiert haben, eine starke Konkurrenz dar!

Bislang kaum in Erscheinung getreten, aber mittelfristig von immer größerer Bedeutung ist
der Bereich des Fundraising. Gerade im kulturellen und sozialen Bereich ziehen sich öffentliche Geldgeber immer stärker zurück; Museen, Autoren, Stiftungen, auch Universitäten sind
zunehmend auf „Drittmittel" und Spenden angewiesen, auch als Dienstleistung für Freiberufler kommt das Fundraising in Betracht. Die Nachfrage nach gut ausgebildeten und ver-
netzten Fundraisern ist groß.[93]

Auch Stellenanzeigen für die Bereiche Werbung und Marketing suchen kaum gezielt nach
Geisteswissenschaftlern. Jene konkurrieren in diesem Bereich mit Betriebswirten mit dem
Schwerpunkt Marketing, mit Grafikern und Informatikern. Historiker arbeiten in der Werbung häufig als Texter (selbstständig oder angestellt). Die Gehälter werden im Unterschied zu
denen der Unternehmensberatung jedoch wieder geisteswissenschaftlicher: Texter erhalten
ein Anfangsgehalt von 20.000 bis 25.000 Euro netto pro Jahr. Doch dies ist nicht die einzige
Variante: Auch als Projektmanager zur Betreuung ganzer Marketingstrategien können Geisteswissenschaftler eingesetzt werden, zur Beratung, Konzeptionierung, Kommunikation etc.
Da Deutschland als bedeutendster Werbemarkt in Europa gilt und Marketing einen immer
wichtigeren Stellenwert einnimmt, auch in Branchen, die früher nicht „werbeaffin" waren
(z. B. Universitäten), können Historikerinnen auch Tätigkeiten mit fachlicher Nähe finden
(→ History Marketing) bzw. genau dort nachgefragt sein.

Wo bleibt die Geschichte im Beruf?

Ihr Fachstudium ist in Bewerbungsverfahren – und die finden in der Wirtschaft neben Ihrer
Einstellung in eigentlich jeder Akquise statt – Teil Ihrer „Marke", die Sie von anderen Bewerbern abhebt, wenn auch das notwendige Wirtschaftswissen nicht ersetzt. Als Historiker
evozieren Sie oft ein alltägliches Geschichtsbild (chronologisch, preußisch, männlich, positivistisch geprägt) gepaart mit den Soft Skills, für die die Geisteswissenschaften seit einige Jahren berühmt sind. Geschichte kann in konkreten Beratungssituationen weiterhin als An-
fangspunkt, Anekdote (rhetorisch, motivierend), Analogie oder Kontext (explizierend) dienen
oder den Markenaufbau gewährleisten. Geschichtswissenschaftliche Vorgehensweisen sind
eher auf affine Bereiche wie Kulturarbeit oder wissenschaftliche Dienstleistungen beschränkt.

Lektüre @

History Marketing

Berghoff, Hartmut: Moderne Unternehmensgeschichte: Eine themen- und theorieorientierte
Einführung, Paderborn 2004

Hardtwig, Wolfgang/Schug, Alexander (Hg.): History Sells! Angewandte Geschichte als Wissenschaft und Markt, Stuttgart 2009

Schug, Alexander: History Marketing: Ein Leitfaden zum Umgang mit Geschichte in Unternehmen, Bielefeld 2003

Unternehmensberatung

Eichmann, Hubert/Hofbauer, Ines: „Man braucht ein sehr hohes Energieniveau." Zum Arbeitsalltag von UnternehmensberaterInnen, Berlin 2008

Hartenstein, Martin et al.: Karriere machen. Der Weg in die Unternehmensberatung, Wiesbaden [8]2009

Pohlmann, Markus/Zillmann, Thorsten (Hg.): Beratung und Weiterbildung, Fallstudien, Aufgaben und Lösungen, München/Wien 2006

Arbeitslosigkeit

Weder ist es eine Schande, unmittelbar nach dem Studium zunächst keine Stelle zu finden, noch ist es ungewöhnlich. Aufgrund des zweistufigen Studiensystems kann es Sie sogar vorher treffen, z. B. zwischen der letzten Bachelor-Prüfung und der Aufnahme des Masterstudiums. Eine große Sorge vieler Studierender ist, „Hartz IV" in Anspruch nehmen zu müssen, und damit zugleich alle angebotenen Stellen – das kann im Zweifel das ganze Studium in Frage stellen.

Unmittelbar nach dem Studium erfüllen viele tatsächlich noch nicht die Voraussetzungen, um Arbeitslosengeld beantragen zu können. Sie können sich dennoch arbeitssuchend melden oder arbeitslos, ohne Leistungen in Anspruch nehmen zu wollen. Dies bietet Ihnen nicht nur den Vorteil, die Service-Angebot der Arbeitsagentur nutzen zu können, wie Beratung, Schulungen, evtl. auch Coaching, es wird vor allen Dingen wichtig für Ihre Rentenanrechnungszeit.

Arbeitssuchend Arbeitssuchend müssen Sie sich spätestens drei Monate vor Studienende melden; dies kann zunächst online erfolgen (www.arbeitsagentur.de → Jobbörse). Auch als Arbeitssuchender können Sie Beratung, Vermittlung und Informationen der Arbeitsagentur in Anspruch nehmen und nach Prüfung des Einzelfalls finanzielle Hilfen wie z. B. die Erstattung von Bewerbungskosten erhalten.

Arbeitslos „Arbeitslos" definiert Sie die Arbeitsagentur, wenn

- Sie sich bei Ihrer Arbeitsagentur gemeldet haben,
- Sie nicht in einem Beschäftigungsverhältnis stehen (weniger als 15 Stunden pro Woche arbeiten)
- Sie eine sozialversicherungspflichtige Tätigkeit suchen und diese ausüben können,
- Sie sich bemühen, ihre Arbeitslosigkeit zu beenden und
- Sie der Vermittlung der Arbeitsagentur zur Verfügung stehen.

ALG I Wenn Sie diese Voraussetzungen erfüllen, können Sie sich unmittelbar nach dem Studium arbeitslos melden, haben allerdings in der Regel keinen Anspruch auf ALG I, denn für den müssen Sie

- arbeitslos sein (s. o.),
- sich persönlich arbeitslos gemeldet haben (spätestens am ersten Tag der Beschäftigungslosigkeit),
- die Anwartschaftszeit erfüllt haben.

Die Anwartschaftszeit erfüllen Sie, vereinfacht gesagt,[94] wenn Sie innerhalb der letzten zwei Jahre vor der Beginn der Arbeitslosigkeit mindestens zwölf Monate sozialversicherungspflichtig beschäftigt waren – und das ist bei einem Vollzeit-Studium in aller Regel nicht der Fall.

Renten-anrechnungszeit Dennoch kann diese Arbeitslosmeldung (inklusive Beratungsgesprächen und bisweilen nervtötendem Papierkrieg) Vorteile für Sie haben. Grundsätzlich können Sie z. B. Informationen, professionelle Beratung und Arbeitsvermittlung der Agentur kostenlos in Anspruch nehmen. Zudem gilt die Zeit, in der Sie arbeitslos gemeldet sind, als „Rentenanrechnungszeit" – Sie sollten sich jedoch erkundigen, ob Sie wegen Kindererziehungszeiten oder im Rahmen des „Jobbens" diese Zeit nicht auch anders erwerben können. Rentenanrechnungszeit meint die Zeit, in der Sie in die Rentenversicherung einzahlen. Sie hat zunächst nichts mit der Höhe Ihrer künftigen Rente zu tun, sondern mit Ihrem grundsätzlichen Anspruch; wenn Sie eine bestimmte Versicherungszeit unterschreiten, bekommen Sie keine Rente. Ihr

Studium gilt in der Regel nur bis zum vollendeten 25. Lebensjahr als beitragsfreie Anrechnungszeit. Zusätzlich zum Beratungsangebot und der Rentenanrechnungszeit können bei einer Arbeitslosigkeit nach Prüfung Ihrer individuellen Situation finanzielle Hilfen gestellt werden, etwa in Form der Übernahme von Bewerbungskosten, dem Angebot beruflicher Weiterbildung, Fahrt- und Kinderbetreuungskosten (www.deutsche-rentenversicherung-bund.de).

Die Arbeitslosmeldung ist auch erforderlich, wenn Sie Arbeitslosengeld II in Anspruch **ALG II** nehmen wollen, vulgo Hartz IV. Zum ALG II kommen ggf. Sozialgeld, Kosten für die Unterkunft und weitere Fördermöglichkeiten. Ihr Ansprechpartner ist dann nicht die Agentur für Arbeit, sondern die „Arge", eine Arbeitsgemeinschaft aus (meist) den Kommunen und der Agentur für Arbeit; Sie finden die für Sie zuständige unter www.arbeitsagentur.de → Partner vor Ort (Stand 2010).

Als Studierender haben Sie in aller Regel keinen Anspruch auf ALG II. Dies ändert sich in dem Moment, in dem Sie die letzte Prüfungsleistung erbracht haben und älter als 25 Jahre sind: Dann (und nicht erst, wenn Sie Ihr Zeugnis bekommen) haben Sie bereits einen Anspruch. Sie können das ALG II auch im Voraus beantragen, da die Bearbeitung ca. zwei Monate dauert. Sobald Sie wieder ein Studium aufnehmen (z. B. ein Masterstudium) erlischt jedoch Ihr Anspruch. Wenn Sie jünger als 25 Jahre sind, haben Sie eventuell einen Unterhaltsanspruch gegenüber Ihren Eltern, so dass Sie also auch aus diesem Grund möglicherweise keinen Anspruch auf ALG II haben.

Da das allseits bekannte Motto der Arbeitspolitik „fördern und fordern" ist, verbinden sich auch Pflichten mit diesem Angebot: Sie müssen die Voraussetzungen für eine Arbeitsaufnahme schaffen, sich z. B. um Kinderbetreuung kümmern, selbst nach Stellen suchen, sich ggf. bundesweit bewerben, regelmäßig Ihre Bemühungen gegenüber der Arbeitsagentur dokumentieren, zumutbare Stellen annehmen und dafür auch eine Pendelzeit von bis zu zweieinhalb Stunden täglich (Hin- und Rückfahrt) in Kauf nehmen, an beruflichen Eingliederungsmaßnahmen teilnehmen sowie sich regelmäßig bei der Arbeitsagentur melden und nach Einladung kommen.

Wie Sie der Tagespresse unschwer entnehmen können, unterliegt das politische Feld „Arbeit" einem steten Wandel. Auch die Bedingungen der Arbeitslosigkeit ändern sich ständig – halten Sie hier also die Augen offen, und vereinbaren Sie, wenn Sie betroffen sind, einen Beratungstermin z. B. mit der Studienberatung Ihrer Universität, der Beratungsstelle der Arbeitsagentur auf dem Campus oder der Arbeitsagentur selbst.

Praktikum

unter Mitarbeit von Hedwig Liese

Warum ein Praktikum?

Das Fachstudium Geschichte mündet immer seltener in eine wissenschaftliche Laufbahn. Das Spektrum der Berufsmöglichkeiten außerhalb der Universität, zu dem ein Geschichtsstudium befähigt, ist breiter gefächert als man annehmen möchte und erfordert daher in den jeweiligen Berufsfeldern automatisch Kenntnisse, die die Hochschule allein nicht vermitteln kann. Die Aufgeschlossenheit gegenüber alternativen Berufsfeldern und der Wille zum Erwerb überfachlicher Zusatzqualifikationen sind somit wichtiger denn je. Immer wieder haben Sie unter den „To-Dos" der letzten Kapitel von der Notwendigkeit eines Praktikums gelesen, und auch im Studium hören Sie immer wieder davon, in einer Art, als bestehe keine Erklärungsnotwendigkeit. Warum aber sollten Sie ein Praktikum absolvieren?

Sie müssen! Die erste Antwort ist ganz einfach: Weil Sie es als B.A.-Studierender vermutlich aufgrund Ihrer Prüfungsordnung müssen. Jene setzt auch bestimmte Richtlinien fest, damit ein Praktikum anschließend anerkannt wird. Erkundigen Sie sich im Vorfeld, indem Sie Ihre Prüfungsordnung oder das Modulhandbuch konsultieren und einen Termin mit Ihrem Fachstudienberater oder Praktikumsbeauftragten vereinbaren.

Sie dürfen! Zweitens sollten Sie ein Praktikum absolvieren, weil Sie es dürfen: Sozial stehen Sie als Studierender unter einem gewissen gesellschaftlichen Schutz, der Ihnen – nur in dieser Lebensphase! – die Gelegenheit gibt, Ihr Leben in eigene Hände zu nehmen, sich auszuprobieren, sich neu zu orientieren, Breite und Tiefe in Ihrem Portfolio zu gewinnen.

Es nutzt Ihnen! Drittens sollen Sie es tun, weil es Ihnen nutzt: Überall werden für den Berufseinstieg Erfahrungen und Arbeitsproben verlangt – im Praktikum sammeln Sie sie. Das Problem des undefinierten Berufsbildes eines Historikers macht eine Orientierung nötig, damit Sie Entscheidungen für Ihre weitere Laufbahn treffen können. Da das Studium, gerade in den ersten Semestern, oft Ihr Wissen, aber noch nicht Ihr Können im Sinne einer praktischen Anwendung und Umsetzung von Theorien und Fertigkeiten fördert, erlaubt Ihnen ein Praktikum eine Einschätzung Ihrer Vorlieben und Fähigkeiten, da sie sich in der Praxis bewähren müssen. Dies fördert wesentlich Ihre Selbstwahrnehmung und -einschätzung. Nutzen dürften Ihnen auch die im Praktikum geknüpften Netzwerke: Etwa 30 % der Arbeitsverträge resultieren daraus, andere Praktikanten werden gezielt an andere Arbeitgeber weiterempfohlen[95].

Sie nutzen anderen! Viertens nutzen auch Sie als Praktikant, zum einen dem Unternehmen (so Sie mehr als zwei Wochen dort verbringen), weil Sie neue Ideen, den Kontakt zur Universität und Ihre Arbeitskraft mitbringen, zum andern jedoch auch den Geisteswissenschaftlern, die sich ihre Beschäftigungsfelder oft suchen und schaffen müssen – an vielen Orten können Sie Pionierleistungen erbringen und zum Botschafter Ihres Studienfaches werden.

Weil es Bildung ist! Letztens gehört das Sammeln von Erfahrung an mehr als einem Ort zur Tradition von Bildung: Nicht umsonst gingen Adlige auf die Grand Tour und gehen Handwerksgesellen wieder auf Wanderschaft.

Ein Praktikum vollzieht sich in Zeit...

Ihre Prüfungsordnung gibt vermutlich den Rahmen für Zeitpunkt und Dauer eines Praktikums vor. Falls Sie es während der Semesterferien absolvieren wollen oder müssen, sollten Sie zeitig mit der Planung beginnen; am besten unmittelbar nach Studienbeginn, spätestens jedoch neun bis sechs Monate vor dem eigentlichen Start. Weiterhin bietet sich die Phase zwischen Bachelorprüfung und dem Beginn eines Masterstudiums für ein längeres Praktikum an. Klären Sie für diesen Zeitraum jedoch unbedingt, ob Sie Ihren Studierendenstatus behalten, da es Auswirkungen auf Ihre Krankenversicherung und ggf. das Kindergeld hat. Falls Sie ein längeres Praktikum angeboten bekommen oder es im Ausland verbringen wollen, können Sie auch ein Urlaubssemester beantragen.

Achten Sie auf die Länge des Praktikums. Wenn Sie sich zunächst orientieren und über einen Beruf informieren möchten, genügt ein Schnupperpraktikum von ein bis zwei Wochen Länge. Allerdings sind viele Unternehmen hier skeptisch, da Sie in so kurzer Zeit mehr Arbeit verursachen als verrichten – schließlich müssen Sie betreut werden. Auch ein Zeugnis für eine so kurze Seit hat wenig Sinn, so dass Sie dies wirklich nur für Ihre persönliche Information, nicht aber als relevant für Ihr Studium oder den Arbeitsmarkt verstehen sollten. Ein Orientierungspraktikum dagegen dauert bis zu drei Monaten, ein Zeitraum, der es Ihrem Arbeitgeber ermöglicht, Sie so einzusetzen und zu bewerten, dass Sie ein Zeugnis erhalten können. Es kann Ihnen als echte Entscheidungshilfe dienen. Eher in den technischen Fächern hat sich das Werkstudentenpraktikum etabliert, eine dauernde Mitarbeit neben dem Studium. Geisteswissenschaftlerinnen bekommen seltener ein solches Angebot, allerdings schärft sich bei Beratungsstellen, Studierenden und auch Unternehmen gerade erst der Blick dafür – auch hier sind Pioniere gefragt.

... und Raum.

Sie können Ihr Praktikum in zwei Räumen suchen: zum einen an Orten und Institutionen, zum anderen in Medien. Für Historiker gibt es einschlägige Praktikumsanbieter wie Museen, Archive und Bibliotheken; darüber hinaus können Sie sich z. B. bei Stiftungen, Verlagen, im Bereich Presse- und Öffentlichkeitsarbeit, Kultur- und Veranstaltungswesen, in Verwaltungen sowie bei großen Unternehmen bewerben – schauen Sie auch in die vorangegangenen Kapitel und die dort aufbereiteten Hinweise zu Arbeitsorten und potentiellen Arbeitgebern.

Orte und Medien

Die Suche nach einem Praktikumsplatz erfolgt ähnlich wie die Stellensuche in erster Linie über Internetangebote, Zeitungen und Zeitschriften. Viele Institute unterhalten inzwischen eine eigene Praktikumsdatenbank und haben Absprachen mit Institutionen und Unternehmen getroffen. Manche Fakultäten, Institute oder die Zentrale Studienberatung haben Praktikumsbeauftragte, die Ihnen bei der Suche und Organisation behilflich sein können. Auch die Hochschulstelle der Arbeitsagentur, den CareerService Ihrer Universität oder das International Office können Sie gezielt ansprechen. Natürlich müssen Sie nicht unbedingt eine Stelle *suchen*; Sie können sie auch *finden*: Eigeninitiative bei der Praktikumssuche, Interesse an einem bestimmten Unternehmen oder einer Institution wird oft begrüßt und positiv gewertet. Auch für Bewerbungsverfahren bei der zukünftigen Stellensuche ist das Praktikum ein Training!

In anderen Fachbereichen, vor allem in den Wirtschafts- und Technikwissenschaften gibt es Jobmessen, die teils in den Universitäten selbst abgehalten werden. Geisteswissenschaftlern ist es nicht untersagt, sich dort umzusehen und das Gespräch zu suchen, auch hier bietet sich wieder ein Feld für Pioniere: Stoßen Sie, vielleicht gemeinsam mit Ihren Lehrenden, Studienberatern, der Studierendenvertretung doch einmal eine solche Fachmesse an! Sie sammeln wertvolle Erfahrungen, Kontakte und Verdienste!

Bewerben

Was wollen Sie? Wenn Sie auf der Suche nach einem adäquaten Praktikumsplatz die unten aufgelisteten Jobbörsen bemühen, werden Sie womöglich schnell an Ihre Grenzen stoßen, nämlich dann, wenn Sie gar nicht genau wissen, wonach Sie suchen und was Sie wollen; auch „irgendwas mit Medien" ist kein klares Ziel. Selbstverständlich darf das Praktikum der Orientierung dienen, aber eine grundsätzliche Richtung müssen Sie bereits bei der Suche einschlagen. Hierbei können Sie von dem Berufsfeld ausgehen und das Netz immer enger ziehen, z. B. „irgendwas mit Medien" – „im Zeitschriftenbereich" – „in Süddeutschland" und sich jeweils überlegen, was genau Sie daran interessiert. Sie können aber auch sich selbst zum Ausgangspunkt nehmen, und fragen, welche Fähigkeiten und Kompetenzen Sie gern in der Praxis erproben würden, z. B. Kommunikations- und Organisationstalent sowie einen sicheren sprachlichen Stil – dann eignet sich vielleicht der Bereich Public Relations. Diese Überlegungen sind nicht nur wichtig, damit Sie sich in den Angeboten zurecht finden; bei einem Qualifikationsgespräch werden Sie vermutlich nach Ihrer Motivation und Ihren Erwartungen gefragt und sollten eine ehrliche, durchdachte Antwort bereit halten.

Erster Kontakt Unabhängig davon, ob Sie sich initiativ oder auf eine Ausschreibung hin bewerben: Ehe Sie Ihre Unterlagen abschicken, sollten Sie telefonisch Kontakt aufnehmen (manchmal wird in der Stellenanzeige auch ein Ansprechpartner genannt). Bereiten Sie sich auf dieses Gespräch vor: Was wollen Sie wissen – z. B. Informationen zum Arbeitsbereich, ob diese Stelle ein einmaliges Praktikum ist oder sie immer wieder durch neue Praktikanten besetzt wird, wenn die Stelle nicht ausgeschrieben war, ob und für welchen Zeitraum Sie sich bewerben können...? Stellen Sie dann gezielt ihre Bewerbungsunterlagen zusammen: ein Lebenslauf, Zeugnisse, Arbeitsproben und ein Anschreiben gehören in aller Regel dazu. Das Anschreiben wird an eine konkrete Person, nicht an die „sehr geehrten Damen und Herren" adressiert; falls die Stellenanzeige keine Kontaktperson nennt, tut es vielleicht Ihr Gesprächspartner am Telefon oder auf der Homepage des Unternehmens ist der Personalverantwortliche aufgeführt. Eine Bewerbung ist wörtlich zu nehmen: Sie bewerben sich und müssen das Gegenüber davon überzeugen, dass Sie der Richtige für die Stelle sind. Daher sollten Sie im Anschreiben begründen können, warum Sie dieses Unternehmen ausgewählt haben, nennen Sie Arbeitsbereiche, in denen Sie eingesetzt werden möchten und für die Sie vielleicht schon Erfahrungen mitbringen, formulieren Sie Ihre Motivation und Einsatzfreude. Falls Sie nun denken, Sie haben viel zu wenig zu bieten, seien Sie getröstet: Zum einen bewerben Sie sich nicht auf einen Leitungsposten, sondern auf ein Praktikum. Zum anderen können Sie viel von dem Aufgeführten durch eigene Recherche, Kommunikation und einen freundlich-kritischen Blick auf sich selbst erbringen.

Online-Bewerbung Falls eine Online-Bewerbung erwartet wird, sollten Sie auch diese gut vorbereiten. Inzwischen gelten dieselben formellen Maßstäbe wie für klassische schriftliche Bewerbungen. Scannen Sie daher Zeugnisse, Arbeitsproben und ein Foto ordentlich ein und sorgen Sie dafür, dass die Dateien eine angemessene Größe haben. Entweder können Sie das, was sonst ihre Bewerbungsmappe wäre, als eine PDF-Datei versenden, oder Sie finden Formulare auf den Internetseiten, die Sie ausfüllen bzw. in die Sie einzelne Dateien hochladen können.

Wenn Sie zu einem Gespräch eingeladen werden, bereiten Sie sich vor, indem Sie sich über das Unternehmen und Ihr Gegenüber informieren, sich selbst angemessen darstellen und tatsächlich ein Gespräch führen – nicht nur auf Fragen reagieren. Fragen Sie, was Sie inhaltlich von Ihrem Praktikum erwarten dürfen, wer Sie betreuen und in die Arbeitsprozesse einweisen wird, welche Aufgaben übernommen werden sollen. Falls Ihnen anschließend gesagt wird, dass man sich bei Ihnen melden werde, und Sie hören nichts, fragen Sie erst nach einigen Wochen nach – derartige Entscheidungen dauern bisweilen länger, als man denkt, z. B., weil ein Personalrat hinzugezogen werden muss oder das Unternehmen erst die für Sie passenden Aufträge abwartet. Spätestens aber eine Woche vor Praktikumsbeginn sollten Sie einmal nachhaken, schließlich müssen Sie auch planen.
Gespräch

Wohnen, Geld, Recht

Wenn Sie ein Praktikum an einem anderen als Ihrem Wohn- oder Studienort absolvieren wollen, müssen Sie sich um eine Unterkunft kümmern. Unterschiedliche Stellen können Ihnen dabei behilflich sein. Ihr erster Ansprechpartner ist das Unternehmen, das Sie einstellt: Vielleicht gibt es ein Gästehaus, Praktikantenwohnungen oder ein Mitarbeiter vermietet ein Gästezimmer? Auch der ASTA oder die Praktikumsbörse an Ihrer Hochschule können manchmal bei der Wohnungssuche vermitteln. Weiterhin gibt es im Internet Wohnungsplattformen. Leider fehlt für die Geisteswissenschaften ein funktionierendes übergreifendes Studierenden-Netzwerk – Sie ahnen es schon: Pionierarbeit!
Wohnen

@

Nicht jedes Praktikum wird vergütet. Es gibt Richtlinien, nach denen Studierende ca. 300 Euro monatlich erhalten sollten und ein Praktikum nach dem Studium den Lebensunterhalt sichert (www.fairwork-verein.de); wenn Sie allerdings ein in Ihrem Studiengang vorgeschriebenes Pflichtpraktikum absolvieren, muss der Praktikumsgeber es nicht vergüten.[96] Allerdings muss er Sie unfallversichern. Wenn Sie mehr als 400 Euro monatlich erhalten, können Steuern und Sozialversicherungsabgaben anfallen. Für alle Fälle sollten Sie sich frühzeitig um einen Sozialversicherungsausweis und Krankenversicherungsnachweis (beides von der Krankenkasse), eine Lohnsteuerkarte (beim Einwohnermeldeamt) und einen Studierendennachweis (vermutlich in Ihrer Schreibtischschublade) kümmern.
Geld

Wahrscheinlich haben Sie schon die Geschichten vom ausgebeuteten Praktikanten gehört, der eine Vollzeitkraft ersetzen muss, und auch die vom promovierten Kaffeekocher. Damit Ihnen dies nicht geschieht, müssen Sie Ihre Rechte kennen und am besten im Bewerbungsgespräch einige Bedingungen klären: etwa den Abschluss eines Praktikumsvertrags, der die gegenseitigen Rechte und Pflichten verbindlich regelt. Von wann bis wann dauert das Praktikum, mit welcher Wochenarbeitszeit? Wie verläuft der vorgesehene Ausbildungsplan, wer ist der Ansprechpartner für den Praktikanten? Wird die Leistung des Praktikanten entlohnt, und, wenn ja, in welcher Höhe? Unter welchen Umständen darf das Verhältnis gekündigt werden? Letztens haben Praktikanten ein Recht auf ein qualifiziertes Zeugnis.
Praktikumsvertrag

Falls es zu Konflikten oder Missständen während der Praktikumszeit kommt, kann man es in der Regel abbrechen. Wurde im Vorfeld vertraglich eine Probezeit vereinbart, erleichtert dies den sofortigen Ausstieg. Eine Rücksprache mit der zuständigen Stelle an der Universität ist in einem solchen Fall sinnvoll. Der Abbruch eines schlechten Praktikums ist kein Zeichen
Konflikte

von Schwäche, vielmehr von zielgerichtetem Handeln! Wer aus seinem Arbeitsverhältnis nicht so einfach herauskommt, dennoch unter schlechten Bedingungen leidet, wendet sich an den Betriebsrat oder an die Onlineberatung der DGB-Jugend (www.dgb-jugend.de). Auf dieser Seite findet man auch Bewertungen zu einzelnen Unternehmen hinsichtlich der Qualität ihrer Praktikumsangebote. Informieren können Sie sich auch unter www.recht-im-praktikum.de. Dokumentieren

Zeugnis... Erstes und für Ihre weiteren Ambitionen entscheidendes Dokument ist Ihr Praktikumszeugnis. Wenn nur die tatsächlich ausgeübten Tätigkeiten und die Dauer des Praktikums aufgeführt sind, handelt es sich um ein einfaches, wenn Ihre Arbeit auch bewertet wird, um ein qualifiziertes Zeugnis.

... und mehr Darüber hinaus verlangen manche Studienordnungen weitere Dokumentationen Ihrer Praxisphase, etwa mittels Lerntagebüchern, Tätigkeitsberichten oder Ergebnisprotokollen. Wenn Sie mithilfe des absolvierten Praktikums auch Arbeitsproben sammeln möchten, sollten Sie diese gleichfalls sorgfältig (und reproduzierbar) erstellen: Falls es von Ihnen geschriebene Pressemeldungen gibt, oder solche, in denen Sie genannt werden, heben Sie sie auf. Falls Sie Konzeptarbeit geleistet haben, bewahren Sie Ihren Arbeitsanteil. Falls Sie „nur" Immaterielles geleistet haben, dokumentieren Sie dies mittels Fotos (vielleicht kann Sie ein Kollege bei der Ausführung einer Tätigkeit fotografieren; gleichfalls können Sie Wandzeitungen, Ausstellungen etc. fotografisch festhalten). Wenn Sie Produkte erstellt haben, z. B. Flyer oder Texte, nehmen Sie davon ein Belegexemplar mit. Falls Sie an Datenbanken oder vertraulichem Material gearbeitet haben, beschreiben Sie die Arbeitsvorgänge, Projektbedingungen und verwendete Software usw.

Vorsicht!

Qualität Praktikumsstellen gibt es ausreichend, nur die Qualität ist es nicht immer. Ein Praktikum muss einem Studenten etwas bieten: Wirkliche Einblicke in das Berufsfeld, Teilnahme am Arbeitsprozess gewähren und zu einem Wissens- und Kompetenzzuwachs verhelfen. Die Möglichkeit des Ausprobierens, sprich der Orientierung muss gegeben sein. Der Bolognaprozess wurde von Arbeitgeberverbänden mit getragen – sie sind nun auch in der Pflicht, der Beschäftigungsfähigkeit einen Übungsraum zu geben und sich in den praktischen Teil der Bildung einzuschalten. Der Austausch zwischen Studierendem und Arbeitgeber soll ersterem eine gute Ausbildung ermöglichen und letztem gut ausgebildete Arbeitnehmer garantieren.

Ewiger Praktikant Besonders sensibel ist die Praktikumssituation nach dem Hochschulabschluss. Mit einem abgeschlossenen Hochschulstudium erwarten viele einen ordentlichen Arbeitsplatz. Zwar gelten Praktika und Volontariate inzwischen als gängige Weiterqualifizierungen nach dem Studium, quasi als Ausbildungsabschnitt, wie er für Lehramtskandidaten, Archivare u. a. völlig selbstverständlich ist, doch verkehrt sich dies bekanntlich bisweilen in Praktikumsplätze, die Vollzeitstellen ersetzen. Viele Absolventen begnügen sich – notgedrungen – mit einem Praktikum, um irgendwie einen Fuß in die Türe zu bekommen und vor allem keine Lücken im Lebenslauf entstehen zu lassen. Die Gefahr als „ewiger Praktikant" zu arbeiten, dauerhaft ein Scheinarbeitsverhältnis zu führen und dabei ohne Zweifel ausgebeutet zu werden ist hoch. Die Alternativen sind das Berufsfeld wechseln, Selbstständigkeit oder Zeitarbeit, was nicht selten in einer verdeckten Arbeitslosigkeit mündet. Daher muss man sich gerade als Absolvent entschieden gegen endlose Praktikumsverhältnisse stellen.

Gehen Sie daher gezielt Praktika und die zweite Studienstufe an. Nutzen Sie die Chance, sich in verschiedenen Unternehmen und Tätigkeitsfeldern zu erproben; je mehr berufsfeldorientierte praktische Erfahrung Sie schon zu Studienzeiten sammeln konnten, desto besser für einen guten Berufsstart.

Lektüre @

Christ, Sebastian: ...und wünschen Ihnen für die Zukunft alles Gute! Ein Leben als Praktikant, München 2009

Hesse, Jürgen/Schrader, Hans Christian: Praxismappe für Praktikanten, Volontäre, Trainees: Mit der optimalen Bewerbung zum erfolgreichen Berufseinstieg, Frankfurt a. M. 2006

Reflexionen und Übungen

Zu diesem Abschnitt

Die folgenden Reflexionen sind keine „Übungen" in dem Sinne, dass Sie anschließend eine Auflösung oder eine Antwort wie „richtig" oder „falsch" erhalten. Auch ist es kein Test, der Ihnen anschließend sagt, welcher Beruf der richtige für Sie ist. Es handelt sich vielmehr um Anregungen zur Reflexion Ihrer Persönlichkeit, Wünsche, Ziele und Kompetenzen und eine Einladung, jene über einen längeren Zeitraum und immer wieder zu beobachten und bewerten. Die Übungen sollen Ihnen helfen, Begriffe zu finden, zu überlegen, wie Sie Kompetenzen belegen können, wie Sie Ihre Entwicklung über das Fachliche, das im *Transcript of Records* dokumentiert wird, hinaus festhalten können.

Lektüre @

Jäger, Josef: Lebens- und Arbeitsplanung. Selbstmanagement für junge Leute, Darmstadt 1993

Nünning, Vera (Hg.): Schlüsselkompetenzen. Qualifikationen für Studium und Beruf, Stuttgart 2008

A Einschätzung eigener Fähigkeiten

1. Bitte füllen Sie die folgende Tabelle aus.

	ausgeprägt	vorhanden, aber verbesserungswürdig	nicht vorhanden
Meine Fähigkeit, themenrelevante Literatur und Information zu finden, ist			
Meine Anwenderkenntnisse in der EDV (Office-Produkte, Recherche etc.) sind			
Meine analytischen und konzeptionellen Fähigkeiten sind			
Meine Präsentationsfähigkeit ist			
Meine Textkompetenz ist			
Mein Denken in Zusammenhängen ist			
Meine Allgemeinbildung ist			
Mein Fähigkeit, Quellen im Original zu lesen, ist			
Meine Bewertungsfähigkeit von Forschungsmeinungen ist			
Meine zielgruppengerechte Vermittlung komplexer Zusammenhänge ist			
Meine Fremdsprachenkenntnisse sind			
Meine wirtschaftlichen und rechtlichen Kenntnisse sind			
Sonstiges			

	ja	nein
Ich lasse mich von Menschen und Themen begeistern.		
Ich bin konfliktfähig.		
Ich arbeite gut und gern selbstständig.		
Ich lerne schnell und gern.		
Ich bin zuverlässig.		
Ich bin ein ausgeglichener Mensch.		
Ich kann mich gut konzentrieren.		
Ich leite gern ein Team.		
Ich kann mich gut in andere einfühlen.		
Ich bin leistungsbereit.		
Ich bin kreativ.		
Ich bin bereit, Risiken einzugehen.		
Ich kann gut mit Kritik umgehen.		
Ich bin ausdauernd und hartnäckig.		
Ich kann mich gut in Teams einordnen.		
Ich kann gut organisieren.		
Ich gehe gut mit Geld um.		
Ich kann Menschen überzeugen.		
Ich kann Menschen zusammenführen.		
Ich kann gut zuhören.		
Ich bin offen für neue Menschen und Themen.		
Ich kann mich gut entspannen.		
Ich bin kontaktfreudig.		
Ich kann mich gut entscheiden.		
Ich bin belastbar.		
Ich habe Humor.		

2. Meine geistigen Fähigkeiten[97]

Ich kann ...	ausgeprägt	Vorhanden, aber verbesserungswürdig	nicht vorhanden
Informationen sammeln oder erschaffen			
Informationen durch Interviews oder Beobachtung von Menschen sammeln			
Informationen durch Untersuchung und Beobachtung von Dingen sammeln			
Sehr gut sinnlich wahrnehmen (hören, riechen, schmecken, sehen)			
Neue Ideen ausdenken, erfinden, erschaffen oder entwerfen			
zusammenstellen, suchen oder untersuchen			
Informationen managen			
Visualisieren, zeichnen, malen, inszenieren, Videos oder Software entwickeln			
Ähnlichkeiten oder Unterschiede vergleichen und/oder nachbilden			
Rechnen, mit Zahlen arbeiten, Buchführung			
Analysieren, in Teile zerlegen			
Organisieren, klassifizieren, systematisieren und/oder Prioritäten setzen			
Planen, ein Konzept entwickeln, um ein Ziel zu erreichen			
Rechnen, mit Zahlen arbeiten, Buchführung			
Übertragen, übersetzen, programmieren, entwickeln, verbessern			
Kombinieren, Teile zu einem Ganzen zusammenfügen			
Probleme lösen oder Strukturen in großen Datenmengen erkennen			
Entscheiden, bewerten, beurteilen oder Empfehlungen unterbreiten			
Informationen speichern			
Aufzeichnungen machen			
Speichern oder ablegen			
Informationen, Daten oder Ideen abrufen			
Andere Menschen dazu bringen, Informationen zu finden			
Gut erinnern, sich Details merken können			
Informationen nutzbar machen			
in Zusammenhang mit Menschen			
in Zusammenhang mit Gegenständen oder Software			

Aufgaben

- Wie können Sie die jeweiligen Kenntnisse und Kompetenzen nachweisen? Sammeln und ordnen Sie diese Nachweise.
- Wie können Sie sich verbessern? Sammeln Sie Möglichkeiten, Ideen und Angebote und erstellen Sie in einem nächsten Schritt eine Prioritätenliste, die sich an Ihren Lernwünschen (nicht an vermeintlichen Erfordernissen des Arbeitsmarktes!) orientiert.
- Wozu können Sie die jeweiligen Kenntnisse und Kompetenzen wohl gebrauchen?
- Wiederholen Sie Ihre Einschätzung von Zeit zu Zeit und analysieren Sie die Veränderungen – wo gab es Fortschritte, wo tun Sie sich schwer?
- Bündeln Sie Ihre Ergebnisse in einem Lern- oder Profilportfolio (s. u.).

3. Feedback für Präsentationen

Häufig sind Sie während eines Referats so konzentriert, dass Sie nicht merken, wie die Zeit vergeht. Vielleicht sind Sie auch verunsichert, weil Sie die Reaktionen Ihrer Kommilitonen und Dozentinnen nicht einschätzen können. Verteilen Sie Beobachtungsaufgaben:

Person 1 soll beobachten:
Lautstärke
Sprechtempo
Stimme, Sprachmelodie, Artikulation
Formulierungen, Satzbau (natürliche Sprache, Umgangssprache, Wissenschaftssprache?)

Person 2 soll beobachten:
Haben Sie Kontakt zu den Zuhörern (Blickkontakt, Einbeziehung des Plenums)?
Treten Sie angemessen und korrekt auf?
Körperhaltung, Gestik, Mimik
War Ihr Engagement (Ihr Anteil an der Gruppenarbeit) erkennbar?

Person 3 soll beobachten:
Passten Inhalt, Methode und Präsentation zusammen?
Gab es sachliche Fehler?
Haben Sie die vorgegebene Zeit eingehalten?

Alle drei sollten Ihnen zudem jeweils einen Aspekt nennen, der ihnen sehr gut gefallen hat und jeweils einen Tipp geben, wo Sie sich verbessern könnten. Nehmen Sie sich für das Feedbackgespräch mindestens eine halbe Stunde Zeit.

B Profilreflexionen

1. Ergänzen Sie folgende Sätze:

- Ich bin ein Mensch, der...
- Ich wünsche mir....

Wie würden Lebenspartner/Eltern/Freunde/Vorgesetzte diese Sätze vollenden?
Wie würden Sie sich wünschen, dass sie vollendet würden?

2. Überlegen Sie, welche der folgenden Motive Ihr Handeln und Entscheiden bestimmen – Was treibt Sie an?

o Freude	o Idealismus
o der Wunsch nach Unabhängigkeit	o Beziehung zum Partner
o Neugier	o Familie
o Anerkennung	o Status oder Reichtum
o Ordnung	o Genugtuung
o Sparen	o Romantik
o Ehre	o Luxus
o Körperliche Befindnisse	o Ruhe
o Ungeduld	o Unzufriedenheit
o der Wunsch nach Macht	o _____

3. Manchmal fallen Entscheidungen schwer. Welche Faktoren hindern Sie häufig an wichtigen Entscheidungen?

- o Mir mangelt es an Selbstvertrauen.
- o Ich habe Angst vor einer falschen Entscheidung.
- o Mich leiten widersprüchliche Ziele und Werte.
- o Ich habe keine eindeutigen Prioritäten.
- o Ich möchte meine jetzige Situation gar nicht ändern.
- o Ich befürchte Konflikte mit dem Partner oder den Eltern.
- o Ich habe zu wenige oder zu viele Informationen.
- o Ich möchte den Preis nicht bezahlen.
- o Meine Ratgeber widersprechen sich.
- o Ich habe zu wenige oder zu viele Wahlmöglichkeiten.
- o Ich gestehe ungern Fehler ein.
- o _____.

4. Eine häufige Kritik an den modularisierten Studiengängen bezieht sich auf den Zeitdruck. Blicken Sie auf sich selbst: Was sind häufige Zeitfresser in Projekten?

o   Mir fehlen Ziele.

o   Ich setze keine Prioritäten.

o   Ich plane schlecht.

o   Ich habe wenig Lust.

o   Ich lasse mich leicht ablenken.

o   Ich suche nach zu viel Kommunikation.

o   Ich bin Perfektionist.

o   Ich identifiziere mich nicht mit der Arbeit.

o   Ich bin ungeduldig.

o   Ich kontrolliere meinen Fortschritt nicht.

o   Ich lasse mich verplanen.

o   Ich teile mir Arbeit ungünstig ein.

o   Ich kenne meine Aufgaben nicht.

o   Ich bin unordentlich.

o   Mir mangelt es an Selbstdisziplin.

o   Ich bereite mich schlecht vor.

o   Ich führe Aufgaben nicht zu Ende.

o   Ich schiebe Aufgaben auf.

o   Ich bin unentschlossen.

o   Ich habe Wissenslücken.

o   Ich unterwerfe mich Normen.

o   _____

Anregungen aus Sher: Wishcraft, S. 74.

● Wiederholen Sie Ihre Einschätzung von Zeit zu Zeit und analysieren Sie die Veränderungen – wo gab es Fortschritte, wo tun Sie sich schwer?

● Wo können Sie Unterstützung und Hilfe finden?

● Was können Sie selbst tun?

C Das Profilportfolio

Sie haben in den ersten Übungen bereits einige Facetten Ihrer Persönlichkeit und Ihrer Kompetenzen gesammelt, gleichfalls haben Sie überlegt, wie Sie sie nachweisen können. Hier sollen sie nun zu einem kurzen Text, der 6.000 bis 8.000 Zeichen (ca. 3 bis 4 Seiten) umfasst, gebündelt werden. Ehe Sie drauflos schreiben, versuchen Sie, Ihre Antworten aus den ersten Fragen zu clustern, z. B. die Umwelteinflüsse (Familie, Beziehung, Orte), Ihre Fachkompetenzen, Ihre Werte zusammenzufassen und einen übergeordneten Begriff für sie zu finden. Das Profilportfolio ist kein ausformulierter Lebenslauf, sondern eine Selbstbeschreibung für die verschiedenen Elemente, die Ihre Arbeit prägen.

Herkunft

Was hat Sie geprägt, persönlich, wissenschaftlich, außerwissenschaftlich? Was hat Sie motiviert, ein Geschichtsstudium aufzunehmen? Welchen Einfluss haben Ihre Studienfächer auf Sie?

Kompetenz

Was können Sie? Wo haben Sie es gelernt? Wie können Sie es belegen? Wo wollen Sie sich verbessern?

Beispiele

Finden Sie ein bis zwei Beispiele aus der Praxis, die typisch für Ihr Arbeiten sind.

Vision

Welche Vorstellungen haben Sie von Ihrer Berufstätigkeit? Wo und inwiefern passt ein Berufsfeld zu Ihnen, wo sind Schwierigkeiten, wie wollen Sie sie überwinden? Wo sehen Sie sich in fünf Jahren?

D Übungen im Museum

1. Bitte suchen Sie ein Museum Ihrer Wahl auf. Wählen Sie dort einen Ausstellungsabschnitt und beantworten Sie folgende Fragen:

- Was verwenden die Ausstellungsmacher über die Exponate hinaus?
- Wie setzen sie Licht, Farbe, die Gebäudebedingungen, Schrift ein?
- Wie sind die Exponate angeordnet? Wie folgen sie logisch, chronologisch aufeinander, bilden sie Sachgruppen – definiert wodurch?
- Wie werden die Exponate zum Betrachter positioniert (auf Augenhöhe/in Frosch-Vogelperspektive, kann man sie auch von hinten sehen, kann man nah heran oder bleibt man auf Distanz...)?
- Was folgt aus Ihren Antworten für die Intention der Ausstellung?
- Wenn Sie das ausgestellte Sachgebiet mit Darstellungen aus der Fachliteratur vergleichen: Wo gibt es Überschneidungen, wo Korrespondenzen, wo übernimmt die Ausstellung Funktionen, die Texte nicht haben und umgekehrt?

2. Exponatsplan erstellen

Bitte erarbeiten Sie zum Ausstellungsthema
Aus der Fremde. Immigranten in [Ihrer Stadt] 1945 bis 1990
einen Exponatsplan.

Beginnen Sie mit einem Brainstorm zu möglichen Quellen und Exponaten (z. B. Reise nach Deutschland, Unterbringung/Wohnsituation, Ämter, Kontakt „nach Hause", Mitgebrachtes...).

Fahren Sie fort mit der Intention Ihrer Ausstellung – was wollen Sie zeigen, mit welchem Ziel? Was ist Ihre Intention, was sind mögliche Intentionen der Ausstellungsbesucher? In welchem Rahmen soll die Ausstellung stattfinden (eher als „Flurausstellung" in der Uni oder als Sonderausstellung in einem etablierten Museum)?

Wählen Sie nun aus Ihrem Brainstorm geeignete Objekte aus und prüfen Sie sie auf Verfügbarkeit. Legen Sie dann eine Tabelle an:

Exponat	Funktion	Woher zu beschaffen?
Karte	Räumliche Dimensionen zeigen Routen nachvollziehen Distanzen verdeutlichen	Buchhandel Kartensammlung der Uni
...	...	...

Sie sollten ca. 10 Exponate auswählen, die thematisch eine Einheit, z. B. eine Unterabteilung der Ausstellung bilden.

E Übungen zur Textkompetenz

Textkompetenz meint die Fähigkeit, mit Texten unterschiedlicher Art angemessen umzugehen, als Autor ebenso wie als Leser. Dazu gehören das korrekte Schreiben, Textsortenwissen und der Einsatz verschiedener Lese- und Schreibtechniken.

1. Bitte finden Sie die Fehler, die sich in diesen Text eingeschlichen haben.

Hinweis: Es sind 19 Fehler nach „Muss-" und 23 nach „Kann-Bestimmungen". Beachten Sie zudem hinsichtlich des Sprachduktus: Der Text ist eine Übersetzung aus dem Französischen; es handelt sich um eine Rede, die 1933 gehalten wurde. Die kursiven Hervorhebungen sind übernommen.

Geschichte als Wissenschaft vom Menschen, und nun die „Tatsachen", gewiss – aber es sind menschliche Tatsachen. Die Aufgabe des Historikers ist es, die Menschen wieder zu finden, die es durchlebt haben, sodann diejenigen, die sich viel später mit ihren Ideen in ihnen eingensitet haben um sie zu deuten.

Die *Texte*, gewiss – aber es sind menshliche Texte. Und selbst noch die Worte, die sie bildet, sind gestopft mit menschlicher Substanz. Und alle haben ihre Geschichte klingen anders zu anderen Zeiten, und selbst wo sie auf materielle Gegenstände verweisen, bezeichneten sie nur selten dieselben Realitäten, gleiche oder gleichwertige Eigenschaften.

Die Texte, gewiss –aber *alle Texte*. Und nicht nur jene Archivdokumente, denen man das Privileg einräumt, wie einmal jemand sagte, Namen, Orte, Daten zu liefern; denn auf Daten, Namen, Orten, so fuhr er fort, ruht das ganze positive Wissen eines Historikers, der sich nicht um das wirkliche schert. Für uns dagegen sind Gedichte, Bilder, Dramen ebenso Zeugnisse einer lebendigen, menschlichen, mit Gedanken und Taten gesetigten Geschichte.

Die Texte, freilich – aber *nicht nur die Texte*. Auch die Dokumente, welcher Art auch immer; diejenigen, die man seit langem benutzt, aber vor allem diejenigen, die wir den Leistungen neuer Disziplinen verdanken: Der Statistik, der Demographie, die die der Gerontologie ersetzt, im selben Maße wie Demos auf den Thron der Könige und Fürsten rückt; des Linguismus, der mit Meillet verkündet, dass dass jede sprachliche Tatsache eine Tatsache der Zivilisation zum Ausdruck bringt; der Psychologie, die vom Studium der Individuen zu dem der Gruppen und der Messen übergeht – und noch manch Anderer.

Lucien Febvre: Ein Historiker prüft sein Gewissen. Antrittsvorlesung am College de France 1933, abgedruckt in: Braudel, Fernand u. a.: Wie Geschichte geschrieben wird, Berlin 1998, S. 15-29, hier S. 24f.

2. Verfassen Sie eine ultimative Lobhudelei auf sich selbst.[98]

Sammeln Sie alle positiven Eigenschaften und Erfolge! Verzahnen Sie Persönlichkeit, Kompetenz, Qualifikationen. Finden Sie lobende Worte für sich und schmeichelnde Beispiele aus Ihrem Leben.

3. Verfassen sie ein Plädoyer für Ihr Studienfach!

Stellen Sie sich vor, Ihre Fächer sollen geschlossen/gestrichen werden; womöglich mussten oder müssen Sie sich auch in Ihrer Umwelt für die Fächerwahl rechtfertigen, insbesondere, wenn Sie nicht mit dem Ziel „Lehrer" (also „richtiger Beruf") studieren. Tauschen Sie sich in der Gruppe über Ihre Positionen aus. In einem weiteren Schritt können Sie

- aus diesem Plädoyer die Stärken, Kompetenzen und profilbildenden Elemente Ihres Studiums für sich selbst destillieren,
- aus dem Stil, der Art der Argumentation, den Argumenten selbst Ihr individuelles Profil ergänzen.

4. Lesen Sie den Mantelteil eine Tageszeitung und beantworten Sie folgende Fragen:

- Welche Recherchemethoden werden bevorzugt?
- Welche Textsorten werden verwendet?
- Welche Gliederungstypen werden benutzt?
- Welche Schlüsselworte sind für das Thema, das Genre erforderlich?
- Welche Methoden der Bewahrheitung werden verwendet (experimentelle Daten, Beobachtungen, Zitate von Autoritäten ...)?
- Oft herrscht der Eindruck vor, Journalisten „schreiben einfach". Doch auch hier müssen Aussagen belegt werden. Welche Arten von Belegen können Sie sich vorstellen?

5. Der „Copy-Test".

Aufgabe 1: die Headline

Das Land Baden-Württemberg wirbt seit 1999 mit dem Slogan „Wir können alles. Außer Hochdeutsch." Die Stoßrichtung ist also klar: Hemmungsloses Eigenlob, erträglich gemacht durch Selbstironie.

Schreiben Sie eine Headline für eine ganzseitige Anzeige, die in allen deutschen Tageszeitungen erscheinen soll. Der aktuelle Anlass: Das biedere „Tannenzäpfle" der Staatsbrauerei Rothaus schreibt trotz neuem Kultfaktor rote Zahlen. Die Anzeige soll den Umsatz steigern. Das Bild zu der Anzeige ist natürlich das Tannenzäpfle-Mädchen.

Vergessen Sie nicht den Anteil des Landes Baden-Württembergs und folgen Sie der Idee: Hemmungsloses Eigenlob, erträglich gemacht durch Selbstironie.

Aufgabe 2: die Copy

Als Werbetexter muss man auch die unglaublichsten Behauptungen, die meist in der Headline einer Anzeige stehen, in dem nachfolgenden Fließtext der Anzeite (der Copy) plausibel machen. Allerdings dürfen Sie nicht lügen, und meist will eigentlich auch niemand den Text lesen.

Schreiben Sie eine Copy für die Headline „Latein macht sexy." Schreiben Sie Ihren Text so, dass auch der unbetroffene Leser Ihnen unbedingt bis zum Ende folgen will. Ihr Grafiker hat Ihnen zudem vorgegeben, dass das Layout mindestens 1.500 Zeichen und höchstens 2.000 Zeichen verträgt.

Aufgabe 3: der TV-Spot

Afrika ist in. Auf dieser Sympathiewelle und der Lust der Kundschaft nach Exotik will nun auch ein Süßwarenhersteller mit einem Schokoriegel mit herbem Pflanzenextrakt den deutschen Markt erobern. Geschmack und Inhaltsstoffe des „Zambarau" entsprechen nicht europäischen Vorstellungen, der einzige Türöffner ist also die Exotik.

Ihr Spot hat 30 Sekunden, um den Schokoriegel als neues „Must-Have" bei trendbewussten Jugendlichen einzuführen. Skizzieren Sie den Spot auf einer halben Seite; ein Drehbuch ist nicht erforderlich. [99]

Aufgabe 4: Kosten gleich null, aber alle reden darüber.

Die Initiative „Terre des femmes – Menschenrechte für die Frau e.V." hat ein wichtiges Anliegen, aber wenig Geld. Außerdem fehlt es an aktiven Mitstreitern.

Entwickeln Sie eine Promotion-Idee, die den Verein bekannt macht und um Spenden und Aktivisten wirbt. Sie können alle Social Networks, Portale und Seiten im Internet benutzen und weitere Wege gehen, aber: Die ganze Promotion darf so gut wie nichts kosten. [100]

F Übungen für die Freiberuflichkeit/Selbstständigkeit

Aufgabe 1: Brainstorm

Brainstormen Sie: Starten Sie ein Unternehmen im Bereich historische Dienstleistungen. Berücksichtigen Sie:
- was Sie gern tun,
- was Sie gut tun,
- wo Sie Unterstützung finden können,
- was Sie anstreben.

Aufgabe 2: Der Businessplan

Erstellen Sie einen Businessplan. Hierfür finden Sie online einige Vorlagen und Beispiele (auch für die einzusetzenden Zahlen); geben Sie einfach „Businessplan" in eine gängige Suchmaschine ein. Literatur finden Sie ebenfalls unschwer, wenn Sie bei einem Online-Buchhändler nach „Businessplan" suchen – Sie bekommen dann Angebote „für Existenzgründer", für den „Gründungszuschuss", für „kleine und mittlere Unternehmen", Mappen mit Beispielen etc. – Suchen Sie, z. B. mit „Blick-ins-Buch"-Angeboten, nach dem zu Ihrer Situation passenden. Nicht nur Universitätsbibliotheken halten zudem derartige Literatur bereit, sondern auch die öffentlichen Bibliotheken.

Das hier verwendete Schema ist eines von vielen möglichen:

1. Executive Summary
Zusammenfassung des gesamten Projekts. Im Mittelpunkt steht die Geschäftsidee, unterstützt und ergänzt um Alleinstellungsmerkmale, Märkte, Ihre Kompetenz und Kapitalbedarf bzw. prognostizierte Rendite.

2. Geschäftsidee, Unternehmensziele und Vision (Was, Wie, Warum?)
Ihre Ziele sollten messbar und erreichbar sein und einen konkreten Zeitplan plausibel erscheinen lassen.
- Was ist der Kern meiner Geschäftsidee?
- Welche Vision treibt mich dabei an?
- Welche langfristigen Unternehmensziele verfolge ich? Wie will ich diese erreichen?
- Was sind die kritischen Erfolgsfaktoren?

3. Produkt und Dienstleistung
- Was genau ist Ihr Produkt/Service?
- Welchen quantitativen Vorteil hat der Kunde von Ihrem Produkt?
- Wie weit ist Ihr Produkt entwickelt?
- Welche Schwierigkeiten sind noch zu lösen?
- Wie und wie viel Stück wollen Sie produzieren?
- Können Sie Ihre Produktion an Kapazitätsschwankungen anpassen?

4. Markt und Wettbewerb

- Wie groß ist der Gesamtmarkt?
- Welches ist mein Marktsegment?
- Wer sind meine künftigen Kunden?
- Wie hoch ist das Marktpotential?
- Wie hoch kann mein Umsatz sein?
- Welche Konkurrenz muss ich beachten? Wie groß ist die Konkurrenz?
- Wie sind die Produkte der Konkurrenz, ihre Preise, ihr Service?

5. Marketing und Vertrieb

- Preisstrategie: Zu welchen Konditionen verkaufe ich mein Produkt/meine Dienstleistung?
- Vertriebsstrategie: Wie und wo verkaufe ich mein Produkt/meine Dienstleistung?
- Kommunikationsstrategie: Wie mache ich auf mein Produkt aufmerksam?

6. Management und Team

Hier müssen Sie evtl. Lücken ausgleichen, etwa durch Steuerberater/externe Berater/externe Dienstleister.

7. Organisation

- Welche Rechtsform hat mein Unternehmen?
- Informationen zum Handelsregistereintrag, Ort der Gewerbeanmeldung
- Wie verläuft die Wertschöpfungskette? Was leiste ich selbst, was wird an externe Dienstleister vergeben?

Evtl. haben Sie es schon unter 6. beschrieben, dann müssen Sie es nicht erneut tun; ansonsten: Welche Entscheidungsträger und -wege gibt es? Welche Hierarchien, Verantwortlichkeiten?

8. Umsetzungsplan

- Was sind Meilensteine hinsichtlich der Produkte, des Personals und der Investitionen bzw. Abschreibungen? Wann sollen sie erreicht sein?

9. Chancen und Risiken

- Was sind externe Chancen und Risiken (z. B. Konkurrenten)?
- Was sind interne Chancen und Risiken (z. B. Fachwissen der Mitarbeiter)?
- Mit welchen Maßnahmen könnten Sie den Risiken begegnen?

10. Finanzplan[101]

Im Finanzplan rechnen Sie mit einer Plan-Gewinn- und Verlustrechnung vor, dass Ihre Geschäftsidee rentabel ist und begründen mit der Liquiditätsplanung, wann sie wie viele finanziellen Mittel benötigen. Alle Rechnungen werden dabei für mehrere Jahre durchgeführt, um zukünftige Entwicklungen aufzuzeigen. Der Finanzplan ist nicht bloß ein elegantes Zahlenwerk, sondern muss aus den vorigen Kapiteln schlüssig hervorgehen.

11. Gewinn- und Verlustrechnung (GuV)

Die GuV stellt den Erlösen aus der Umsatzplanung im Kapitel Markt und Wettbewerb alle Aufwendungen (z. B. Personal, Abschreibungen auf Investitionen, Materialkosten, usw.) gegenüber. Die Differenz dieser Posten ist der ausgewiesene Gewinn oder Verlust. Somit steht bei der GuV die Frage im Vordergrund, ob ein Vorgang zur Mehrung (Ertrag) oder Minderung (Aufwand) des Reinvermögens (Summe aller Vermögensgegenstände minus Schulden) führt. In folgender Tabelle ist eine schematische Plan-GuV dargestellt:

Plan-GuV					
Jahr	2010	2011	2012	2013	2014
Erlöse					
Produkt A z. B. Lektorat	20 000	10 000	12 000	8 000	14 000
Produkt B z. B. Firmengeschichten	7000	12 000	15 000	17 000	30 000
...	...	...	...	...	...
Summe Erlöse					
Aufwendungen					
Material					
Personal					
Abschreibungen					
...	...	...	...	...	...
Summe Aufw.					
Gewinn/Verlust vor Steuern					

12. Break-Even-Analyse

Die Break-Even-Analyse gibt Auskunft darüber, ab wann die Erlöse die Aufwendungen übersteigen. Dazu kumuliert man die Erlöse aller Jahre und stellt Sie den kumulierten Aufwendungen aller Jahre gegenüber. Das kann dann zum Beispiel so aussehen:

Jahr	2010	2011	2012	2013	2014
Kum. Erlöse in Mio €	0,7	2,2	4,4	8,9	14,4
Kum Aufw. in Mio €	1,3	2,8	3,7	7,7	12,1
Kum. Gewinn in Mio €	-0,6	-0,6	0,3	1,2	2,3

Der Punkt, in dem die kumulierten Erlöse erstmals die kumulierten Aufwendungen übersteigen, wird **Break-Even Point** genannt.

13. Liquiditätsplanung

Ein Unternehmen muss jederzeit zahlungsfähig sein oder Insolvenz anmelden. Deshalb stellt die Liquiditätsrechnung alle Einzahlungen den Auszahlungen gegenüber. Zu beachten ist dabei, dass Investitionen in voller Höhe zum Zeitpunkt des Kaufs auszahlungswirksam sind und somit voll in die Liquiditätsrechnung für eine Periode eingehen. Anbei finden Sie ein Beispiel einer Liquiditätsplanung:

Jahr	2010	2011	2012	2013	2014
Einzahlungen (in Mio €)					
Umsatzerlöse Prod A	0,5	1	1,5	2,5	3
Umsatzerlöse Prod B	0,2	0,5	0,7	2,0	2,5
...					
Summe Einzahlungen	0,7	1,5	2,2	4,5	5,5
Auszahlungen (in Mio. €)					
Material	1,0	0,7	0,5	1,0	1,0
Personal	1,0	1,0	1,0	2,0	2,0
Zins und Tilgung	...	...	...	...	...
...	...	...	...	...	...
Investitionen					
Summe Auszahlungen	2,0	1,7	1,5	3,0	3,0
Einzahlungen – Auszahlungen	-1,3	-0,2	0,7	1,5	2,5
Finanzierung					
Eigenkapital	0,4	0,1			
Kredit	1,0	0,2			
...					
Summe Finanzmittel	1,4	0,3	0	0	0
Liquidität je Periode	0,1	0,1	0,7	1,5	2,5

13. Kapitalbedarfsplanung

Aus der Liquiditätsrechnung ergibt sich, wann Sie wie viel Geld für Ihr Unternehmen benötigen. Die Kapitalbedarfsplanung legt dar, aus welchen Quellen Sie Ihren Kapitalbedarf decken. Am besten wählen Sie hier eine Mischung aus Fremd- und Eigenkapital.

14. Szenarioanalyse

Neben der Identifikation von Chancen und Risiken eignet sich eine Szenarioanalyse zur Analyse der Auswirkung von positiven und negativen Entwicklungen auf die GuV und die Liquiditätsplanung. Typische Szenarien sind die Annahme unterschiedlicher Kosten und Erlöse. Diese Annahmen können in zwei oder drei unterschiedlichen Finanzmodellen abgebildet werden. Der „Best Case" nimmt ein durchweg positives Geschäftsszenario an während der „Worst Case" die Auswirkungen eines negativen Geschäftsverlaufes analysiert.

Leitfragen

- Wann ist Ihr Break-even erreicht?
- Welche Bewertung haben Sie?
- Wie viel Kapital wird benötigt?

Abkürzungsverzeichnis

ALG	Arbeitslosengeld
B.A./M.A.	Bachelor of Arts / Master of Arts
BMBF	Bundesministerium für Bildung und Forschung
B.Sc./M. Sc.	Bachelor of Science / Master of Science
DAAD	Deutscher Akademischer Austauschdienst
EDV	Elektronische Datenverarbeitung
FH	Fachhochschule
HRK	Hochschulrektorenkonferenz
IGO	Internationale Regierungsorganisation
IHK	Industrie- und Handelskammer
IT	Informationstechnologie
KMK	Kultusministerkonferenz
MBA	Master of Business Administration
NGO	Nichtregierungsorganisation
TH	Technische Hochschule
TU	Technische Universität
Uni	Universität

Anmerkungen

[1] http://www.hrk.de/bologna/de/home/1976.php, 12.2.10. Die nationale Bologna-Gruppe besteht in Deutschland aus Vertretern des BMBF, des DAAD, der HRK, der KMK, des freien Zusammenschlusses von Studentinnenschaften, der Bundesvereinigung Deutscher Arbeitgeberverbände, der Gewerkschaft Erziehung und Wissenschaft, des Akkreditierungsrates und des deutschen Studentenwerks.

[2] Es gibt allerdings Unternehmen, die Geisteswissenschaftler einstellen, z. B. Unternehmensberatungen wie die Boston Consulting Group oder McKinsey, Banken und Versicherungen wie die Allianz-Gruppe, die Debeka, die Deutsche Bank, sowie diverse andere Unternehmen, etwa VW, Mercedes-Benz, Coca-Cola, Henkel oder Nestlé – die Liste ließe sich weiterführen; offenbar braucht es aber mehr Öffentlichkeitsarbeit.

[3] Siehe z. B. Nünning, Vera (Hg.): Schlüsselkompetenzen: Qualifikationen für Studium und Beruf, Stuttgart 2008.

[4] Kräuter, Maria/Oberlander, Willi/Wießner, Frank: Arbeitsmarktchancen für Geisteswissenschaftler. Analysen, Perspektiven, Existenzgründung, Nürnberg 2009, S. 26.

[5] http://www.his.de/pdf/pub_fh/fh-200902.pdf, S. 13, 25, 29, 12.2.10.

[6] Wagner, Christian/Sehring, Jenniver: Berufsperspektiven. Politikwissenschaft und Arbeitsmarkt, in: Lauth, Hans-Joachim/Wagner, Christian (Hg.): Politikwissenschaft. Eine Einführung, Paderborn 2009, S. 471-494, hier S. 484.

[7] Ebd., S. 476.

[8] http://www.his.de/pdf/pub_fh/fh-200902.pdf, S. 54, 12.2.10.

[9] Kräuter et al.: Arbeitsmarktchancen (wie Anm. 4), S. 115.

[10] http://www.his.de/pdf/pub_fh/fh-200902.pdf, S. III, VI, VII, 17, 12.2.10.

[11] Expertenbefragung bei Kräuter et al.: Arbeitsmarktchancen (wie Anm. 4), S. 121.

[12] Ebd.; Günther-Arndt, Hilke: Geschichte als Beruf, in: Dies./Budde, Gunilla/Freist, Dagmar (Hg.): Geschichte. Studium – Wissenschaft – Beruf, Berlin 2008, S. 32-50, hier S. 33, Nünning: Schlüsselkompetenzen (wie Anm. 3).

[13] Nünning: Schlüsselkompetenzen (wie Anm. 3).

[14] Sher, Barbara: Wishcraft. Lebensträume und Berufsziele entdecken und verwirklichen, Osnabrück 2004, S. 215.

[15] http://www.masterfueralle.de/petition, 12.2.10; mündliche Auskunft von Jeanette von Wolff.

[16] Sher: Wishcraft (wie Anm. 14), S. 129.

[17] Tocotronic: „Mach es nicht selbst", in: dies.: Schall und Wahn [CD], Berlin 2010.

[18] Sher: Wishcraft (wie Anm. 14), S. 145ff.

[19] Günther-Arndt: Geschichte als Beruf (wie Anm. 12), S. 41.

[20] Siehe zum Überblick http://en.wikipedia.org/wiki/Professor, 10.2.10.

[21] Droysen, Johann Gustav: Historik. Vorlesungen über Enzyklopädie und Methodologie der Geschichte, hg. v. Rudolf Hübner, München [8]1977.

[22] Hilfreiche Lektüre z. B. Werder, Lutz von: Grundkurs des wissenschaftlichen Lesens, Berlin 1995; Adler, Mortimer Jerome: Wie man ein Buch liest, Frankfurt a. M. [3]2008. Siehe auch Band 1 dieser Reihe.

[23] Wissenschaftszeitvertragsgesetz vom 12. April 2007 (BGBl. I S. 506), http://www.gesetze-im-internet.de/bundesrecht/wisszeitvg/gesamt.pdf, 9.2.10.

[24] Statistisches Bundesamt: Bildung im Zahlenspiegel 2006, Wiesbaden 2006 (online: http://ids.hof.uni-halle.de/documents/t1840.pdf, 10.2.10), S. 162, Hinweis in: Günther-Arndt, Geschichte als Beruf, S. 43.

[25] Kerst, Christian/Minks, Karl-Heinz: Selbständigkeit und Unternehmensgründung von Hochschulabsolventen fünf Jahre nach dem Studium. Eine Auswertung der HIS Absolventenbefragung 2002/03, Hannover 2005, S. 7-29.

[26] Muster für GbR-Verträge finden Sie im Internet oder in einigen der angegebenen Bücher; Sie sollten diese Muster aber stets an Ihre spezifische Situation anpassen und gegebenenfalls den Rat eines Rechtsanwalts einholen. Vgl. Kräuter, Maria: Geisteswissenschaftler als Gründer, Bonn [4]2009, S. 29. Siehe auch Waldner, Wolfram/Wölfel, Erich: GbR, OHG, KG. Gründen, Betreiben, Beenden, München [7]2006.

[27] http://www.arbeitsagentur.de/nn_25800/Navigation/zentral/Buerger/Arbeitslos/Alg-II/Chancen/Einstiegsgeld/Einstiegsgeld-Nav.html, 10.2.10.

[28] Eine Übersicht über den Gründungszuschuss finden Sie bei Kräuter: Geisteswissenschaftler als Gründer (wie Anm. 26), S. 19.

[29] Siehe z. B. das DFG-Graduiertenkolleg 1049 „Archiv, Macht, Wissen" an der Universität Bielefeld.

[30] http://berufenet.arbeitsagentur.de/berufe/start?dest=profession&prof-id=58575, 5.2.10.

[31] http://www.archidigita.de/home/glossar/?tx_a21glossary%5Buid%5D=65&tx_a21glossary%5Bback%5D=66&cHash=79079fab70f74c9cda4e9ac0d6c604bf, 14.4.10.

[32] http://berufenet.arbeitsagentur.de/berufe/start?dest=profession&prof-id=58334.

[33] Derrida, Jacques: Dem Archiv verschrieben. Eine Freudsche Impression [orig. Mal d'archive, Paris 1995], Berlin 1997.

[34] http://www.abis.iab.de/bisds/Data/seite_823_BO_a.htm, 13.5.10.

[35] Nerlich, Hans: III. Perspektiven des Berufs Dokumentar, http://www.dgd.de/BerufDokumentar.aspx, 5.2.10.

[36] Bei den beiden letztgenannten handelt es sich um eigene Ausbildungs- bzw. Studienberufe, die nicht oder kaum affin zum Geschichtsstudium sind. Beschreibungen zum Restaurator und den unterschiedlichen Spezialisierungen inklusive Ausbildungsbeschreibung finden Sie unter http://berufenet.arbeitsagentur.de.

[37] http://www.kmk.org/fileadmin/veroeffentlichungen_beschluesse/1996/1996_11_07-Handreich-Dienstaufgaben-Wissenschaftler-Museen.pdf, 8.2.10.

[38] Kräuter et al.: Arbeitsmarktchancen (wie Anm. 4), S. 224f.

[39] http://www.boersenverein.de/de/portal/Wirtschaftszahlen/158286, 13.5.10.

[40] http://www.buchmarkt.de/content/32619-pricewaterhousecoopers-studie-haben-buecher-eine-zukunft-zum-kostenlosen-download.htm?hilite=Affinität-Frauen, 7.2.10.

[41] Dühlmeyer, Katja: Kulturwissenschaftler im Bibliothekswesen, in: Beer, Bettina/Klocke-Daffa, Sabine/Lütkes, Christiana (Hg.): Berufsorientierung für Kulturwissenschaftler. Erfahrungsberichte und Zukunftsperspektiven, Berlin 2009, S. 103-116, hier S. 104.

[42] Ebd.

[43] Ebd., S. 113.

[44] Ebd.

[45] http://www.zlb.de/aktivitaeten/bd_neu/heftinhalte/Beruf010204.pdf, 7.1.10.

[46] Kräuter et al.: Arbeitsmarktchancen (wie Anm. 4), S. 218f und S. 224f.

[47] http://www.abis.iab.de/bisds/data/seite_683_BO_a.htm, 8.1.10.

[48] Ebd.

[49] http://www.buchmesse.de/imperia/celum/documents/Buchmarkt%20Deutschland%20dt.%202010.pdf, 13.5.10.

[50] http://www.vfll.de/pages/berufsbild/berufsbild_start.php?m=2, 7.1.10.

[51] Die Tätigkeit als Übersetzer kann bei entsprechenden Kenntnissen natürlich auch für Historiker in Frage kommen, doch ist sie eigentlich Linguisten und ausgebildeten Übersetzern vorbehalten, weshalb sie hier nicht weiter behandelt wird. Zu Informationen siehe den Service der Uni Leipzig, die eine Liste von Übersetzerverbänden online gestellt hat: http://www.uni-leipzig.de/~xlatio/organisationen/orga-bv.htm, 8.2.10.

[52] Medien-Fortbildungsverordnung vom 21. August 2009 (BGBl. I S. 2894 (3538)), in: http://bundesrecht.juris.de/bundesrecht/medienfortbv/gesamt.pdf, 8.2.10.

[53] Marktführer Lübbe etwa will diese Sparte 2010 ausbauen, von derzeit 18 % des Programms auf 25 %. http://www.buchreport.de/nachrichten/verlage/verlage_nachricht/datum/2010/01/05/mehr-marktanteile-im-visier.htm, 7.1.10.

[54] http://www.buchmesse.de/imperia/celum/documents/Buchmarkt%20Deutschland%20dt.%202010.pdf.

[55] Siehe z. B. Uchatius, Wolfgang: Experimentierfeld Büchermarkt, in: DIE ZEIT, 8.10.2009 Nr. 42, online: http://www.zeit.de/2009/42/DOS-Dick-und-doof?page=all, 7.1.10.

[56] Dubowy, Liane M.: Karrieren unter der Lupe: Journalismus, Würzburg 2001, S. 97.

[57] Ebd., S. 142ff.

[58] Ebd., S. 145.

[59] Ebd., S. 154.

[60] Ebd., S. 155.

[61] Vgl. Bärtels, Gabriele: Schreiben macht arm, in http://www.zeit.de/2007/45/C-Freie-Journalistin, 9.2.10.

[62] http://www.journalismus.com/_talk/showthread.php?t=23898, 13.5.10.

[63] Dubowy: Journalismus (wie Anm. 56), S. 96.

[64] Bundesagentur für Arbeit (Hg.): Arbeitsmarkt Information Journalistinnen und Journalisten, in: http://www.pub.arbeitsagentur.de/hst/services/statistik/interim/arbeitsmarktberichte/berichte-broschueren/static/pdf/AM-Info-JournalistInnen.pdf, S. 16.

[65] Die untersuchte Gruppe umfasste neben Journalistinnen (inkl. Redakteurinnen und Rundfunk- und Fernsehsprecher) auch Publizistinnen, Lektoren und Dramaturgen, Kräuter et al.: Arbeitsmarktchancen (wie Anm. 4), S. 220f.

[66] http://www.pub.arbeitsagentur.de/hst/services/statistik/interim/arbeitsmarktberichte/berichte-broschueren/static/pdf/AM-Kompakt-Medien-Kreativberufe-AN.pdf, 9.2.10.

[67] Burzan, Nicole: Quantitative Methoden der Kulturwissenschaften, Konstanz 2005.

[68] http://www.dprg.de/statische/itemshowone.php4?id=39, 30.7.09.

[69] Fachwirt/in für Marketing und Werbung, siehe http://berufenet.arbeitsagentur.de/berufe/start?dest=profession&prof-id=7529, Zulassungsvoraussetzungen unter → Rechtliche Regelungen, 4.2.10.

[70] Kräuter et al.: Arbeitsmarktchancen (wie Anm. 4), S. 121, zur Auswahl der Experten s. S. 15f.

[71] Die Zeit-Studienführer 2009/2010, Hamburg 2009, S. 245.

[72] http://www.bpb.de/popup/popup_lemmata.html?guid=MMCTTA, nach Schubert, Klaus/Klein, Martina: Das Politiklexikon, Bonn [4]2006, 11.2.10

[73] Funktionsbezeichnungen nach http://www.auswaertiges-amt.de/diplo/de/AAmt/AusbildungKarriere/IO-Taetigkeit/Downloads/Funktionsbezeichnungen.pdf, 9.2.10.

[74] Wagner/Sehring: Berufsperspektiven (wie Anm. 6), S. 483.

[75] Eine Einrichtung der Zentralen Auslands- und Fachvermittlung (ZAV), www.ba-auslandsvermittlung.de, darin das *Büro Führungskräfte zu Internationalen Organisationen* (BFIO).

[76] http://www.auswaertiges-amt.de/diplo/de/Europa/Karriere/Concours/Literatur.html, 11.2.10.

[77] http://www.pub.arbeitsagentur.de/hst/services/statistik/interim/arbeitsmarktberichte/berichte-broschueren/static/pdf/AM-Kompakt-Geisteswiss-ANehmer.pdf, S. 12f, 11.2.10.

[78] http://www.tagesspiegel.de/magazin/wissen/gesundheit/art300,2066949, 11.2.10.

[79] http://www.auswaertiges-amt.de/diplo/de/AAmt/AusbildungKarriere/IO-Taetigkeit/Allgemeines/AllgemeineInformationen.html, 11.2.10.

[80] Günther-Arndt: Geschichte als Beruf (wie Anm. 12); Hinweis auf Raphael, Lutz: Geschichtswissenschaft im Zeitalter der Extreme. Theorien, Methoden, Tendenzen von 1900 bis zur Gegenwart, München 2003, S. 50.

[81] Dahm-Brey, Corinna: Ungleiche Bildungschancen schon durch Vornamen? Studie zu Vorurteilen und Vorannahmen von Lehrern, Pressestelle der Universität Oldenburg, http://idw-online.de/pages/de/news333970, 3.2.10, Bericht über eine Studie von Julia Kube, Arbeitsstelle für Kinderforschung, Universität Oldenburg, s. a. http://astrid-kaiser.de/forschung/projekte/vornamen.php, 13.5.10.

[82] Angebote der Hochschuldidaktik werden zögerlich genutzt, was auch an der noch mangelnden Hochschulfachdidaktik liegen mag. Oft können Sie die Angebote jedoch schon zu einem fortgeschrittenen Studienzeitpunkt besuchen und so Fähigkeiten und Zertifikate erwerben, die Ihnen nach erfolgreichem Abschließen nutzen. Ich kenne niemanden, der sich wohl gefühlt hat, als er nach bestandener Magisterprüfung unmittelbar ein Seminar geben musste.

[83] Lütkes, Christiana: Bürgerschaftliches Engagement mit Ruheständlern und Berufsvorbereitung für Jugendliche – Ein Beispiel für Tätigkeiten im Bildungswesen, in: Beer et al.: Berufsorientierung für Kulturwissenschaftler (wie Anm. 41), S. 131-146, hier S. 135-139.

[84] Siehe z. B. http://www.bildungsserver.de/zeigen.html?seite=1265, 16.5.10.

[85] Siehe z. B. http://www.uni-bielefeld.de/geschichte/studium/masterofeducation.html, 3.2.10.

[86] NRW bezeichnet die Einstellungschancen mit dem Unterrichtsfach Geschichte als „gering" (Gymnasien) bzw. „eingeschränkt" (andere Schulformen der Sekundarstufe 1). Die Chancen steigen bei Kombination mit sog. „Mangelfächern". http://www.schulministerium.nrw.de/ZBL/Chancen/Prognosen.pdf, 13.5.10.

[87] Wagner/Sehring: Berufsperspektiven (wie Anm. 6), S. 484.

[88] Büttner, Wibke: Einstieg in die Personalberatung, in: Beer et al.: Berufsorientierung für Kulturwissenschaftler (wie Anm. 41), S. 205-212, hier S. 207.

[89] Klocke-Daffa, Sabine, „Kunst ist schön, macht aber viel Arbeit." Kulturmanagement als Beruf und Herausforderung, in: Beer et al.: Berufsorientierung für Kulturwissenschaftler (wie Anm. 41), S. 83-102, hier S. 98.

[90] Verordnung über die Prüfung zum anerkannten Abschluss Geprüfter Wirtschaftsfachwirt/Geprüfte Wirtschaftsfachwirtin vom 26. August 2008 (BGBl. I S. 1752), http://www.gesetze-im-internet.de/bundesrecht/wfachwprv/gesamt.pdf; Verordnung über die Prüfung zum anerkannten Abschluss

Geprüfter Handelsfachwirt/Geprüfte Handelsfachwirtin vom 17. Januar 2006 (BGBl. I S. 59), http://bundesrecht.juris.de/bundesrecht/handelsfachwprv/gesamt.pdf, Verordnung über die Prüfung zum anerkannten Abschluss Geprüfter Veranstaltungsfachwirt/Geprüfte Veranstaltungsfachwirtin vom 25. Januar 2008 (BGBl. I S. 109) http://bundesrecht.juris.de/bundesrecht/veranstfachwprv/gesamt.pdf. Fachwirt für Arbeitsstudium und Betriebsorganisation ist eine Weiterbildung, die durch interne Vorschriften der Lehrgangsträger, also z. B. die IHK geregelt ist, http://berufenet.arbeitsagentur.de/berufe/start?dest=profession&profid=15066, alle Aufrufe am 11.2.10.

[91] Büttner: Personalberatung (wie Anm. 88), S. 210.

[92] Siehe z. B. https://www.e-fellows.net/show/detail.php/1803, 12.2.10.

[93] Thiele, Sebastian: Fundraiser, in: http://berufe-fuer-historiker.de/index.php?id=45, 11.2.10.

[94] Über die ausführlichen Bestimmungen, die natürlich auch alle über das Studium hinausgehenden Lebenssituationen in die Regelung einfließen lässt, können Sie sich auf den Seiten der Agentur für Arbeit informieren. Diese sind für Sie interessant, wenn Sie in Teilzeit studiert und nebenher eine sozialversicherungspflichtige Beschäftigung ausgeübt haben oder Sie Ihr Studium für Zivil- oder Wehrdienst unterbrochen haben oder im Mutterschutz waren.

[95] http://www.arbeitsagentur.de/Dienststellen/RD-N/Kiel/AA/01-AA-Seiten-nach-Navigation/01-Buerger-Buergerinnen/Publikation/pdf/Info-Nr.-4-Praktikum.pdf, 13.5.10, S. 3.

[96] § 26 BBiG, http://www.bmbf.de/pub/bbig_20050323.pdf, 13.5.10.

[97] Bolles, Richard Nelson: Durchstarten zum Traumjob. Das Handbuch für Ein-, Um- und Aufsteiger, Frankfurt a. M. 2002, S. 332f.

[98] Anregung aus „Zimmer frei!", WDR. Siehe auch Sher: Wishcraft, (wie Anm. 14), S. 65f.

[99] Entnommen aus: http://www.spiegel.de/unispiegel/jobundberuf/0,1518,303863,00.html, 13.5.10.

[100] http://www.s-f.com/Portals/0/career/200909_SF_Texter_Aufgaben.pdf, 13.5.10.

[101] Übernommen aus http://www.existxchange.de/businessplan/der-inhalt-und-einzelne-kapitel-eines-businessplans.html, 13.5.10.

Beat Näf

Antike Geschichtsschreibung

Form – Leistung – Wirkung

2010. 252 Seiten, 17 Abb. Kart.
€ 27,–
ISBN 978-3-17-021357-9

Urban Akademie

Was ist Geschichte? Wie entsteht Geschichte und wie wird diese darge-stellt? Seit der Erfindung der Geschichtsschreibung vor über 2500 Jahren werden Historiker und Historikerinnen mit diesen Fragen konfrontiert. Eine einfache und eindeutige Antwort hat sich über Jahrtausende nicht finden lassen; was aber berühmte antike Autoren zum Problem der Dar-stellung von Geschichte gesagt und geschrieben haben, ist auch heute noch von großem Interesse. Die klassisch gewordenen und als klassisch geltenden, ihrerseits lebendig von Geschichte geprägten historiogra-phischen Werke des Altertums enthalten Basiswissen für jede Beschäfti-gung mit dem Altertum und bieten Beispiele elementarer Überlegungen und Techniken, wie sie in der Arbeit von Historikerinnen und Histori-kern täglich gebraucht werden.

Beat Näf ist Professor für Alte Geschichte an der Universität Zürich.

▶ **www.kohlhammer.de**

W. Kohlhammer GmbH · 70549 Stuttgart
Tel. 0711/7863 - 7280 · Fax 0711/7863 - 8430 · vertrieb@kohlhammer.de